基础外语教育与研究

主编 龚亚夫 执行主编 张 宏

第一辑

上海外语教育出版社
外教社 SHANGHAI FOREIGN LANGUAGE EDUCATION PRESS

图书在版编目(CIP)数据

基础外语教育与研究. 第一辑/龚亚夫主编. —上海：上海外语教育出版社，
2020
ISBN 978 - 7 - 5446 - 6527 - 8

Ⅰ. ①基… Ⅱ. ①龚… Ⅲ. ①外语教学－教学研究－中小学 Ⅳ. ①G633.402

中国版本图书馆 CIP 数据核字(2020)第 161750 号

出版发行：**上海外语教育出版社**
　　　　　　（上海外国语大学内）　邮编：200083
电　　话：021-65425300（总机）
电子邮箱：bookinfo@sflep.com.cn
网　　址：http://www.sflep.com
责任编辑：郑明月　权　锋

印　　刷：上海宝山译文印刷厂有限公司
开　　本：787×1092　1/16　印张 12.75　字数 307千字
版　　次：2021年 1月第 1版　　2021 年 1月第 1次印刷

书　　号：ISBN 978-7-5446-6527-8
定　　价：42.00 元

　　　本版图书如有印装质量问题，可向本社调换
　　　质量服务热线：4008-213-263　电子邮箱：**editorial@sflep.com**

主编寄语

《基础外语教育与研究》第一辑与大家见面了！

这是上海外语教育出版社在当下这样一个特殊的时期为我国广大基础外语教育研究人员和教师搭建的一个全新的外语教学理论理念研究、教学教改实践经验交流、外语教育教学创新探索的平台。在我国教育事业全面确立"立德树人"的总目标、全面推进育人方式转型、推进新课标实施的要求下，这个全新的平台无疑将为我国基础外语教学质量的提升、为广大外语教师的个体发展提供助力并最终让莘莘学子受益。

本辑《基础外语教育与研究》设有"名家论坛""热点问题探讨""研究方法""教学任务设计""课程设计指南""课堂观察实例"及"测试与评价"等栏目，共收录28篇文章。其中既有我国外语界著名专家学者如何其莘教授、梅德明教授等撰写的文章，也有许多来自一线的外语教师的教学研究、实践和思考的成果。这些文章既有对基础外语教育"立德树人"前提要求下学生核心素养培养、教师发展等方面的宏观思考和分析，也有大量针对基础外语教学涉及阅读教学、教学方法、教研活动、任务设计、教学案例以及测试评价等所做的实践总结和提炼，从理念、视野和实践、发展两大方面为外语教师们的个体发展以及教学实践带来崭新的启示和促动。

不积跬步无以至千里。《基础外语教育与研究》第一辑的编辑出版是我们迈出的第一步。我们热切地期待着我国基础外语教育与实践研究领域的专家尤其是全国数量众多的一线外语教师们积极支持这份专辑的建设。让我们和它一起成长，夯实它的基础，丰富它的内涵，创新它的高度。我们相信经过一段时间的培育，《基础外语教育与研究》必将赋能我国基础外语教育教改和教学实践，并同时给外语教师们的教学创新带来新的价值。

龚亚夫

2020 年 7 月

（感谢中国教育学会外语教学专业委员会秘书长李娜老师对本辑的出版给予的大力支持和帮助！）

主　　　编：龚亚夫

执 行 主 编：张　宏

编 辑 部 主 任：韩天霖

编辑部副主任：黄新炎

项 目 编 辑：窦蓉艳

投 稿 邮 箱：JCWYTG@163.com

目　录

课程设计指南

课堂观察实例

测试与评价

面向人类命运共同体的新时代
外语教育与研究

梅德明

提　要：本文提出在新时代，我国外语教育与研究要树立人类命运共同体意识，要致力于培养中外人文交流与合作的胜任力，要促进学科核心素养的发展，旨在培养具有中国情怀、国际视野和跨文化沟通能力的时代新人，赋予学生参与构建人类命运共同体所需要的胜任力。

关键词：外语教育与研究；人类命运共同体；学科核心素养；胜任力

1. 引言

　　我国外语教育与研究已进入了一个致力于培养国民素养质量并以此为课程标准的新时代。2018 年，教育部连续颁布了《普通高中英语课程标准（2017 年版）》和《普通高等学校本科专业类教学质量国家标准》。这些我国新时代人才培养的国家重要教育文件集中体现了立德树人的根本任务和全面发展的教育方针，突出了以学生成才为中心、以素养发展为目标的育人理念，必将在我国现代教育改革与发展的进程中产生重大影响。

　　无论是普通高中外语学科各语种教育还是高等学校外语类专业本科教学，都在国家标准中强调，外语教育必须培养学生的"中国情怀""国际视野""文化意识""思维品质""人文素养"及"沟通能力"，要求学生树立正确的历史观、国家观、民族观、文化观，理解中国特色社会主义文化，坚定文化自信，能够在跨文化交流中坚守中国立场，讲好中国故事，传播中华文化，主动积极地与来自多元文化背景的人们共同构建人类命运共同体。

　　基于外语人才培养的国家标准，新时代的中国外语教育以贯彻党的关于立德树人、加快教育现代化、办好人民满意的公平而有质量的教育的精神为指导思想，将外语学科建设建筑在学科本质观的基础上。我们要研究和挖掘外语学科独特的育人功能，体现外语学科在构建人类命运共同体时代背景下独特的育人价值，充分发挥外语学科在推动中外人文交流与合作中不可替代的育人功能。新时代的外语教育要面向人类命运共同体并助力构建人类命运共同体；新时代的外语课程要帮助学生树立人类命运共同体意识，通过学科学习逐步形成建设社会主义现代化强国、参与构建人类命运共同体所必需的必备品格和关键能力；新时代外语教育必须在深化课程改革的过程中，采用指向学生核心素养发展的教学模式和学习方式，培养具有中国情怀、国际视野和跨文化沟通能力的时代新人。

2. 外语教育与研究要树立人类命运共同体意识

构建人类命运共同体是当今世界的重要命题,也是外语教育与研究学界的时代责任。在世界多极化、经济全球化、文化多样化、国际关系民主化、科技一体化的时代背景下,国际合作与交流日益广泛,跨文化沟通与交际日趋重要。这个时代的特点是互联共通,移动互联网和经济全球化已经在世界范围内构建人类命运共同体,实现共赢共享是各国人民的美好愿望和共同目标。

2017 年 1 月 18 日习近平主席在联合国日内瓦总部以"共同构建人类命运共同体"为题发表演讲时说:"构建人类命运共同体是一个美好的目标,也是一个需要一代又一代人接力跑才能实现的目标。中国愿同广大成员国、国际组织和机构一道,共同推进构建人类命运共同体的伟大进程。"(习近平,2017 年)人类命运共同体意识是关于人类发展的大观念,超越种族、文化、国家与意识形态的界限,体现共同身份、共同理想、共同利益、共同责任。人类命运共同体意识的时代内涵,是将地球视为一艘"人类号"航船,将各国各地区视为一个有机的整体,并在此基础上思考人类发展变化趋势的一种价值观和治理观,即人类命运应该由各国共同掌握,世界和平应该由各国共同维护,国际规则应该由各国共同书写,全球事务应该由各国共同治理。

人类正处在大发展、大变革、大调整时期,科技现代化和经济全球化给人类带来了有目共睹的福祉和进步,同时也产生了诸多全球性的问题,如生态危机、人文危机、道德危机、精神危机等严峻挑战。随着世界一体化、经济全球化、社会信息化的日益强化,这些问题突破了国土疆界和民族界限,形成了负面的一损俱损的连带效应,这是人类面临的共同问题,也是人类的共同忧虑。面对世界经济的复杂形势和全球性问题,任何国家都不可能独善其身。因此,在现代化和全球化的进程中谋求共治、实现共赢,必须树立人类命运共同体意识,寻求人类共同利益和共同价值的新内涵。不论我们身处何处、从事何职、信仰何如、意愿如何,我们都处在这个"人类号"的命运共同体中。一种以应对人类共同挑战、共建人类美好未来的全球价值观已逐步成为地球人的共识。

构建人类命运共同体的前提是民心相通,民心相通的基础是语言互通。跨文化沟通与交际、国际合作与交流主要是通过共同理解、有效表达的语言来实现。树立人类命运共同体意识,既要树立利益共同体意识,也要树立责任共同体意识。外语教育工作者应该积极承担加强人文交流、促进民心相通、实现语言互通的历史使命。外语教育应该顺应构建人类命运共同体的大势,通过积极有效的学科教育,帮助学生树立世界眼光和全球意识,增强对人类各种知识和文化的认知,增进对各民族现实奋斗和未来愿景的了解,确立为人类和平与发展贡献智慧和力量的远大志向。

我们既是人类命运共同体的建设者,也是人类命运共同体发展的受益者。外语学习及运用,有助于我们抓住全球化时代给予的发展机会,承担全球化时代赋予我们的发展重任,同时分享全球化时代互联互通的发展成果。语言是思想和文化的载体,交流与合作的工具;各民族的语言是不同思维和多元文化的载体,是跨文化交流与合作的工具。外语不仅为我们提供了一条进入不同国家和地区的走廊,而且还为我们提供一把打开这些国家和地区各具特色的社会与文化大门的钥匙。能否熟练掌握并有效使用好外语这把钥匙,很大程度上决定着我们在人类命运共同体的政治、经济、科技、文化、教育等舞台上能否积极掌握交流的话语权、扮演合作共进的关键角色、承担创造精神和物质财富的重要使命、分享人类社会发展的时代成果。

3. 外语教育与研究要致力于培养中外人文交流与合作的胜任力

当今社会的经济方式、数字技术、人口结构和生存环境发生着巨大的变化,需要我们积极开展中外人文交流与合作。在这个相互联系的多元化时代,我们面临着越来越多的全球性的机会和挑战。拥抱全球性机会,迎接全球性挑战,需要我们具有全球意识、全球思维和全球胜任力。

2017 年 12 月 12 日,经济合作与发展组织(Organization for Economic Co-operation and Development)教育与技能司与哈佛大学教育研究生院零点项目共同主持发布了《国际学生评估项目全球胜任力框架》(Programme for International Student Assessment Global Competence Framework)。该框架旨在考查和评价青少年是否具有考察当地、全球和跨文化的问题,理解和欣赏他人的观点和世界观,与不同文化背景的人进行开放、得体和有效的互动,并为集体福祉和可持续发展采取行动的胜任力。

全球胜任力是全球化时代的综合素养,是基于双语甚至多语言能力,融知识、技能、态度和价值观于一体的 21 世纪公民素养,是人们为了适应信息时代、知识社会和全球化时代的需要,将所学知识与技能用于解决全球性复杂问题的关键能力和必备品格。全球问题既涉及语言学科和自然学科,也涉及相关地区的历史、地理、人文等知识,以及对跨文化、跨疆界等问题的理解。发展和提升国民基于民心相通、文明互鉴的全球胜任力是各国教育界的主要关切,也是当今社会发展的必然选择。民心相通的重要基础是语言互通。2014 年 6 月 6 日,在苏州召开的世界语言大会明确指出,语言能力包括国家通用语言能力、母语能力、区域以及国际交流语言能力等。世界语言大会在苏州的成功举办在于达成了以下共识:语言是人类文明世代相传的载体,是沟通理解的钥匙,是文明交流的纽带。语言能力是激发文化活力,促进认知发展,推动社会进步和经济繁荣的根本因素。采取措施提升全体公民多种语言的能力,将有助于满足日益显现的全球社会需求。大会要求促进人民、机构、国家之间的交流和学习,增强全球社会和平共处的有效交流。

构建人类命运共同体需要全球胜任力。作为人类命运共同体的建设者和推动者,我们的学生应熟练掌握至少一门外语,并能有效应用所学知识与技能,与具有多元文化背景、不同价值观念和思维方式的人们进行交流与合作。他们需要跨越文化差异、观点差异、价值差异、思维差异等障碍,与来自不同文化背景的人们建立互信互动互助关系。因此,人类命运共同体的建设者需要具备全球意识和胜任力。面向人类命运共同体的我国外语教育必须帮助学生形成进入未来世界所需要的全球意识和胜任力。也就是说,我们的外语学科教育应该帮助学生在学习和掌握外语知识和语用能力的同时,形成构建人类命运共同体所需要的情感、态度和价值观,发展全球胜任力。这种胜任力不仅仅表现为语言沟通能力,更重要的是,我们学生应该具备从多个角度审视、分析、理解、评判并积极回应全球和跨文化议题的能力和态度,如气候问题、难民问题、贫困问题、环境问题、资源问题、跨国犯罪问题、可持续性发展问题;应该了解不同观念产生的历史地理原因和社会文化原因,理解差异性对认知能力以及元认知策略产生的影响,尊重基于历史社会原因人们的多元价值观念,形成并提升与不同文化背景的人进行开放、恰当、有效互动的人文交流与合作的胜任力。

在外语教育中融入全球胜任力的培养和发展,这是时代赋予外语教育工作者的重要使命。一个民族的语言承载着这个民族的文化传统和思维方式。学习和运用不同的语言,不仅可以满足交际的需要,还能更好地理解不同地区人民的生活方式、思维方式和文化传统,可以了解不同文化的差异性,理解人类的多元思维模式,客观理性地看待世界,增强对不同民族的理解、尊重、包容和沟通,有利于我们立足中国看世界、站在世界看中国。对国家来说,加强国民外语能力建设、国家外语能力建设和国防外语能力建设,不仅有利于国家参与国际事务和国际竞争,加强国际传播能力建设,构建对外话语体系,传播好中国声音,讲好中国故事,同时也有利于维护国家主权和安全。对于个人来说,国民外语教育具有多重不可替代的育人功能。国家开设外语课程,可以帮助学生学习和运用语言基础知识和基本技能,了解概念建构和意义表达的基本形式和方法,认识语言与事物的约定功能和指示功能,掌握语言交流的基本规范和策略,学习话语所承载的丰富的思想内容和科学文化知识,认识不同语言所承载的文化内涵和思维方式,丰富对多元世界的认识,促进综合人文素养的提高,促进多元思维和批判性思维的发展,促进以中华文化为基因、以多元世界为视野、以全球议题为关切,以构建人类命运共同体为担当的全球意识和中外人文交流与合作能力的形成。

4. 外语教育与研究要促进学科核心素养的发展

我国外语教育与研究要体现国家意志和主流核心价值观,必须回答培养什么人、如何培养人和为谁培养人这三个核心问题,即外语教育必须明确学科的育人目标、育人方法和育人立场。外语学科教育必须树立这样一种观念,即国际视野和跨文化沟通能力应该立足于中国情怀和世界关切。此外,外语教育工作者要弄清楚哪些是学科大观念,要弄清楚什么是"必备品格",什么是"关键能力",哪些是学习者应具备的可内化、可迁移、可重构、有创造力且可终身受用的关键素养。

新时代面向人类命运共同体的中国外语教育以立德树人的育人价值为导向,旨在培养具有中国情怀、国际视野和跨文化沟通能力的人,通过创设一系列基于现实社会情境和跨文化交际语境,融知识、技能、态度、价值观于一体的学科学习活动,包括自主学习、合作学习、探究学习、线上线下互动学习,促进学生学科核心素养的形成、发展和提升,使他们成为胸怀祖国、关切世界、面向未来,有崇高理想、坚定信念、文化品格和交际能力的人类命运共同体建设者。

根据新研制发布的《普通高中英语课程标准》,外语学科核心素养体系涵盖语言能力、文化意识、思维品质和学习能力等学科教育目标要素,其中语言能力是基础要素,文化意识是价值取向,思维品质是心智特征,学习能力是发展条件,这一素养体系这是外语学科育人价值的集中体现,是学生通过学科学习而逐步形成的正确价值观念、必备品格和关键能力。我们要以辩证的、发展的眼光看待外语知识学习和外语能力评价。古人云:"记问之学,不足以为人师。……语之而不知,虽舍之可见"(《礼记·学记》)。王阳明在其《传习录》中明示:"未有知而不行者。

知而不行,只是未知。"我们要倡导结构化的语言内容学习、情境化的语言知识及技能运用以及过程化的学业质量评价。语言能力不仅指在社会情境中,以听、说、读、看、写等方式理解和表达意义的能力,还包括在此过程中形成的语言意识、语理认知、交际策略和沟通能力。文化意识指对祖国文化的自信、中外文化的理解和优秀文化的认同,是构建人类命运共同体背景下应具有的跨文化认知、态度和行为取向。思维品质指语言学习和语言使用在逻辑性、批判性、创新性等方面所体现的思维能力,包括发现问题、分析问题和解决问题的能力,以全球化视角观察和认识世界的能力,对多元文化进行比较并做出正确价值判断的能力。学习能力指积极运用和主动调适外语学习策略、拓宽外语学习渠道、努力提升外语学习效率的意识和能力。

面向人类命运共同体的我国外语教育与研究,力求在学习者身上形成整合的、可内化、可迁移、可重构的核心素养,融合认知性素养和非认知性素养,形成元认知能力,可转换为胜任力和创造力,伴随学习者一生而终身受益。外语学习应该以人类命运共同体背景下的人与自我、人与自然、人与社会等主题为内容范畴,以多模态语篇为学习载体,从语言的感知和解读,到意义的判断和建构,从语言学习的知识输入,到语言学习者的意义表达,是一个语言能力、文化意识、思维品质和学习能力综合发展、循环而上的过程。我们通过听读理解、梳理加工、表达交流、内化迁移、重构创造,对口头或书面语篇进行解读、评判和阐释,创造性地表达个人观点、情感和态度,形成语用能力;感知和理解文化异同,形成文化意识;学会辨析和处理信息,提升思维品质;运用有效策略和方法,提升学习能力。语言能力、文化意识、思维品质、学习能力等要素在外语学习中交织融通、协调发展,归根结底是外语学习者在价值观念、必备品格和关键能力诸方面的综合发展。

外语学科核心素养中的"语言能力""文化意识"和"思维品质"是互为因果、互为依存、融为一体的三棱镜,投射、映射、折射出的是充满着人类活动的真人世界,而"学习能力"则是语言能力、文化意识和思维品质发展的必要条件,无论是学生学习外语的能力,还是用外语进行学习的能力,这种能力的发展过程本质上是语言人、文化人和思维人在与世界互动、与工具互动、与人群互动、与自我互动的过程,是发展语言能力、文化意识和思维品质的关键路径和有效平台。

外语教育与研究应该坚持语言的工具性价值和人文性价值融合统一而非二元对立的学科本质观。轻视工具性的人文价值教育最终培养的是空谈家,而忽略人文性的工具价值教育最终造就的是空心人。只有将"工具性"和"人文性"融合统一的外语教育,才是立德树人、学以致用、立足当下、面向未来的育人工程。面向人类命运共同体的我国外语教育,既是一种以文化人的教育,也是一种知行合一的教育。外语教育力求做到教学内容结构化、内容学习情境化、学习评价过程化、评价目标高阶化。外语学习者的大脑不是一种被动存储、以量为限的数据硬盘,而是一种主动建构、与时升级的思想内核。我们要转变以语言知识为主要目标的狭隘的外语学习观,改变以知识记忆为主要任务的学习方式,打破语言知识和技能分解式训练的方式,倡导互动学习、合作学习、探究学习、拓展学习、深度学习和强化学习。从语言碎片的机械识记,走向语言知识和技能的融会贯通和适切运用;从语言知识和语言技能的孤立学习,走向语言素养、人文素养和思维素养的综合发展;从关注学生一次次的"学会",走向关注学生终身受益的"会学"及"会用"。

5. 结语

　　总之,面向人类命运共同体的外语教育与研究旨在帮助学生学习和运用多门外语,尤其是学习和运用英语这门国际通用语言的知识、技能和交际策略,在真实的生活情境和跨文化交流中获取科学文化知识和相关信息,拓宽国际视野,树立跨文化意识和人类命运共同体意识,领悟世界文化的多样性和丰富性以及民心相通的重要性;通过分析、审视、鉴别多元文化现象所反映的价值取向,感悟、汲取优秀文明成果,描述、比较、阐释、评价中外文化,坚定文化自信,形成正确的价值观、健康的审美情趣和道德情感;同时,引导他们学会用所掌握的外语知识和技能向世界讲述中国故事,传播中华文化蕴含的思想观念、人文精神、道德规范以及时代风采,积极参与中外人文交流与合作,成为人类命运共同体的建设者、维护者和推动者。

　　面向人类命运共同体的我国外语教育与研究,需要我们砥砺前行,矢志不渝,德育为先,素养为重,汇千家之智,聚万人之慧,绘制学科育人新篇章,迎接英语教育新时代!

参考文献

［1］戴圣. 礼记·学记［M］. 杨天宇译注. 上海：上海古籍出版社,1991.

［2］教育部. 普通高中英语课程标准(2017年版)［M］. 北京：人民教育出版社,2018.

［3］教育部. 普通高等学校本科专业类教学质量国家标准［M］. 北京：高等教育出版社,2018.

［4］王阳明. 传习录［M］. 中州古籍出版社,2001.

［5］习近平. "共同构建人类命运共同体",在联合国日内瓦总部"共商共筑人类命运共同体"高级别会议上的主旨演讲. 新华社,2017年1月19日.

［6］新华网. 世界语言大会苏州共识［EB/OL］.［2014 - 06 - 06］. http：//www.oecd.org/pisa/Handbook-PISA-2018-Global-Competence.pdf.

　　(本文系国家语委基地重大项目"我国大中小学学生外语能力标准及评价体系研究"(ZDJ125 - 4)的阶段性研究成果)

作者单位：上海外国语大学中国外语战略研究中心 上海　　200083

英语阅读教育思考： 一条龙英语阅读

何其莘

提　要：在中文语境下学习英语，除课堂教学外，学生特别需要一套与国家的英语课程标准相配套的课外英语分级读物，以养成良好的阅读习惯。对于中国学生来说，理想的英语课外读物要与各年龄段学生的认知能力、思维模式、中文词汇和兴趣点相符；要能够激发学生对学习英语的兴趣、引导学生从好奇走向求知、不断拓展阅读面；在认识西方的同时，要教会学生采用海外民众习惯的方式，用英语讲好中国的故事。

关键词：中文语境；中国文化要素；持久阅读；连续性；阶段性

1. 引言

　　我最初是在 20 世纪 90 年代中叶产生为中国学生编写一条龙英语分级读物的想法的。那一年我参加了清华大学和上海外国语大学分别召集的两个关于一条龙英语教学的研讨会。因为是学校组织的研讨会，讨论很活跃，气氛也很轻松。但是，会议一结束，这个议题似乎就被人遗忘了。由于我自己很早就有了类似的想法，所以，自从那两次研讨会后我一直在考虑如何能把自己的这个想法变成现实。从 2015 年至 2018 年，经过 3 年多的奋战，我们两位作者和上海外语教育出版社一起，把 20 多年前我的一个规划变成了现实。这就是外教社推出的《新国标英语分级阅读》（*Readathon*）。

　　《新国标英语分级阅读》是为了实现终身阅读的目标、专门为在中文语境里学习英语的中国学生编写的一套英语读本，涵盖了幼儿园、小学和中学三个阶段。幼儿园阶段采用亲子读本的形式，共 6 册，强调孩子的模仿跟读，希望激发起孩子对学习另外一种语言的兴趣；小学阶段转向学生的自主阅读，每个年级 15 本，引导学生从好奇走向求知；中学阶段则进一步拓展阅读面、拓宽兴趣点。初中一年级至高中二年级也是每个年级 15 本。整套书共 171 本。

　　这套英语分级读物的英文名字是 *Readathon*，由英语中的 read 和 marathon 两个单词组合而成，代表了一种"持久阅读"的理念。这里讲的"持久阅读"不是简单的读书看报，更不是现在流行的网络阅读，而是有明确计划、明确阶段性、连贯性、长期坚持的一种阅读训练。

　　对于这套英语分级读物，许多人可能有这样几个疑问：

- 英语教育为什么要一条龙？
- 实现英语教育一条龙为什么要从阅读入手？
- 为什么一条龙英语阅读教材要自主编写？

2. 英语教育为什么要一条龙？

我国正规的英语教学始于1862年创办的新式学堂京师同文馆。1903年，我国的大学和中学普遍开设了英语课。20世纪50年代，北京、上海等大城市从中学开始有了英语课。20世纪90年代，国内大城市的小学开了英语课。进入新世纪后，许多城市的幼儿园都打出了双语教学的牌子，更多的家长则在外面为正在上幼儿园的孩子报了英语班。我们不禁要问：究竟应该从哪个年龄段开始教孩子英语呢？

如果我们回忆一下学习母语的经历，就不难发现语言学习实际上是一个终身相伴的使命。学习母语从牙牙学语开始，先开口说话，然后认字，再到后来看书、读报、写文章。我们都知道学中文不能仅靠学校的几节语文课，也不能只读语文老师指定的那几本书，而要靠大量持久的课外阅读，以及抓住生活中、工作中所有使用中文的机会。在中国，说话、认字几乎是人人都会，但是，要有一个较高的中文水平就不那么容易了。学习母语是这样，学习一门外语也是同样的道理。要掌握英语，并有一个较好的英语水平，更是一个终身相伴的使命。可以肯定，学习英语需要比学习母语付出更多的努力，不能只靠背诵课堂上豆腐干大小的短文，而要靠大量的课外阅读，要利用一切机会使用这门外语。如果坚持下去，一段时间之后就能看到效果。这就是英语教育的连续性。

和其他学科一样，学习英语也有明确的阶段性。不同的是，语言学习的阶段性与学习者的年龄紧密相连。从儿童到少年，再到青年和成年，每个年龄段都有不同的目标和任务。

那么，究竟从哪个年龄段开始学习英语最好呢？我个人的观点是，从英语教学的自身规律来讲，开始接触英语的年龄越小越好。3—4岁的孩子已经有了母语的基本表达能力，而且对周边事物又有着浓厚的兴趣，因此，只要引导得当，这个年龄段的孩子完全可以在不知不觉中学到一门外国语的入门知识。如果能把3—6岁看作是我国儿童英语的启蒙阶段，小学一年级正式开设英语课，我国的英语教育就能有一个比较理想的起点。

根据英语教学的自身规律，我国的英语教育有以下几个阶段：

儿童阶段：主要是通过模仿跟读，激发起孩子对英语的兴趣。

小学阶段：引导孩子从跟读转向自主阅读，慢慢开始培养阅读的习惯。

中学阶段：拓展学生的阅读面，养成一个良好的阅读习惯，掌握英语的口笔语初步表达能力。

大学阶段：进一步提高英语的水平，培养阅读英文原著的能力。

这里强调英语教学的阶段性，就是要重申英语教学的自身规律。各个年龄段的英语教学要与那个特定年龄段的孩子的认知能力、思维模式、母语词汇和兴趣点相吻合，避免拔苗助长的现象。

中国的外语教育实践一直处于世界前列，这一点几乎是全世界公认的。最瞩目的成果就是多年来培养了一批又一批杰出的外交、外语人才，当然，这并不完全是课堂教学的成果，更多依靠的是这些学生离开学校后在工作中的刻苦钻研和提高。在这方面，世界上的主要英语国家都应该向我们学习，因为上亿人学英语、每个人前前后后学那么多年、甚至一本英语教材（如《新概念英语》）就有上千万的读者，这在美国和英国是完全不能想象的。可能是因为他们认为英语已经是世界上使用最广的语言，美国又是世界上最强大的国家，所以根本没有学习其他国家语言的必要。

在看到我国外语教学实践成功的同时，我们也应该清醒地认识到，在外语教学理论方面我们还比较薄弱，许多领域还无人探索，更没有归纳提升到理论的层面。比如说，英语教学中的一条龙问题。这个问题依靠教育行政管理部门是无法解决的，因为在教育部，外语教学分属基础教育司、高等教育司、学位管理与研究生教育司等几个司局管理，而这几个部门在外语教育的设计和管理方面日常的沟通和协调较少。教育部下属的教育咨询机构——外语教学指导委员会，也是各管自己那一摊，英语教师，包括这个领域的专家学者也很少有人跨越自己从事的教育层次（中学、大学、大学公共英语、大学专业英语）去思考问题。

我们在这里讨论英语教学的一条龙问题，就是希望我国的英语教育能够切实遵循英语教育自身的规律，特别是英语教育的连贯性和阶段性；统筹设计，统筹安排，避免重复劳动，不做无用功，以便取得最大的效益、最好的教学效果。

3. 实现英语教育一条龙为什么要从阅读入手？

在讲到英语教学时，我们常听到英语语言基本功的提法。英语语言基本功指的是学生"听""说""读""写""译"的能力。这五项基本功中，"听"和"读"属于"输入型"，即吸取语言资料，积累英语词汇、句型、表达方式，而"说""写""译"属于"输出型"，即用英语表达自己的思想。很明显，"输入"和"输出"是一种因果关系，没有足够的"输入"就不可能有"输出"，"输入"越多"输出"也就越顺畅。而在"听"和"读"这两种"输入"渠道中，"读"则更常用、更有效，因为通过"读"获取语言现象的比例要远远高于通过"听"，特别是在中文语境中学习英语。20 世纪 70 年代、80 年代，我国不少高校都尝试过"听说领先"的教学方法。后来的实践证明，那是一种比较急功近利的教学手段，这种教学方法培养出来的学生，口语确实比较流利，但是他们基本只能做外事接待，因为他们中的大部分人应酬的话讲完后，就无话可讲了，肚子里没有货！所以说，"读"是五项英语语言基本功中最重要的一项能力培养，理应放在我们英语教学的首位。

还有一个比较有趣的例子。1941 年，我们党在延安建立了延安外国语学校（即北京外国语大学的前身），1945 年又在张家口成立的华北联合大学中组建了外文系。这两所学校的英文专业都有培养外语翻译的明确目标，教学内容以突出听、说、读、写、译等语言技能的训练为主。而同一时期，"蒋管区"的高等院校大多设有英国文学系，专业教育偏重文学，课程多为英美小说、诗歌、散文、戏剧、欧洲文学史等专业课程，不单独开设听、说、读、写、译的技能训练课。应该说，这种区别主要来自生源的差异。因为当时报考"蒋管区"大学英国文学系的考生大多毕业于教会学校，而这些考生在进入大学时已经基本解决了英语语言基本功的问题，他们入学后主要是通过"读"来进一步提高他们的英语水平。我想从这个例子中可以看出，"读"是进一步提升英语水平最重要的渠道。

既然"读"如此重要，那么在我国的英语教学中，阅读教学又做得怎么样呢？中国大学英语专业学生的英语阅读能力又如何呢？这里我可以举一个自己的例子。1981 年 9 月我自费去美国俄亥俄州一所州立大学的英文系读英语硕士学位，我拿了美国学校的一份助教金（Teaching Assistant），每周要为系上工作 18 小时，除了课堂教学的 6 个小时外，还要为系里的英文学院(教国际学生英语)筹建一个音像图书馆。按照美国移民局的要求,我自己每个学期起码要修 3 门研究生课,9 个学分。我 1975 年从西安外国语学院英语系毕业留校,1981 年去美国时已在西外教了 6 年书,还晋升了讲师。应该说,我的英文在国内已打下了相当的基础。刚到美国,许多朋友都问我有没有感受到文化上的冲击(cultural shock),有无不适应的情况。我当时摇摇头,其实心里有一种感受,只是觉得有点说不出口,因为我这个英语专业的本科生、高校专业英语教师,到美国后第一个学期感到最不适应的,竟然是美国高校对英语专业研究生阅读量的要求。第一学期我修的 3 门课程,每周的阅读量达到 65—90 页。因此,3 个半月的时间里,我的几乎所有时间都在上课—工作—读书—写文章。当然,这只是我在美国开始读研究生时的情况,后来,自己也就适应了这种阅读的节奏。

除了阅读量之外,还有对作品深层次的理解问题。这里谈一件我亲身经历过的事情。有一位朋友把儿子送到美国去读高中。第一年暑假回国来探亲,说英文课写论文有点困难,他爸爸就请我帮忙。我让他儿子把英文课的书单和他写的论文带给我看看。看了以后我发现他的问题不是出在写论文上,而是书没有真正读懂。美国高中语文课指定的书都已经是整本小说,记得那个孩子读的是《格列佛游记》(Gulliver's Travels),他觉得那就是一本记录旅行观感的游记作品,甚至有点像儿童文学。后来我给他讲了讲《格列佛游记》的作者 Jonathan Swift (1667 - 1745)。斯威夫特是英国 18 世纪初的一名作家,以写讽刺作品而闻名。《格列佛游记》共有 4 部分,前两部《小人国》(Ⅰ. A Voyage to Lilliput)和《大人国》(Ⅱ. A Voyage to Brobdinnag)常被误认为儿童文学。但是,如果细读小说的第四部 "Ⅳ. A Voyage to the Country of the Houyhnhnms",就知道作者实际上是借 18 世纪读者熟悉的游记形式来讽刺人类,因为在 Houyhnhnm 那个国度里,统治者是马 Houyhnhnm,他们的奴仆则是与格列佛长得很像的人形动物 Yahoo。由于长期和马生活在一起,格列佛就开始模仿马的一言一行,直至最后对人类的种种恶习感到羞愧,觉得耻于与人类为伍,企盼能在这个岛上度过余生。读斯威夫特的《格列佛游记》,如果没有悟出这种尖刻的讽刺,那就基本上没读懂这本书。后来,我就用莎士比亚的剧作《罗密欧与朱丽叶》为例,让朋友的儿子根据我列出的问题去细读那个剧,引导他先抓住剧中的细节,然后再从这些细节中去挖掘剧作家想要表达的意思。"细读文本" (close reading)是美国大学文学课非常重要的一种阅读方式。后来,这个孩子从美国给我写信,说他第二年的语文课就感到轻松了许多,因为他学会了如何去深层次地理解一部文学作品,而这正是美国学校希望达到的目的。

最近几年,教育界经常议论的一个话题是终身教育。其实,终身教育最有效、最切实可行的方法就是终身阅读。这里讲的不是简单的读书看报,更不是现在流行的网络阅读,而是一种有明确计划、明确目标、明确阶段性、连贯的阅读训练。Readathon 就是为了实现终身阅读的目标而编写的一套英语分级读物,涵盖了幼儿园、小学、中学这三个阶段,希望能够帮助我们的学生养成一个良好的阅读习惯,为大学阶段和之后的英语阅读奠定一个坚实的基础。

4. 为什么一条龙英语阅读教材要自主编写?

我想原因来自两个方面:教材的针对性和中国文化要素。

每一种好的语言教材或读物都有很强的针对性,有特定的读者群。以美国出版的英语教材为例。美国出版的英语教材大致可以分为两类：（1）为本国学生提高语言水平而编写的教材，和我们的语文课本相似；（2）为生活在美国、把英语作为第二语言的学习者而编写的教材。这两类教材有 3 个共同点：（1）英语是学习者的日常用语；（2）学习者处于美国文化的语境中，因此，有些文化要素被认为学习者已经熟知，不必再讲解；（3）教材主要用于宣传美国文化。正是这几个原因，这两类教材我们的教师可以参考，但不适合直接引进中国，起码不适合作为中国学生的主干教材。

中国的学生需要了解西方文化，但是，我们选用的教材或读物则要与中国不同年龄段学习者的认知水平、思维模式、中文词汇量、兴趣点相匹配，这是我国英语教育的一个基本原则。举例来说吧，前几年比较流行的一套儿童英语视频教程《小猪佩奇》（Pepper Pig）。孩子们很喜欢，因为片中的角色很可爱。那是一套英国针对学龄前儿童拍的动画片，娱乐性很强。《小猪佩奇》在我国可以用作视听训练，或作为英文小电影来看，但是，它不适合在中国作为教材来教孩子学英文，主要是因为影片的特定对象是英语为母语国家的儿童，故事中的英文起点高，根本不是非英语语境中的初学者轻易能够理解和学会的，而故事与故事之间在语言上又没有什么梯度，对于生活在中文语境中、刚刚接触英语的孩子来说，不符合循序渐进的教学原则。那么，谁最了解中国学生的认知水平、思维模式、兴趣点这些细节呢？当然是我们中国的教师。所以最好的一条龙英语阅读教材只能由我们中国教师来完成。

关于自主编写的想法主要来自 20 世纪 90 年代中，我与 L. G. Alexander 合作编写《新概念英语》（新版）的经历。1995 年，香港朗文公司和外研社经过几年的磋商，决定合作编写《新概念英语》（新版）。1995 年 12 月亚历山大来北京，和我这位中方编者以及两个出版社共同讨论新版的具体编写方案。

第一版《新概念英语》在 20 世纪 70 年代以影印书的形式进入中国。但是，我直到 1995 年开始与亚历山大合作做新版，才意识到这套书是如何严格遵循循序渐进的原则的。以第二册 *Practice and Progress* 为例。全书共 96 个单元，分成 4 部分，每个部分 24 课书。亚历山大认为英语中主要的语言现象可以归纳总结为 24 种。比如说语序（word order），这是第二册率先讨论的语法现象。在第二册的第 1 课，讨论的是简单句中的语序，第 25 课是并列句中的语序，第 49 课是复合句中的语序，第 73 课是语序的总复习。也就是说，在这本书里，同一种语言现象每 24 课重复出现一次，每次出现都不是简单的重复，而是增加一定的难度。这种"滚雪球式"的教学方法，我们做老师的都知道很有效。而这种情况在国内以选篇为主的教材中是根本无法想象的，原因是，《新概念英语》的第 1 册至第 3 册的所有课文都是亚历山大自己写的，这些课文和配套的练习可以让他实现任何设定的教学目标。这就是自主编写的教材或读物高人一筹的地方。

新版的《新概念英语》是一套针对中国英语学习者、主要用于课堂教学的教程，适合用于我们常说的精读课。书中的文章短小精悍，趣味性强，读起来朗朗上口，学生也愿意熟读背诵。这些短文能帮助学生很好地掌握英语的基本词汇、基本句型、基本语法知识，为进一步学习打下良好的基础。但是，《新概念英语》（新版）中的短文并不能解决养成良好阅读习惯的问题，4 本书的阅读量太小，学生的大量课外时间需要提供更多的英语阅读材料。当然不是任意的阅读材料，而是符合我国不同年龄段学习者的认知能力、思维模式、母语词汇和兴趣所在、与我国现行中小学英语课程标准相配套的英语阅读材料。在这方面，*Readathon* 就正好能弥补《新概念英语》(新版)的不足和缺憾。

中国人学习英语(或任何一门其他外国语言)的目的有二:一是了解西方的文化、学习先进的科学技术知识;二是向西方人(统称中国以外的其他国家的民众)讲述中国的故事。自从2013年习近平总书记提出讲好中国故事以来,这个话题已为大家所熟知。我个人觉得,有很长一段时间,我国在对外宣传中,没有注意用对方喜爱或可以接受的方式去讲述中国文化,这种"以我为中心"的对外宣传方式不容易激起海外民众对中国文化的兴趣,宣传效果一般。讲好中国故事不能只靠政府的宣传机构。其实,我们每一个英语学习者都是潜在的中国文化传播者,也都担当着讲好中国故事的重任。

学习中国文化要从小做起,不能只靠一两门课程、一两本书。我们所有的课程、所有的教材、所有的老师都要有意识地向我们的中国学生传授(或曰灌输)中国的文化要素。特别是在我们的英语教学中,因为我们还要教会我们的学生用西方人可以理解的方式去讲述中国故事。大家都知道,英美国家的人士普遍熟知《圣经》中的故事,许多人能背诵《圣经》中的经典句子,有人说,《圣经》已经融入了西方人的血液之中。我想我们也应该让中国文化的要素融入我们学生的血液中去,而这件事情要从小做起。

在 *Readathon* 的编写过程中,我们两位作者在这方面确实下了一番功夫。在小学阶段我们采用了一系列中国成语故事和历史故事来作为题材,如,叶公好龙、守株待兔、井底之蛙、狐假虎威、盲人摸象、愚公移山、东郭先生和狼、画蛇添足、鲁班的传说、木兰从军等。到了中学阶段,故事的题材就拓宽至中国的神话故事、传说、习俗、历史人物、经典文学作品,如,大闹天宫、哪吒的传说、文成公主、寒食节、顿月顿珠、端午节、张骞与丝绸之路、王昭君、临川四梦、藏剧《苏格尼玛》、京剧、七夕节、蔡文姬、李清照、白蛇传、《十五贯》等。

围绕这些中国元素来写读物的目的有两个:(1)探讨一些学生比较熟悉的故事中的中国文化精神,如愚公移山、木兰从军;(2)介绍一些学生听说过但是并不熟悉的文化要素,如京剧、寒食节、文成公主、王昭君等,让学生学会直接用英文来表述。

其实,教会学生用什么样的英文来讲述中国故事还是一种学问。一个例子是初中一年级的《大闹天宫》(*Havoc in Heaven*)。把中国的经典故事改写成英文读物难度并不很大,但是,如何翻译中文故事中的人名有点挑战性。我在翻译"太白金星"时没有采用1980年和1993年出版的两个《西游记》英文全译本中的译法,而是选择了1943年出版的一个改写本(*Monkey*,作者是 Arthur Waley)中的译法"The Spirit of the Planet Venus",因为 *Monkey* 这本书是外国人第一次用讲故事的方式来讲述中国古代名著《西游记》,由胡适作序,而且是至今为止在国外发行量最大的有关《西游记》的书籍。在 *Readathon* 中讲述中国故事,不是为了让中国学生读后与自己脑子中的中文故事对上号,而是学会用外国人容易接受的方式,来讲那些外国读者并不熟悉的中国故事。

Readathon 的亲子读本,以同龄孩子幼儿园和家庭的日常活动为背景,以模仿跟读为主,以激发孩子对另外一种语言的兴趣为目标。小学分级读物有生活中的故事、成语故事、历史故事、童话故事,引导小学生从好奇走向求知,逐步养成自主阅读的习惯。中学是孩子们兴趣点急剧增长、知识面急速拓宽的阶段,中学分级读物中颇有思想深度的经典神话故事,有关自然现象、历史事件、历史人物、中外名著、中国文化的读物,有助于学生拓展知识面,逐步学会去思考一些问题,与读物配套的练习也能引导学生学会用英语表达思想。

　　《新国标英语分级阅读》是以中国学生为特定读者群、与不同年龄段中国孩子的认知水平、思维模式、母语水平、兴趣点相匹配、与国内现行的中小学英语课程标准相吻合、有着丰富的中国文化要素、循序渐进、鼓励学生自主阅读、引导学生养成良好阅读习惯的一套英语分级读物。

　　到今年，我从事高校专业英语教学已有 43 年。有人可能想问，我国高校的英语课上在大学生身上发现的问题，有什么可以在基础教育阶段避免呢？我觉得最大的问题就是，中国大多数大学生缺乏一种良好的阅读习惯，对于阅读也缺乏浓厚的兴趣。我个人认为养成一个良好的阅读习惯，远比多读几本书、多做几张卷子、在考试中拿到高分要重要。

　　我坚信，一个良好的阅读习惯将使我们每一个学生终身受益。

作者单位：北京外国语大学 北京　　100089

新课标下的高中英语教师
专业发展：挑战与路径

王雪梅[1]　朱神海[2]

提　要： 以核心素养为目标指向的英语课程标准需要教师转变课程理念,更新知识结构,改进教学行为和教学评价。面对新课标所提出的挑战,高中英语教师应持续学习,提升自我素养;扎根课堂,进行深度教学;依托平台,构建教、学、研共同体等,努力实现自身的专业发展。

关键词： 新课标;高中英语教师;专业发展;挑战与路径

1. 引言

　　新一轮课程改革正在如火如荼地进行。作为英语课程改革的纲领性文件,《普通高中英语课程标准(2017年版)》(以下简称新课标)对英语课程性质与基本理念、学科核心素养与课程目标、课程结构、课程内容、学业质量以及实施建议等方面做了详细说明。相比2003年版的《普通高中英语课程标准(实验)》,新课标"突出思想性、强化综合性、增强选择性、提高科学性、反映时代性、关注适宜性、加大操作性"(梅德明,王蔷 2018),强调立德树人和全面发展的基本理念,"确立了英语学科核心素养框架,设计了基于学科核心素养的课程内容,提出了指向学科核心素养的英语学习活动观,研制了基于学科核心素养的学业质量标准,提出了基于核心素养的教学与评价建议等"(同上)。高中英语教师作为课程标准的具体实施者,应勇于面对新课标中所提出的这些新要求,在贯彻实施新课标的过程中,促进自身专业发展,"应努力成为行动研究型外语教师,具备高尚的职业道德,扎实的专业知识和心理学、教育学等学科理论知识,较强的语言技能和教学实践能力,具有一定的科学研究能力和终身学习能力"(王雪梅 2006)。本文将结合《普通高中英语课程标准(2017年版)》的主要内容和变化,分析高中英语教师专业发展所面临的挑战,并提出促进专业发展的路径。

2. 新课标给高中英语教师专业发展带来的新挑战

2.1　课程理念方面的挑战

　　(1)语言观

　　"将语言观作为促进外语教师专业发展过程中的一个重要问题提出是十分必要的"(贾爱武,2004),因为语言观是一切外语教学的前提,有什么样的语言观将决定有什么样的教学理念、教学模式以及教学方法与策略。各种不同的语言观对语言的认识各不一样。如结构主义语言观认为，语言是一套由语音、词汇以及语法所构成的结构系统，学习一门语言就是要学习语音、词汇以及语法等结构项目。而功能主义语言观则认为，语言指向各种具体的功能，如寒暄、道歉、给建议，提供帮助等，学习一门语言就是要运用语言做事情，以实现社会环境中的各种交际功能。高中英语新课标的研制专家结合普通语言学、心理语言学以及社会语言学等理论，指出"语言是一套符号系统，语言是一个心理过程，语言也是一种社会现象"(梅德明，王蔷 2018)，既考虑了语言的本体属性，又考虑了语言的学习规律和功能用途。这种语言观要求英语教师不仅关注语言规则，强调语言知识的重要性，又要注重语言的学习过程，即关注语言是如何被学生掌握的。此外，还要求英语教师在教学过程中解决语言的使用问题，以实现语言的社会功能。

(2) 外语课程观

新课标紧密结合相关外语教学理论以及我国的外语战略规划，对我国外语课程目标做了全新的阐释。倘若我们对比教育部 2003 年制定的《普通高中英语课程标准(实验稿)》和《普通高中英语课程标准(2017 年版)》，不难发现二者在课程目标的表述上有一定差别。前者指出英语课程的总目标是"使学生在义务教育阶段英语学习的基础上，进一步明确英语学习的目的，发展自主学习和合作学习的能力；形成有效的英语学习策略；培养学生的综合语言运用能力。"(中华人民共和国教育部 2003)，后者则提出英语课程的总目标是"全面贯彻党的教育方针，培育和践行社会主义核心价值观，落实立德树人根本任务，进一步促进学生英语学科核心素养的发展，培养具有中国情怀、国际视野和跨文化沟通能力的社会主义建设者和接班人"(中华人民共和国教育部 2017)。相比 2001 年的课程标准，2017 年版的新课标更加明确了外语教学中的人才培养方向，更加突出了中国特色社会主义背景下外语教学的使命，强调外语课程的工具性和人文性的融合统一。在当今时代背景下，"外语课不仅赋予学生基本的语言知识、技能和用外语与他人交流的能力，更重要的是，外语课承担着提高学生综合人文素养的任务"(刘道义，2014)。

2.2　知识结构方面的挑战

Shulman(1987)认为，教师应具备七种知识，即学科内容知识(content knowledge)、一般教学法知识(general pedagogical knowledge)、学科教学知识(pedagogical content knowledge)、课程知识(curriculum knowledge)、学习者知识(knowledge of learner)、教学情境知识(knowledge of educational context)、教育价值知识(knowledge of educational values)等，并指出，学科内容知识和学科教学知识对教师来说尤为重要。Koehler & Mishra(2005)基于 Shulman 提出的学科教学知识，进一步提出了整合技术的学科教学知识(TPACK)，强调了技术知识对于学科教学的重要性。Troyan, Cammarata & Martel(2017)将学科教学知识融入以内容依托式教学(CBI)中，提出了语言教师的融合学科教学知识(I‐PCK)。

新课标指出，教师应不断更新学科专业知识，提高自身语言和文化素养(中华人民共和国教育部 2017)。新课标确立了英语学科核心素养的框架，并设计了基于学科核心素养的课程内容，这给广大英语教师的知识结构带来了挑战。英语学科核心素养是实施英语课程标准的最关键性概念。可以说，学科核心素养的落地意味着课程标准的成功实施。根据新课标的阐述，英语学科核心素养主要包括语言能力、文化意识、思维品质以及学习能力等四个方面。英语语言能力是最基础的要素,要求学生具备一定的语言意识和语感,在一定社会情境中,能运用英语进行听、说、读、看、写等语言活动,实现交际的目的。文化意识是价值取向,要求学生坚定文化自信,增强对中外文化的理解,具备一定的跨文化交际能力。思维品质是心智表征,要求学生在思维层面具备一定的逻辑性、批判性和创新性。学习能力是发展条件,要求学生学会如何学习,充分利用学习策略,拓宽英语学用渠道,实现自主学习和终身学习。新课标所要求的英语学科核心素养,对英语教师来说,既是一种课程知识,又是一种教育价值知识。

新课标还规定了英语课程的具体内容,这使得英语学科核心素养更具有可操作性。英语课程内容涵盖主题语境、语篇类型、语言知识、文化知识、语言技能和学习策略等六个要素。作为新课标的具体实施者,高中英语教师需要阅读这些具体的课程内容,不断更新自己的学科内容知识和学科教学知识。

此外,新课标还要求教师具备与时代相符的信息素养,"在利用传统的教学手段和教学资源的同时,发挥现代教育技术对教与学的支持和服务功能"(中华人民共和国教育部 2017)。教师要掌握一定的现代教育技术,并有效实现技术与课程的深度融合。

2.3　教学行为方面的挑战

本次课程改革中英语学科核心素养这一概念对广大高中英语教师的教学行为提出了挑战,即如何在英语教学实践中培养学生的语言能力、文化意识、思维品质以及学习能力等学科核心素养。教师们对语言能力、文化意识以及学习能力并不陌生,在教学中经常涉及这三项能力要求。而如何在英语教学中培养学生的思维品质,无论从研究层面,还是从实践层面都很少涉及。思维品质是智力活动中,特别是思维活动中,智力与能力在个体身上的表现,其实质是人的思维的个性特征(林崇德 2006:68)。语言教学中的思维活动充分贯穿于语音、词汇、语法和听说读写的学习活动之中,这种思维主要指学生运用已有的概念进行观察、分析、判断、归纳、综合、推理、探究、思辨、想象、创造和评价的能力(刘道义,2014)。英语学科核心素养中的思维品质包括思维的逻辑性、批判性和创新性。目前,国内学者(如冀小婷 2017;夏谷鸣 2017;程晓堂 2018)已经聚焦英语教学中的思维品质培养开展研究,为学科核心素养的成功落地提供了一定参考,但相关教学案例还不够充分,理论提炼还有待加强,实践可操作性还有待进一步论证。

新课标修订的另一重要内容是提出了指向学科核心素养的英语学习活动观。这种活动观是指"以学生为主体的常态化的活动,是英语教学的基本形式,是学生学习和运用英语的主要途径,是英语教师整合教学内容、重组教学要素、激发学生学习热情、实施深度教学的重要保证"(梅德明,王蔷 2018:4)。这种以学生为中心的英语学习活动观也给教师教学行为带来了一定的挑战。首先,教师需要在教学设计阶段充分考虑学生的学习兴趣、动机以及语言认知水平,要设计以学生为中心的情景化教学活动,以便最大限度地调动学生的英语学习积极性。其次,在课堂教学中教师要积极成为英语活动的组织者和参与者,使学生能通过融语言、思维、文化为一体的活动,体验英语学习的乐趣,发展思维能力,获得积极的价值观。

2.4　教学评价方面的挑战

教学评价在英语课程实施中发挥着重要作用,是促进英语教学的重要手段。过去的大纲或课程标准很少详细阐述教学评价的内容,尤其很少涉及考试评价,而新课标则详细阐述了基于学科核心素养发展的学业质量标准,并为广大教师提供了评价建议以及命题建议。英语教学评价应基于以人为本的理念,根据学科核心素养的内涵,进行科学合理的分级评价。在评价过程中,应结合形成性评价与终结性评价、定量评价与定性评价,注重评价方式的多样化,评价主体的多元化。"评价结果应能全面反映学生英语学科核心素养发展的状况和达到的水平,要充分发挥教学评价的激励作用和促学功能"(中华人民共和国教育部 2017),既要使学生获得自信,增强其英语学习兴趣,又要能调动教师的能动性,提高工作的满意度和幸福感。具体而言,新课标给高中英语教师带来的教学评价方面的挑战主要体现在三个方面:一是有关学科核心素养的测评问题。学科核心素养的四个要素中,教师们比较熟悉语言能力方面的显性测评,对文化意识、思维品质以及学习能力方面的隐性测评的认识有待提高。二是如何发挥评价的反拨作用问题。我国现行的招生选拔形式仍以测试为主,如何权衡教学与考试的关系一直令不少教师头疼。要积极发挥评价的反拨作用,让评价既能反映教师与学生的成功与不足,又能促进学生学科核心素养的发展和自信心的提高,对广大英语教师来说,存在一定的难度。三是如何处理好教、学、评三者关系的问题。新课标围绕教学评价提出了六个方面的要求,回答了评什么、谁来评、如何评等方面的问题,同时提出了评价要为教和学服务的功能和目标。但在实践操作中如何把握评价的尺度,如何真正处理好教、学、评的关系等问题值得广大教师进行深入思考。

3. 新课标下高中英语教师专业发展路径

面对新课标在课程理念、知识结构、教学行为以及教学评价等方面的挑战,高中英语教师应积极应对,认真理解新课标的内容和建议,主动在教学实践中开展探索性实验,提高学生的英语学科核心素养,并在此过程中不断促进自身专业发展。具体而言,教师们可采取持续学习、深度教学以及构建教、学、研共同体等路径。

3.1 持续学习,提升自身素养

我们正处在一个科学技术高度发展的时代,知识的更新速度较任何时候都要更快,英语教师只有加强自身学习,不断更新自己的知识结构,才能使自己的教学与时代同步。在新课改背景下,教师应在四个方面持续学习。一是学习新课标,提升课程素养。通过新课标的学习,了解新一轮课程改革的最新动态,更新自己对英语课程性质与目标的认识,明确核心素养的内涵。目前,除了教育部制定的课程标准可供学习外,教师们还可以学习该领域专家,尤其是课标制定组核心成员所撰写的一些相关论文和书籍,深入理解新课标所提出的一些新概念(如英语学科核心素养)以及新思想(如立德树人)。二是学习教学理论,提升理论素养。大多数高中英语教师经过大量教学实践,已经形成了一套经验式的教学套路,但很少有教师将自己的教学实践进行理论提升,最终导致教学陷入一个难以提高的瓶颈。英语教师需要不断加强自己的理论学习,了解一些基本的教与学的理论知识,如教学策略、学习策略、教学方法、教材设计、教学评价以及教育心理学等理论知识。三是学习现代教育技术,提升信息素养。"互联网+"背景下,随着大数据以及人工智能等新技术的应用,教与学的方式正在发生翻天覆地的变化,面对技术革新给英语教学带来的挑战,教师要不断学习信息技术方面的知识,并"充分利用信息技术,促进信息技术与课程教学的深度融合"(中华人民共和国教育部,2017)。四是学习测评方法,提升评价素养(assessment literacy)。英语教师要认真学习教学评价知识,了解基于英语教学核心素养的教学评价方式,学习如何有效对学生进行形成性评价,另外还要不断加强语言测试方面的知识学习,针对高中学业水平考试和高考在考试目的、内容和难度等方面的差异,结合语言测试理论,进行相关的探索性研究。

3.2 扎根课堂,进行深度教学

课堂永远是教师赖以生存和发展的阵地。任何课程改革都离不开课堂教学的变革。新课标中英语学科核心素养的落地,需要广大英语教师扎根课堂,进行深度教学。深度教学是让学生深度参与教学过程且深刻把握学习内容的教学,涉及学生的投入程度、认知状态、情感状态和思维层次等问题(罗祖兵 2017)。就英语学科而言,要实现深度教学,教师们可以参考如下四种思路:第一,运用真实性语言材料进行教学。语言学习的真实性可以让课堂变得生动有趣,让学习目标更接近真实的语境,既能够激发学生的学习动机,又能够拓展学生的学用渠道。教师要充分利用真实性语言材料,努力创造英语学习情景,避免讲授过多过全,让学生充分参与教学过程,提升语言运用能力。第二,采用参与式活动教学途径。参与式活动教学途径是英语新课标所提出的活动观的具体体现,要求教师"积极主动地为学生设计结构化、情景化、过程化的活动"(梅德明、王蔷 2018)。学习本身就是一个深度参与的过程,学生深度参与一些语言运用活动,并体验活动所带来的快乐和成就感,既能保证学习热情,又能保证学习效率。第三,基于主题语境开展深度教学。主题语境是英语学科课程内容的首要组成部分。教师要通过各种学习渠道,充分了解英语新课标所设定的主题语境,即"人与自我"、"人与社会"以及"人与自然"。这三大主题语境以及各主题语境下的子主题为教师们进行教学设计和教学实践提供了选材参考。教师可以在广度和深度上对主体语境进行适当拓展,开展对主题意义探究的活动。第四,基于语篇进行深度教学。语篇类型是英语课程内容六要素之一。在新课标中,语篇类型首次作为课程内容被提出,从某种程度上打破了传统的语法词汇学习重心,有利于学生实际语言能力的发展。英语教师要具有语篇意识,强调语言的整体性,丰富语篇类型,并在教学中认真研读和分析语篇,以便实现基于语篇类型的深度教学,落实培养学生英语学科核心素养的目标。

3.3 依托平台,构建教、学、研共同体

新课标明确指出,有效实施英语课程的关键在于教师自身的专业化水平。Valmori & Costa (2016)的调查研究发现,外语教师专业发展主要取决于两个因素,即是否有从事专业发展活动的意愿和是否参与专业发展共同体。结合国内外语教师的研究发现,我们认为,发展教师专业化水平的有效途径之一便是构建教、学、研共同体。此处的教、学、研共同体区别于以往我们提到的教研共同体,它不仅强调教师的教学与研究,还着重强调教师的学习。教、学、研共同体既是一种教师合作教学、学习以及研究的平台,又是一种有效促进教师专业发展的机制。教、学、研共同体可以分为不同组织形式,传统组织形式是教研组,该形式的共同体最大的优点是可以结合本校的教学实践,凝聚所有教研组成员的力量,及时改进教学实践中遇到的各类问题。随

着网络通信技术的发展,教、学、研共同体突破了时空限制,交流更加方便,资源更加丰富。英语教师应依托各种平台,努力构建教、学、研共同体,最大限度地促进自身专业发展。针对目前不少共同体存在的一些问题,在此提出三点建议:一是树立认同与自主发展意识,积极主动参与共同体的各种教学、学习以及研究等活动。共同体的每位成员应积极参与共同体的建构,制定自身专业发展计划,积极参与讨论教学问题,认真履行学习规划,开展行动研究。二是加强实践与反思,促进共同体可持续发展。每一位共同体成员应将英语新课标所确定的学科核心素养落实于平时的教学实践中,并将互动交流与教学反思相结合。三是突出学科带头人的引领作用,确保共同体的发展方向。学科带头人往往在教学或科研方面具有明显的优势,能把握英语教学的最新动态,引领其他教师开展各种专业活动,在共同体建设方面发挥着重要作用。

4. 结语

在新课程方案和课程标准出台的背景下,普通高中学校既不能"不作为",故步自封于应试教育的一套经验,也不能"乱作为",抛开国家课标,另起炉灶(钟启泉 2018)。教师亦如此,既不能"不作为",也不能"乱作为"。本研究认为,英语新课标给教师在课程理念、知识结构、教学行为以及教学评价等方面提出了新挑战,广大英语教师应不断促进自身专业发展,持续学习,提升自身素养;扎根课堂,进行深度教学;依托平台,构建教、学、研共同体。当然,在落实英语新课标的过程中,还会遇到一些实际问题,今后将结合具体案例进一步研究。

参考文献

［1］Koehler M. J., Mishra P. Teachers Learning Technology by Design［J］. Journal of Computing in Teacher Education,2005,21(3):94－102.

［2］Shulman L. S. Those who understand:Knowledge growth in teaching［J］. *Educational Researcher*,1986,15(2):4－14.

［3］Troyan F. J., Cammarata L, Martel J. Integration PCK:Modeling the Knowledge(s) Underlying a World Language Teacher's Implementation of CBI［J］. Foreign Language Annals,2017,50(2):págs. 458－476.

［4］Valmori L., Costa P. I. D. How do foreign language teachers maintain their proficiency? A grounded theory investigation［J］. System,2016,57:98－108.

［5］程晓堂. 在英语教学中发展学生的思维品质［J］. 中小学外语教学(中学篇),2018(3).

［6］冀小婷. 英语语法教学中学生思维品质的培养［J］. 英语学习,2017(09):54－56.

［7］贾爱武. 从语言观透视外语教师教育新发展［J］. 中国外语,2004(11):59－62.

［8］林崇德. 教育为的是学生发展［M］. 北京:北京师范大学出版社,2006.

［9］刘道义. 外语教育的作用与高考改革［J］. 外国语(上海外国语大学学报),2014,37(06):8－10.

［10］罗祖兵. 深度教学:"核心素养"时代教学变革的方向［J］. 课程.教材.教法,2017,37(4):20－26.

［11］梅德明,王蔷. 改什么? 如何教? 怎么考? ——高中英语新课标解析［M］. 外语教学与研究

出版社,2018.

［12］王雪梅.新课程改革背景下高校与中学英语教师教育的契合[J].外语界,2006(05)：57－67.

［13］夏谷鸣.英语学科教学与思维品质培养[J].英语学习,2017(02)：9－13.

［14］中华人民共和国教育部.普通高中英语课程标准(2017年版)[S].人民教育出版社,2017.

［15］中华人民共和国教育部.普通高中英语课程标准(实验)[S].人民教育出版社,2003.

［16］钟启泉.求应变求平衡,高中接轨新课标[N].中国教育报,2018－03－28(005).

作者单位：

1.上海外国语大学教务处 上海　200083

2.上海外国语大学英语学院 上海　200083

课 堂 互 动
——英语学科核心素养落实之关键

黄彩霞

提　要： 课堂教学是学校教育教学活动的基本组织形式。要提高教育质量,落实学生学科核心素养的培养,根本在于向课堂要质量。课堂教学中,互动就是课堂的生命。教学设计是有效课堂互动的前提和保障。教师基于学生英语学科核心素养发展,研读文本,预设教学目标,选择互动活动,根据不同的互动形式,预设课堂互动的问题以及提问方式。教师根据课堂实时情景,及时给学生恰当的反馈。另外,对学生进行互动策略的培训,有助于有效开展结对和小组互动,进而提高课堂互动效果。课堂互动的过程中,培养学生的语言能力、学习能力、文化意识和思维品质。

关键词： 英语学科核心素养;课堂互动;提问;反馈

1. 引言

　　2016 年我国发布《中国学生发展核心素养》整体框架。在通过教学实践落实核心素养中指出:"可以通过引领和促进教师的专业发展,指导教师在日常教学中更好地贯彻落实党的教育方针,改变当前存在的'学科本位'和'知识本位'现象。"课堂教学是学校教育教学活动的基本组织形式,要提高教育质量,落实学生学科核心素养的培养,根本在于向课堂要质量。课堂教学中,互动就是课堂的生命,主要包括师生互动和生生互动。

　　核心素养的问题实际上是培养什么样的人的问题。基于核心素养的教育,既包括传统的知识与能力的学习,更强调学生的全面发展和终身学习,特别关注人与社会的统一和协调发展(程晓堂,赵思齐 2016)。英语学科的核心素养包含学生语言能力、学习能力、思维品质以及文化意识四个方面。在语言学习过程中,学生利用课堂互动学习与他人交流、合作,学习思考、判断的过程中使用语言。课堂互动促进语言知识的内化、培养学生的学习能力以及思维品质。

2. 课堂互动要基于教学设计

　　《普通高中英语课程标准(2017 年版)》(以下简称《课标》)指出:"指向学生英语学科核心素养的英语教学应以主题意义为引领,以语篇为依托,整合语言知识、语言技能、文化知识和学习策略等学习内容,创设具有关联性、综合性和实践性的英语学习活动"。教学设计是有效课堂互动的前提和基础,培养学生英语学科核心素养,教师需研读文本,以文本为依据,充分挖掘文本内涵的基础上,设计课堂互动的方式及具体问题,为高效、优质课堂提供前提保障。

2.1 语篇研读

语篇研读是教师在教学中落实立德树人和学科核心素养目标的重要起点(梅德明,王蔷2018)。以《高中英语》(人教版)教材必修 1 第四单元"A Night the Earth Didn't Sleep"(地球的一个不眠之夜)为例,教学设计要基于文本的深层解读,根据《课标》的建议,从"what", "how","why"三个方面研读本文:

What:本文的主题是唐山大地震,描述 1976 年 7 月 28 日凌晨发生的唐山大地震,是一篇叙述性文章;描写、叙述相结合,把唐山大地震发生前、发生中以及发生之后的情况做了详细的叙述和描写。地震发生前:自然界中发生的奇怪事情,如井水的变化、动物行为的异常、水管的爆裂、异常的声音等。地震发生时:唐山市的景象,地震带来的毁坏。地震后:救援工作的展开。

How:1)整篇文章以非常具体的时间轴线展开。2)文章每一段都有明确的主题句,如:第一段:Strange things were happening in the countryside of northeast of Hebei. 第二段:At 3: 42 am everything began to shake and it seemed as if the world was at an end. 第三段:Nearly everything was destroyed. 第四段:All hope was not lost. 每一段都是围绕主题句叙述、描写。3)文章中用很具体的数字,让读者清楚地感知地震带来的破坏。

Why:作者希望通过这篇文章让读者了解唐山大地震的同时,思考如何面对自然灾难,如何预防地震、如何在地震中逃生以及地震后如何协作救援。

2.2 目标预设

在研读语篇的基础上,遵循《课标》对教学目标表述的"可操作、可达成、可检测"原则。可以设计以下主要教学目标,学完本篇文章,学生能够:

1)梳理文章中唐山大地震发生前发生的奇怪的事情。

2)围绕地震发生时:"It seemed as if the world was at an end!"这一主题句,寻找并讨论支持这一主题句的细节描述。

3)以"destruction"和"rescue"为关键词,绘制出唐山大地震带来的破坏以及之后救援工作的思维导图,并且根据思维导图展开讨论,表达自己的感受。

4)基于"唐山大地震"这一主题,进行采访,分享 earthquake survival 需要做的准备:地震求生物品准备、自然现象的观察及预防、地震后的协作救援等。

这四个教学目标叙写使用了具体、清晰、直观的行为动词,如:梳理、寻找、讨论、绘制、表达、采访以及分享。目标中具体、直观的行为动词,服务于教学活动从"教"到"学"的转变。目标的呈现,体现了"英语学习活动观"中学习理解、实践应用、迁移创新的三个层级。前三个目标既是学生对文本信息的深层理解,也是学生语言输入的过程,在整合信息的过程中,进行语言的应用,同时语言的应用也是对文本更深层次理解的过程,如:讨论支持主题句的细节描述,根据思维导图展开讨论的时候,学生进一步归纳文本信息,体会写作技巧。第三个目标中的表达自己的感受以及第四个目标,就是要求学生实践应用,迁移创新。这四个教学目标的预设能够反映出学生对文本主题意义探究的结果,并体现核心素养四要素的相互渗透、关联融合、协调发展。

3. 课堂互动中的提问

文本分析不是无限的,一定要和期待学生达成的学习结果相对接。解读不是目的,把解读出来的内容通过活动设计转化为学生的经历,引领孩子们在探究语篇主题意义的过程中感知、吸收、内化、迁移才是更有意义和价值的(梅德明,王蔷 2018)。有了清晰的、可操作、可检测的教学目标,教师依据目标,结合学生的实际水平,设计教学活动,实践英语学习活动观,促进英语核心素养的落实。教师可以通过师生互动或生生互动的方式去达成不同的教学目标。教师要细心选材,深入研读文本,合理设计课堂活动,根据学习的学习能力,激发和调动学生间互动的产出度和达成度(李明远,彭华清 2016)。

无论是哪一种互动方式,教师需要预先设计课堂互动的问题。课堂提问是指教师有目的地提供教学提示或传递所学内容的刺激,以及学生做些什么、如何做的暗示,从而引导学生积极参与课堂活动(卢正芝,洪松舟 2010)。没有精心预设的课堂提问,不能给学生提供有效使用语言的机会,更不能培养学生的高阶思维能力。教师提问不仅仅是完成教学环节,外语课堂的教师提问是学生语言输入的重要组成部分,另外,问题的类型直接影响学生思维品质的培养和课堂互动的质量。

3.1 问题类型

不同学者对课堂提问有不同的分类,如下图所示。

研 究 者	问 题 类 型
Gallagher & Aschner (1963)	认知记忆问题(cognitive-memory question)、趋同性问题(convergent thinking question)、趋异性问题(divergent thinking question)以及评价性思考问题(evaluative thinking question)
Barnes(1969,1976)	事实性问题(factual questions)、推理性问题(reasoning questions)、开放性问题(open questions)、交际性问题(social questions)
Long & Sato(1983)	回应性问题(echoic question)、认知性问题(epistemic questions) 回应性包含确认理解、澄清问题、核实理解;认知性包含参考性(referential)、展示性(display)、表意性(expressive)以及修辞性(rhetorical)问题
Celce-Murcia & Larsen-Freeman(1999)	一般疑问(yes/no questions)、特殊疑问(wh-questions)、反意疑问(tag questions)及选择疑问(alternative questions)
Chinn et al.(2001)	评价性(assessment questions)、真实信息性(genuine information questions)、开放性(open-ended questions)以及挑战性问题(challenge questions)
Bloom et. al (1956) Anderson & Krathwohl (2001)	知识(knowledge)、理解(comprehension)、应用(application)分析(analysis)、评价(evaluation)以及创造(creation)

教师在预设课堂互动问题时,基于问题分类,避免提问的随意、低层次甚至无效,同时,以问题推动课堂互动。基于 Bloom 的认知分类问题,以"A Night the Earth Didn't Sleep"第一段为例,为了让学生掌握并提取文本信息,可以使用知识类、理解类的问题进行互动:What were strange things happening in the countryside of northeast of Hebei? What did people notice/see/smell/hear? 学生以这些问题对文章信息进行梳理,同时学习利用感官进行描述。梳理完文本基本信息,教师可以预设应用、分析类问题,如:If you find such strange things in your daily life, what will you do? Why can such strange things happen in the nature? 这样的问题能激发学生思考,查阅更多资料,解决问题。学生在回答问题的同时培养自主学习能力和思辨思维能力。

3.2 提问方式

提问是课堂互动的启动器,常见的方式是教师提问,全班学生倾听,集体回答或点名回答,Lyman(1981)提出 Listen-Think-Pair-Share(倾听—思考—结对—分享)模式,即教师提出问题,学生独立思考,然后与邻座结对讨论,最后在全班分享,建议师生互动应少用"教师提问,一次一个学生回答"的提问模式,多使用 Listen-Think-Pair-Share,降低学生的焦虑情绪,增加学生语言输出机会。

好的课堂互动中,问题的提出者应该是学生,教师需要在课堂教学中训练学生提问,可以从以下三个方面开展训练:

第一,提问作者:阅读教学中,培养学生阅读过程中提问作者的习惯,以此培养学生的思维品质,如:What is the author trying to say? Why do you think the author chose this wording in this particular spot? How does the author let you know that something has changed? 这样的问题让学生更好地理解文本,更多地思考作者的写作意图,解决"**why**"的问题。提问作者的问题作为小组互动或者结对互动的活动,激发学生更多的思想火花。如:在学习"A Night the Earth Didn't Sleep"一文时,引导学生针对标题提问:"Why didn't the earth sleep one night?""Why does the author use the word 'sleep' to describe the earth?"

第二,提问自己:也就是自我提问(self-questioning)。教师根据 Bloom 的认知分类问题,训练学生预习课文的过程中,通过自我提问的方式,写下自己的问题,课堂时间围绕学生提出的问题,组织小组互动、结对互动或者师生互动,进行文章解读。学生自我提问,课堂基于学生的问题展开,把课堂的主动权还给学生的同时,培养学生的自主学习能力,让学生有更多的时间进行语言的应用。

第三,提问同伴:同桌或小组活动是学生心灵直接的一种对接,是作为学习主题之间的一种互相成就(梅德明,王蔷 2018)。课堂教学中训练学生提问同伴,在同伴提问的过程中,修正问题,寻求答案,教师更容易发现学生理解和语言表达问题,也更能培养学生的合作学习能力。如:为了完成前文提到的第四个教学目标,教师让学生结对互问,他们准备的地震求生物品、预防地震应该做的工作、地震发生后如何救援,学生互相对比观点,取长补短,学习在地震中求生。

4. 课堂互动中的反馈

影响课堂互动效果的因素之一就是课堂互动中的反馈,课堂反馈同时也决定着课堂的生成效果。教师反馈则既是学生有效输入的一部分,又能有效促进学生的语言输出(Chaudron 1988)。课堂反馈是"教"—"学"—"评"的重要组成部分,反馈是教学当中最具代表性的评价活动(梅德明,王蔷 2018)。课堂反馈要有利于学生语言能力的培养,学生知识的建构及应用,有利于学生思维能力以及文化意识的培养。课堂教学目标的实现,是通过师生对话协商,教师引导学生建构知识、表达思想的过程,教师需要根据对话的实际情况,及时给予学生反馈,引导课堂互动朝着教学目标的方向发展。脑科学理论认为,"只有当学生接收到教师与同伴及时的反馈,才能立刻改正并前进,或者更自信地沿着原路朝着目标迈进(李金钊 2012)"。

研究者对教师反馈语从不同角度进行分类,如:Nunan(1991)将反馈分为积极反馈和消极反馈。Cullen(2002)将教师对学生回答从语言形式上做出的反馈归为评价性(evaluative)反馈,对学生回答的内容所给予的反馈归为话语性(discoursal)反馈。关于学生错误的反馈,Lyster 和 Ranta(1997)提出了六种纠错性反馈:明确纠错(explicit correction)、重述(recast)、请求澄清(clarification request)、元语言反馈(metalinguistic feedback)、诱导(elicitation)以及重复(repetition)。

教师需要了解反馈的不同类型,根据不同语境中学生的应答,给出恰当合理的反馈,注重反馈的质量以及反馈对教学目标的促成作用。在课堂反馈的过程中,激发学生的思考,拓展思维。同时,教师训练学生进行同伴反馈。教师的反馈要依据《课标》中评价的要求:突出核心素养在学业评价中的主导地位;关注教学过程,通过英语活动来实施评价;强调评价要和学习活动相结合;达成评价为教和学服务的目的(梅德明,王蔷 2018)。

5. 课堂互动策略

课堂互动中,除了教师的提问与反馈,还要注重结对和小组互动的有效性。从教育学角度看,结对和小组互动相对于以教师为主导的活动来说,为学习者提供了更多使用目标语的机会,促进了学习自主性和自我导向学习(Brown 2001)。英语课堂结对和小组活动中,常见的问题是:学生参与的不平衡、学生借助母语,而不是用目标语展开讨论、学生只顾自己发表看法,不会对同伴的观点进行评价、应答。

Bejarano 等(1997)与 Naughton(2006)认为重要的是开展课堂互动之前,培养学生互动策略,学生通过接受相应的互动策略培训,能够学会如何更有效地开展结对和小组互动,进而提高课堂互动效果。

课堂互动策略,不同的学者给出不同的分类,如:Johnson(1986)把互动策略分为:咨询和评估、分析和解释、安慰和支持、提问和探究、释义和理解。Bejarano et al. (1997)对学生进行互动策略熟练使用的训练项目,称之为 SUIS(Skilled Use of Interaction Strategies),其中互动策略包括修正互动策略(Modified-Interaction Strategies)和社会互动策略(Social-Interaction Strategies)。修正互动策略包含四个方面:1)检查理解和澄清,如:对话过程中,讲话者问:Do you see what I mean? 听者问:Did you say that ...? 2)寻求帮助:为了更有效地用目标语表达思想,如以"How do you say ...?"进行询问,同伴们可以相互帮助,表达思想。3)提供帮助:小组成员给寻求帮助的同伴提供帮助。4)修正:同伴之间相互纠正语法、词汇错误等。社会互动策略(Social-Interaction Strategies)包含五个方面:1)详细阐述:学生根据之前的评论,通过举例,补充等方法进行阐释。2) 促进对话顺利进行,如:Student 1:I think you are wrong because ... Student 2:You really think so? Why do you say that? 以此确保对话的顺利进行。3) 回应:对小组成员发起的内容相关的问题做出应答,表达是否赞同。4) 寻求信息或者见解:小组成员询问发言者的见解,或者寻求更多的相关信息。5) 改述:小组成员用自己的话语重述发言的见解,以便进一步澄清。Naughton(2006)在小组口语互动的研究中,设计了 COSOI(Cooperative Organization of Strategies for Oral Interaction),把互动策略分为四类:使用后续问题、请求和给予阐释、修正、以及请求和给予帮助。

教师根据教学目标,实施结对或小组活动,在活动中学生学习合作,相互帮助、学习运用目标语探究问题,解决问题、学习表达思想,评价同伴的观点,同时进行反思。有效的结对和小组活动需要教师根据互动策略,对学生进行训练。课堂互动策略的训练不仅仅限于英语课堂活动中的使用,还有助于学生日常交际能力的培养,使学生课堂学习得以迁移和应用。

6. 结语

提高文本解读能力是提高课堂教学实效和学生学习质量的关键(王蔷 2015)。学生文本解读能力的提高首先取决于教师的教学设计,教师需要在主题意义引导下,深挖语篇,进行教学设计,避免内容教学的碎片化。其次,文本解读能力的提高需要落实在课堂。课堂教学的灵魂在于互动,学生与文本互动、同伴互动以及与老师互动的过程中对语篇有更深层次的理解,形成新的认知,同时在互动的过程中使用目标语交流,提高语言运用能力,在互动的过程中进行意义协商,知识构建,学习质疑自己的理解、质疑作者、质疑同伴、甚至质疑老师,培养思维品质。《课标》倡导课程内容结构化,学习情景化,从"育知"走向"育人"。有效的课堂互动基于结构化的教学设计,关注学生的学习是否真正发生,在情景化的学习中,实现学科核心素养"育人"的目标。

参考文献

[1] Anderson,L.,& Krathwohl,D. A.(2001). *Taxonomy for Learning,Teaching and Assessing: A Revision of Bloom's Taxonomy of Educational Objectives*[M]. New York:Longman.

[2] Barnes,D.(1969). *Language in the Second Classroom*[M]. Harmondsworth:Penguin.

[3] Barnes,D.(1976). *From Communication to Curriculum*[M]. Harmondsworth:Penguin.

[4] Bejarano,Y.,T. Levine,E. Olshtain & J. Steiner.(1997). The skilled use of interaction strategies:Creating a framework for improved small group communicative interaction in the language classroom[J]. *System* 25:203 – 214.

[5] Bloom,B. S.(1987). *Taxonomy of educational objectives. Book 1: Cognitive domain*. New York:Longman.

[6] Celce-Murcia,M.,& Larsen-Freeman,D.(1999). *The grammar book: An ESL/EFL*

teacher's course[M]. Boston，MA：Heinleand Heinle.

[7] Chaudron，S. (1988). Second Language Classrooms：Research on Teaching and Learning [M]. Cambridge：Cambridge University Press.

[8] Cullen，R. (2002). Supportive teacher talk：The importance of the F-move[J]. *ELT Journal*，56(2)，117 - 127.

[9] Gallagher，J. J.，& Aschner，M. J. (1963). A preliminary report on analyses of classroom instruction *Merrill-Palmer Quarterly*，(9)，183 - 194.

[10] Johnson，D. (1986). *Reaching Out: Inter-personal Effectiveness and Self-Actualization*[M]. Englewood，N. J.：Prentice Hall.

[11] Long，M.，& Sato，C. (1983). Classroom Foreigner Talk Discourse：Forms and Functions of Teachers' Questions. In H. Seliger，& M. Long（Eds.），*Classroom-Oriented Research in Second Language Acquisition*[M]. Rowley，MA：Newsbury House.

[12] Lyman，F. T. (1981). The responsive classroom discussion：The inclusion of all students[A]. In A.S. Anderson（ed），*Mainstreaming Digest*[C]. College Park：University of Maryland Press.

[13] Lyster，R. and Ranta，L. (1997). Corrective feedback and learner uptake：negotiation of form in communicative classrooms[J]. *Studies in Second Language Acquisition*. (19)：37 - 66.

[14] Naughton，D. (2006). Cooperative Strategy Training and Oral Interaction：Enhancing Small Group Communication in the Language Classroom. *Modern Language Journal*[J]. Volume (90)，Issue 2 Summer.：169 - 184.

[15] Nunan，D. (1991). *Language Teaching Methodology: A Textbook for Teachers*[M]. New York：Prentice Hall.

[16] 程晓堂,赵思齐. 英语学科核心素养的实质内涵[J]. 课程·教材·教法,2016(5)：79 - 86.

[17] 李金钊. 基于脑的课堂教学[M]. 上海：华东师范大学出版社,2012.

[18] 李明远,彭华清. 初中英语阅读课教学与学科核心素养培养[J]. 教育科学论坛,2016(10)：58 - 62.

[19] 卢正芝,洪松舟. 教师有效课堂提问：价值取向与标准建构[J]. 教育研究,2010(4)：65 - 70.

[20] 梅德明,王蔷. 改什么？如何教？怎样考？高中英语新课标解析[M]. 北京：外语教学与研究出版社,2018.

[21] 普通高中英语课程标准(2017 年版)[M]. 北京：人民教育出版社,2018.

[22] 王蔷. 从综合语言运用能力到英语学科核心素养——高中英语课程改革的新挑战[J]. 英语教师,2015(16)：6 - 7.

工作单位：西北师范大学外国语学院 甘肃兰州　730070

例谈思维品质素养之培育如何
在小学英语课堂教学中落地生根

段玉秀

提　要：英语课程承担着发展学生思维能力的任务，在当前的小学英语课堂中，思维能力训练受到了普遍重视。本文主要从三个方面阐述了思维品质素养之培育如何在小学英语课堂教学中落地生根，即：一、运用问题情境，融思维培养于提问与质疑中；二、巧用思维导图，融思维培养于创造与发展中；三、借助教学资源，融思维培养于关联与拓展中。

关键词：小学英语；课堂教学；思维品质；素养；培育

《义务教育英语课程标准（2011 年版）》指出，英语课程承担着发展学生思维能力的任务（教育部 2012）。即学生通过英语课程掌握基本的英语语言知识，发展基本的英语听、说、读、写技能，初步形成用英语与他人交流的能力，进一步促进思维能力的发展。《普通高中英语课程标准（2017 年版）》把思维品质列为英语学科四项核心素养之一（教育部 2018）。思维能力是学习能力的核心，包括想象、推理、分析、推断、探究、比较等认知技能。在当前的小学英语课堂中，思维能力训练受到了普遍重视，正如龚亚夫老师所说"语言不仅仅是一种交流工具，英语教育的价值在于促进人的心智发展，培养思维能力。"可见，思维品质的培养意义重大，教师应该注重思维品质素养之培育如何在小学英语课堂教学中落地生根。

1. 运用问题情境，融思维培养于提问与质疑中

问题是思维的启发器，也是教学活动的途径。提问是小学英语课堂教学必不可少的教学方式，是激发学生兴趣、发展学生英语思维品质的有效手段之一。美国心理学家布鲁纳说："向学生提出挑战性的问题，可以引导学生发展智慧。"教师在课堂教学中应灵活创设问题情境，激活学生的已有知识，激发学生积极思考，使其迅速融入课堂教学情境，从而促进其思维能力的发展。在课堂教学中，教师总会有意识地根据教学内容设置问题情境，引导学生思考或回答与当堂课密切相关的内容，努力构建与学生语言互动的桥梁（胡庆芳，孙祺斌 2015）。教师可以借助有效的课堂提问，引导学生根据生活经验表达自己的观点和看法，从而激活文本话题。

比如某教师在执教人教精通版六年级英语下册 Unit 6 Task 1 "My travel plan"这节课，教师紧紧围绕本课话题，在 Free talk 中与学生进行自然有效的语言交流，"Do you like summer holiday? What do you do in your summer holidays? This summer holiday will be the last one of your primary school life, do you have plan for it? What will you do this summer holiday? Where do you want to visit? ...作为即将毕业的六年级学生来说，travel plan 这个话题是他们熟知的,学生们也有 travel 的经历和体验,Free talk 的交流问题与学生的生活息息相关,学生在教师创设的真实语境中有话可说,这种有效的互动和交流,激活了学生真实的思想表达。继而在进入文本学习时,老师并不是简单地提出问题让学生直接寻找答案,而是启发学生思考对于文本中 Yang Ming 的暑假计划想了解什么,鼓励学生自主提问。"Yang Ming is talking about his plans for the summer holiday. So,do you have any questions about his plans?"教师根据学生的提问,及时板书关键词 where/when/who/how/how long 等,这些经过思考、师生同构生成的问题,紧紧围绕教学目标,对于学生把握文本的整体架构和核心内容的能力有了很大的提高,在之后的学习中,学生带着自己想知道的问题进行有目的的阅读。至此,学生的阅读欲望被充分激发,他们乐于通过阅读文本答疑解惑,这样能较好地培养学生的自主提问意识,帮助学生转变思维角度,提高学习能力,使学生快速进入文本情境,深入理解文本内容和结构,真正变为获取知识的探索者。

2. 巧用思维导图,融思维培养于创造与发展中

以人为本的外语教学追求有意义、有意思、有过程、有思维、有表现性成果。而学生英语学习能力和思维品质的培养则是其中的重要内容,同时也是英语学科核心素养中的重要内涵。思维导图的合理运用,就是培养学生英语学习能力和思维品质的有效方法。思维导图(Mind Map)是英国著名学者 Tony Buzan 创造的一种新的思维模式,它以直观形象的图示建立起各个概念之间的联系。思维导图同时也是一种非常有用的思维工具,是一种将思想图像化的技巧,也是将知识结构图像化的过程,极大地激发学生的创造性思维能力。思维导图有以下几种表现形式,比如圆圈图(circle map)、气泡图(bubble map)、流程图(flow chart map)、支架图(brace map)、树形图(tree map)、桥形图(bridge map)等。

在小学高年级的英语教学中,阅读教学占了很大的比重。尤其是当语篇越来越长、生词越来越多、文章层次和结构越来越复杂时,教师可以利用思维导图有效地帮助学生整体感知和理解阅读内容。在实际的教学中,根据语篇的长度和难度,对思维导图的使用方式也不尽相同,比如对于语篇较长、难度较大的阅读材料,可以在教师的带领下,通过巧设问题、布置任务、分段学习等方法,在黑板上或者通过多媒体设备共同制作思维导图,让学生能够在思维导图的引领下,加深对阅读材料的理解,清晰理出文章主旨意思,对阅读材料进一步加工,进行文本再构,以此来扩展学生的知识量。与此同时,教师还可以通过让学生利用思维导图来复述全文大意。这样一来,学生对于课文的内容就不是机械性的记忆,而是掌握了文章的核心内容,不是针对句子中的单词和语法进行简单的分析和解释,而是着眼于句子与句子、句子与段落、段落与篇章间的相互关系,将语篇作为整体来学习和理解,进而明确了学习目标,极大地提高了学生的学习效率。

下面以人教精通版小学英语六年级上册第二单元为例,本单元围绕"hobby"进行语篇教学,主要涉及有关兴趣方面的词汇及句型。教师利用形象生动的思维导图将单元内容展现出来,将对话和语篇联系起来,学生能很清晰地对重难点进行把握,对语篇内容认知更为深入,整体性更强,记忆更为清楚,更有层次性,并且通过这种方式学生能够举一反三,与之前学过的知识形成一个整合,达到前后呼应的效果。

下图为人教精通版小学英语六年级上册第二单元有关"hobby"的思维导图：

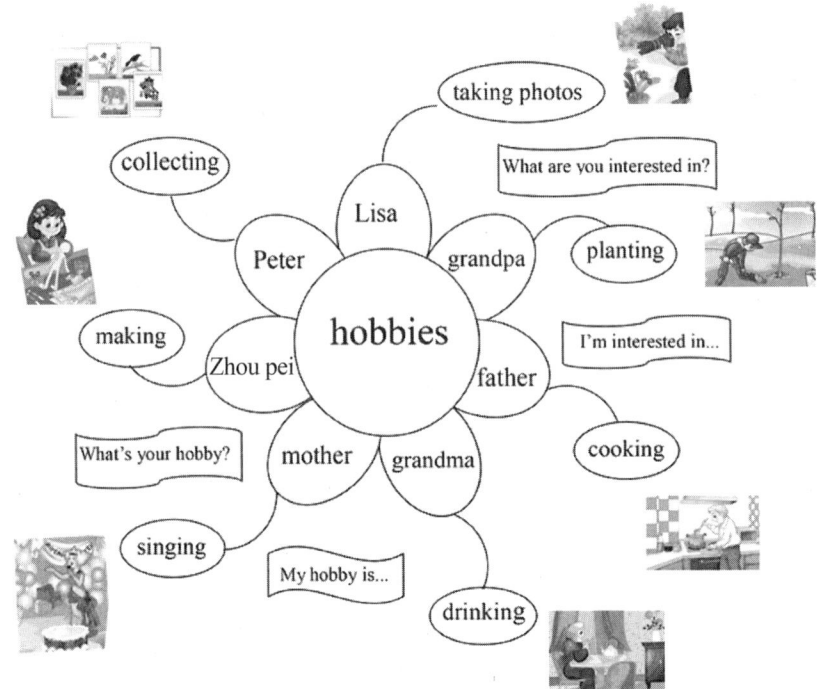

3. 借助教学资源，融思维培养于关联与拓展中

英语教师要善于开发新的教学资源，把这些资源带入课堂，拓宽学生的学习渠道，给予学生更多的知识，我们知道这些资源的使用与开发其目的依然是促进学生综合人文素养的提升。

3.1 利用绘本故事提升思维

传统的课堂教学模式已经不能满足学生思维发展的需要。小学英语教学要发展思维品质的关联性、灵活性、深刻性、批判性和创造性，绘本故事是极佳的文本载体，教师可利用绘本故事与思维的自然关联，通过递进式的提问，提升学生的思维品质。

（1）巧妙融合课本与绘本教学

在日常的课堂教学中，大多数的教师习惯于依托教材文本进行教学，我们在听课中也不难发现，针对教材教师提出的问题，几乎没有什么思考价值，多数学生能够直接从书中找到答案，学生的想象和思考空间受到了限制。也有老师结合学情及教学内容，有意识地把绘本融入英语教学中，并有效地做到课本与绘本的巧妙融合。

［案例1］
人教版精通英语五年级上册 Lesson 9

课本问题　　　　　　　　　　　　　融入绘本后的问题
Who's this boy?　　　　　　　　　　Who's your friend?

Who's this woman?	Who's Gao Wei's new friend?
What are they talking about?	What does Dick look like?
What's the name of Gao Wei's new friend?	Are your teachers/parents/the books/the school things/the animals ... your friends?
What does Dick look like?	Who is Rourou's friend?
Who's this little girl?	Why does she make friends with ...?
What does the girl look like?	What is a friend?

依据课例我们能够看到,借助绘本完成的课本教学的课堂活动,能够设计"What? Why? How? 等有思维含量的问题,这样的问题属于布鲁姆教育目标分类中的第四和第五层面的问题,学生在认知理解的基础上,分析、综合和创造,这样思考的过程可以让学生发散思维,深度思维。

(2) 合理激活背景与已知调用

小学阶段更多使用的是类推及推理等关联性思维,通常用于帮助学生激活背景,调用已知,拓宽对事物的看法。在绘本教学导入主题前,首先要激活学生的背景知识。激活背景知识主要是调用学生有关绘本故事主题的知识与生活经验。如果没有激活背景知识,学生的思维就没有被激活,在后续的学习中,也就难以发挥想象力推理、应用、分析、比较、评价等高阶思维活动就难以开展。如果学生已经有相关知识,可通过头脑风暴等形式激活学生的思维;如果学生没有相关知识,可以通过视频、图片等方式,激活该主题的相关概念。而对于生活经验的调用,可以通过师生对话的方式,创设自然真实的语境,激发学生表达个人观点的欲望。

案例[2]

例如,在六年级绘本 Deer and the Crocodile 的教学中,某授课教师通过提问"What animal do you know about?"激活学生的生活经验。六年级学生已经学过很多的动物名称,他们通过头脑风暴活动打开思维,在师生互动中说出多种动物名称。随后,教师直接进入本节课的主题: Going to learn a story about a crocodile and a mouse deer. How much do you know about crocodiles and mouse deer? 当了解清楚学生对鳄鱼与鼷鹿的已有知识后,教师再提问。之后,教师展现并设问: What does it like? Where does it live? What does it eat? 引导学生猜测 mouse deer 的特性。在学生说出了部分特性后,教师呈现 mouse deer 的特性: Mouse deer is a deer. It's not a mouse. But it looks like a mouse. 在教师的引导下,学生建立起语言与知识的关联,对这种动物有了强烈的好奇心,带着已经激活的相关概念、生活经验与新知识,带着问题进入绘本阅读。

3.2 挖掘教材的留白驱动思维

《英语课程标准》要求教师学会活用教材,充分地利用好教材。教材是重要的课程资源,合理开发和利用教材有利于激发学生的学习兴趣、拓展学生的思维。教材承载着丰富的语言文化知识,融入了丰富的思维元素。小学英语教材有很多留白,如文本留白、插图留白、文化留白等。教材留白是指教材的文本、插图、标识、图表等存在的信息空缺现象。格式塔完形理论认为,任何事物都可以被视为一个完整的结构,当人们看到一个有缺陷或空白的不完整形状时,会情不自禁地产生一种内驱力,逼迫大脑积极活动,去填补或完善那些缺陷或空白,使之趋向完美,达到内心的平衡与愉悦(叶长文 1999)

　　教师应挖掘教材的留白资源,把教材留白转化为教学活动,为学生创造解决问题的机会,让学生通过想象、推理、分析、推断、探究、比较等思维技能去填补空缺信息,在填补信息中学习,在学习中发展语言能力和思维品质。苏霍姆林斯基说过:"在人的心灵深处,都有根深蒂固的需求,这就是希望感到自己是一个发现者、研究者、探索者,而在儿童的精神世界中,这种需求更强烈。"

　　[案例 1]

　　在小学英语人教版教材中,每单元的主情景图和课文插图都能作为教学素材提供给教师进行教学的留白处理。通过画面给学生造成的视觉冲击,在教师的有效引导下学生可以产生奇妙的联想。如:教材第一册第一课 Welcome to English 的主情景图的设计上展示了许多生活中的英语谐音词。如:hamburger,chocolate,coke,coffee 等单词。教师只要说出这些单词的中文名,就可以非常容易地为教学留出空白,引导学生说出很多他们已经在生活中遇到的英语如:KFC,CCTV,TV,e-mail,QQ,Hello,OK!,Hi!,VCD,Yeah! 等等。

　　[案例 2]

　　人教精通版六年级上册第六单元 68 页有三幅有关春天的插图:

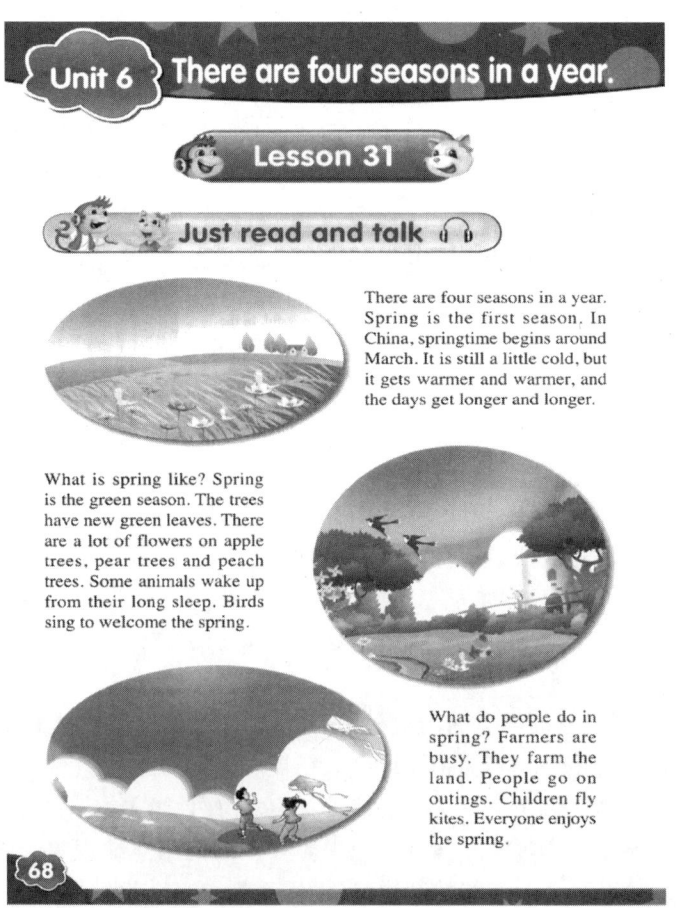

　　某教师充分借用教材内容的插图,有效进行教学留白的处理。她首先让学生观察这幅课文插图,去感受春天的气息,从远处淡青色的山到近处随风轻轻飘逸着刚发新芽的杨柳树,无不给人一种美的享受。这位教师在处理这部分内容的时候,没有忽略课文插图的美和简单枯燥地去教会学生说 spring 一词,而是运用一些简单的学生已学的如:"I can see — in spring."等句子来引导学生用英语描述春天的美景,进行教学的留白处理。这样,既可以培养学生观察和分析事物的能力,又能培养他们综合运用语言的能力。在课堂上某些优秀的学生还能说出一些美丽的英语语段,带给教师许多惊喜。因此,以教材为依据,以教材所指的范围为空间,以课的中心内容为重点,以学生已具备的生活、知识为内容,在课堂教学的留白中放开学生想象的翅膀。这样的留白是发展学生语言能力和思维能力的最佳素材。

　　总之,在学科核心素养的背景下,课堂教学中对学生进行思维品质的培养,对打造高效课堂起着举足轻重的作用。教师应该注重学生思维品质的培养,使学生在英语学习中打开思路,锻炼丰富的想象力,真正把课堂还给学生。发展学生英语学科核心素养是深化基础教育英语课程改革的重大举措之一,而课堂正是培育学生核心素养的主阵地,所以我们教师要让思维品质素养之培育在小学英语课堂教学中落地生根。

参考文献

[1] 杭燕楠. 核心素养下的小学英语思辨能力的培养[J]. 知识文库,2016.

[2] 李如密. 教学艺术论[M]. 济南:山东教育出版社,2001:349.

[3] 王丹凤. 小学英语教学应注重学生思维品质的培养[J]. 中学生教材教学,2003.

[4] 英语课程标准 2011 版[M]. 北京:北京师范大学出版社,2012.

作者单位:天津市宁河区教育教学研究室 天津　301500

小学英语阅读教学中思维品质的培养

奚　敏

提　要：英语课程除了语言的学习之外，还应该重视学生思维品质的发展。因为，无论是遵从学生认知发展的规律，还是从英语学习本身的特点来看，融入有意识的思维培养既能有效帮助语言学习，也能反之更好地促进思维的发展；无论是提高有效的语言理解，还是提升有效的语言表达，融入有意识的思维培养既能帮助学生梳理语言内容的结构和发展，从而对语言输出提供更有效的支撑，也能帮助学生理解作品真正要传达的思想，还能在学习中联系实际，进行反思和总结。基于语言学习中也要重视学生思维培养的理念，以及教师在教学中的一些实践与思考，探索如何更好地将语言学习与思维品质的培养有效地结合。

关键词：小学英语阅读教学；思维品质；认知规律；内容整合；深度设计

语言和思维，二者是互为依存的。《英语课程标准 2011 版》中指出："语言既是交流的工具，也是思维的工具。"《上海市中小学英语学科教学基本要求》中，无论是在英语学科核心能力矩阵还是学习水平界定的描述中，也都提出："能理解与学习水平相当的语言材料的大意，提取主要信息"，"能从书面材料中获取、分析、处理信息"，"能把握语篇的主旨和段落大意，推断隐含的意思"。

由此可见，英语课程除了语言知识与技能的教学外，还承担着培养学生基本英语素养和发展学生思维品质的任务。

什么是思维品质呢？《英语课程标准 2011 版》将其界定为：一个人的思维个性特征，反映其在思维的逻辑性、批判性、创造性等方面所表现的能力和水平。并按难易程度等划分为三个等级水平，以及观察与比较、分析与推断、归纳与建构和批判与创新四个层面。

因此，教师在设计英语教学任务时，不能只依托跟读、朗读、复述、角色扮演等活动，而要通过设计具有思维含量的活动有意识地发展学生的思维能力，继而培养他们的思维品质。

需要指出的是，据笔者了解，大多数小学课堂教学中并没有独立的阅读教学课，但是二期课改中提出的"基于单元整合的英语阅读教学"的模式又让我们的阅读教学无处不在地存在于英语教学中。

但尽管如此，我们的阅读教学依然存在着这样那样的问题：

● 在语言内容的整合上，丰富的话题背后缺少可以供学生去把所得到的信息与自己已有的知识、经验、疑问等结合起来的空间。

● 在学习目标的设定上，单纯把语言内容看成知识的载体，学习目标多以处理词法、句法为主，缺少如何能帮助学生深层理解、发展思维、促进表达的思考。

● 在学习活动设计上，以读懂语篇大意——找寻细节线索——完成简单回答展开，不能通过有效设计引导学生观察、比较、分析、思考的活动,引发学生的思考不多。

基于以上的分析,笔者拟从以下部分对小学英语阅读教学进行了实践反思:

1. 了解学生认知发展的特点,形成有助于发展学生思维品质的教学意识

布卢姆提出的教育目标如下所示:

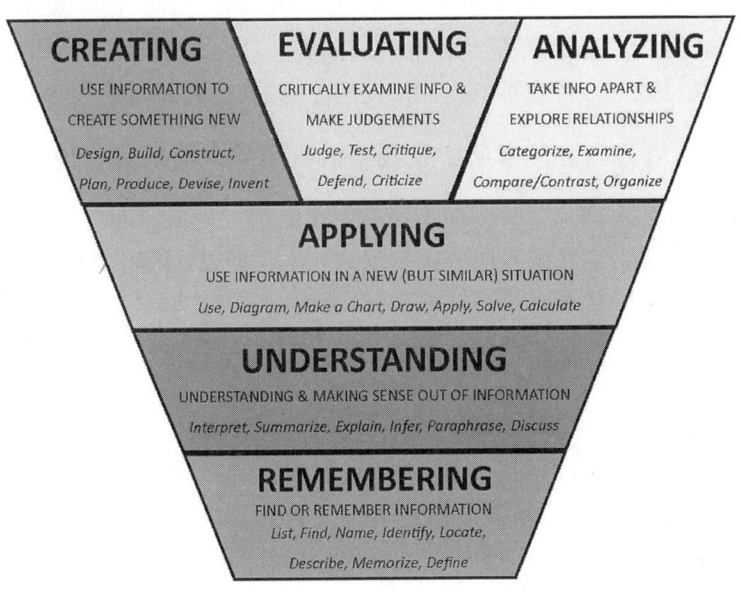

作为老师,我们现在都已熟知现代的教学目标大致可以分为三部分:记忆水平、理解和运用水平、思维水平。

在这样的理念下,我们将教学重点放在"理解、记忆、运用、交流"等方面,较之过去,这样的外语教学理念已经有了很大的进步。但是我们往往还是忽略了在教学中有意识地进行思维能力的培养,那么在学生语言学习的过程中,思维能力的培养有哪些必要呢?

首先,我们需要知道的是,有别于其他学科或途径对于思维品质培养的目标,母语为英语国家的人们,他们更习惯于逻辑思维、直接表达、从客观现象的角度思考问题,先因后果的思考方式。因此,在英语学习上,我们可以通过引导学生观察语言表达的现象、分析比较其中的异同、归纳表达上的特点;也可以通过对语篇学习引导学生分析或推断作者想要表达的观点、情感等;并在学习中鼓励学生思考和评价这些观点,形成自己对语言内容本身、语言内容以外的认识和思考。

当然这些并不是完全指向小学阶段的教学目标,但是任何年段的英语老师都应该有这样的整体教学观:关注语言学习的最终目标,关注一个学生认知能力的发展轨迹。

其次,我们还必须认识到因为"思维是智力的核心部分",所以即便是英语学习,只要通过系统的、长期的思维品质的培养,是可以提高学习效率的。比如:在词法教学中,教师在呈现内容之后,把用法、搭配等一一告诉学生;在句法教学时,讲解句法规则,然后布置大量练习;在语篇学习中,一味强调要学生去体会语言,多读多背去提高语感,而殊不知学生的思维在没有

被激发的情况下,学习过程只是在被动地去接受、记忆、模仿等形式下进行,相比教学中较多的关注到要让学生去主动地发现、归类、分析、推理等方法,后者的学习方式更能让学生在学习中自主地形成对学习内容的认识和理解,"鱼"与"渔"的区别更显而易见。

2. 关注语言整合内容的内涵,呈现有利于发展学生思维品质的文本内容

在基于单元整合的英语阅读教学的教学模式中,我们已经知道、理解并能运用这样的理念对教材中呈现的语言内容进行话题的确定和内容的整合。而在如何培养学生思维品质的教学目标的达成,我们还可以对语言内容的内涵加以更多的思考,笔者的思考如下:

2.1 通过复现主要语言内容,帮助学生观察语言现象,归纳语言使用规则

在英语学习中,学生会遇到各种各样不同于中文的语言现象。而对于语言运用规则的掌握,我们可以通过在教学的语言内容中多次复现这一语言现象,体验大量的语言结构和该结构所表达的功能意义,引导学生观察语言结构,概括其使用的特点和功能。

【案例】
教学内容:《牛津英语》1A M3 U3 In the Restaurant

3rd period A lovely treat

本课时教学结合教材所呈现的语言内容和对学情的分析,将话题确定为 A lovely treat,通过学习帮助学生学会有关文化知识和句型'May I have ...?'

整合后的语言内容如下:

A lovely treat

It's Mummy's birthday.

Danny:A cake, a pudding, yummy, yummy, yummy. A cake, a pudding for my dear Mummy.

Danny is in the snack shop.

Miss Chen:Hello, Danny.

Danny:Hello, Miss Chen. May I have a strawberry cake?

Miss Chen:Sorry, you're late. No strawberry cakes.

Danny:No...

Danny:May I have a chocolate pudding?

Miss Chen:Sorry, you're late. No chocolate puddings.

Danny:No...

Sad Danny is at home.

Danny:I'm sorry, Mummy. No strawberry cakes. No chocolate puddings.
　　　　No presents for you.

Mummy:Mm ... It's O.K. I have a good idea. May I have a kiss, Danny?

Danny:Oh, yes!

Mummy:And may I have a hug?

Danny：Oh，yes!

Mummy：Thank you，Danny. I love you.

Danny：I love you，Mummy. Happy birthday.

在语言内容中，我们很清楚地看到老师很刻意地在整个故事中将'May I have …的句型进行了多次的复现。让一年级的小朋友去感知、观察、归纳语言结构，最终内化为自己的语言内容。

2.2 通过对语言内容的铺陈，加深学生对作品意图的分析，形成对语言背后理据和逻辑关系的梳理

在阅读教学中，老师们一定会对语篇进行分析。分析是英语学习活动的主要手段之一，同时通过语篇分析，提高学生该方面的能力。我们可以通过对语言内容进行铺陈，在教学中引导孩子从文本语境上、语言内容的排列上等，帮助他们更好地厘清内容前后的连贯、与主题的关系，更好地体会作品的意图。

【案例】

教学内容：《牛津英语》4A M1 U3 How do you feel?

3rd period Story — A Smart Crow

It's a summer day. The sun shines brightly. No clouds，no wind.

A crow feels hot，he wants to find a place to keep cool. He flies over the hills，over the fields. At last，he stops in the woods. "It's better here."

The crow feels thirsty，he wants to find some water. He looks for water here and there. "Aha，a water bottle! It has some water inside." He feels excited.

The crow flies to the bottle and tries to put his beak into it. But the bottle is too long and thin. He can't drink the water. He tries to push down the bottle，but it doesn't work. He tries to ask for help，but there is no answer. He feels down.

He thinks and thinks. Then he sees some pebbles. "That's it! I have an idea!" He picks a pebble and drops it into the bottle. Nothing happens. Then two，three，four，... "Great! Water comes up!" Now he can drink the water! He is very，very happy.

Moral：There is a will，there is a way.

教材中的故事内容其实只有 4 幅图片的内容，而这个耳熟能详的寓言所要表达的思想学生们也早已熟悉。因此，在语言内容中我们深化了炎热的天气、小乌鸦的劳累、多处去找水源、动了各种脑筋去喝水、不放弃的将卵石投入瓶中等表达方式，通过这些语言的铺陈，我们把简单的故事内容加以渲染，借助课堂学习过程帮助学生厘清这些错综复杂的语言内容之间的关系、故事步步发展的脉络，最终学生除了体会到了寓言的含义'There is a will，there is a way'之外，更通过分析了解了语言内容的前后关联性、条理性等。

2.3 通过对教材内容的延展，激发学生对语言内容以外的思考，提升自己对事物的认知

小学阶段的语篇学习要求是以记叙文为主，对话体裁居多，初步涉及应用文。主要学习记

叙文和应用文的基本信息,了解记叙文的基本结构和应用文的文本格式,结合词汇、词法、句法等学习内容理解语篇的含义。

　　但语言学习最终是要回归生活的。那么,如果要培养学生将所学的语言内容与自己的生活产生关联,或是激发学生对所学的语言内容进行求证或质疑,从而关注到语言以外的生活、世界,提高自身对于事物本质的认识,我们就不妨可以对教材所呈现的内容加以延展,延展到学生的生活,跨入到不同学科领域中去。

【案例】

教学内容:《小学综合英语》5 年级 Unit 23

1st period John is in trouble

根据教学需要，我们把教材内容整合如下：

Last week John had a fight with Andrew Tang. A teacher sent the boys to the headmaster.

  a. H：Why did you fight with each other?

    J：Andrew hit me.

      He threw the ball at me and it hurt a lot.

    A：Not like that，sir. John took my ball and called me names.

    H：Names?

    A：Yes，he called me 'Copy cat'.

  b. H：What's this about? Andrew，why did you hit John?

    A：Because he took my ball.

    J：Because you threw it at me first.

    H：Andrew! Why did you throw your ball at John?

    A：Because he called me names，sir.

    H：You mean 'Copy Cat'?

    A：Yes，I don't like it.

    H：Then John，tell me why you called Andrew 'Copy Cat'.

    J：Because he copied from my sums in the classroom.

  c：H：Then，who is doing wrong?

    J & A：Andrew/John.

    H：How about you yourselves?

    J & A：Er ...

    H：Well，boys. Maybe you need some time to think it over.

    So do I. How about writing your thinking down to me?

在教材内容要求学生用 because 进行 logical relationship 的描述的基础上，我又延展了学习内容：

Dear sir:

  This afternoon，I saw Andrew copying from my sums. I was very angry about it. I wanted to stop him，so I called him 'Copy cat' loudly. Then Andrew threw the ball at me. It hurt a lot. OK! Tit for tat，I took his ball. Andrew wanted to get his ball back. Then we fought with each other.

I just wanted to stop Andrew. Whatever，copying from the other's is a cheat. It's not right.

I think power is the easiest way to stop wrong.

                                  John

Dear sir:

  This afternoon，I met some difficulties in doing the sums. I saw John's exercise book on his desk. I copied his answer because I can't do it by myself. But John called me my names. I don't like it . Then I threw my balls at him . That's why we fought with each other .

I just wanted to get the answer. I think finishing the homework on time is the most important.

I don't like the names of 'Copy Cat'. It makes me feel upset.

Andrew

这是两份来自故事主人公 John 和 Andrew 对于自己所做的'错事'的真正原因的解释和自己的想法。

在这一过程中学生们读到了打架故事背后的内容,因此在学习语言的同时他们再次通过阅读为故事梳理出第二层的逻辑关系,同时作为一个同龄人他们或许也经历或目睹过这样的事情发生,因此他们也会更多地去思考'阻止欺骗行为'和'如果解决困难'的真正办法,再次梳理出第三层的逻辑关系,也正是本单元教学的 moral:Kindness is sometimes stronger than power. Cheat is never proper.

3. 思考教学活动的深度设计,重视语言表达与思维品质的同步培养

3.1 注重教学过程的逻辑性,形成有序递进的教学过程

教学的逻辑性是一个包含"学生学的逻辑和老师教的逻辑"的综合体现。我们需要有逻辑地将教学活动围绕目标、融会贯通、逐层递进。清晰有序的教学过程还要求我们将每一课时的话题、语言内容、语用任务有逻辑地从输入到感知到理解到输出综合地考虑,环环相扣的教学活动应该由易到难、由浅入深、逐层递进思维的等级,学生的思维能力在这样润无声的过程中得到了发展和提高。

【案例】

教学内容:《小学综合英语》1A Unit 10

2nd period Gogo in the store

本课时的教学对象是新入学不久的一年级学生,在语言学习上只有 2 个多月的时间。无论从语言知识的积累、技能的养成、方法的掌握等都处于起步阶段。

因此要达成如下的教学目标:

● 知识与技能:

1. 能听懂、读懂单词:store

2. 能了解名词复数的概念,并能借助这一概念听、读懂故事

3. 能正确表达名词的复数,并正确朗读、表演故事

● 过程与方法:

1. 借助语言内容和图片,观察、理解、归纳名词复数的使用规则,并在语境中尝试正确表达

2. 通过听、说活动,尝试提炼主要信息,提高理解、表达能力

● 情感与态度:

1. 在语篇学习中,学会分享的道理

老师首先在内容的统整上做到了语言的复现,而且在语言复现的过程中是在不断叠加丰

富起来的。

Gogo：I'm happy Gogo. Happy，happy，happy.

I like eating. Yummy，yummy，yummy.

Gogo：Apples，oranges，yummy，yummy，yummy.

Melons，melons，for me，me，me.

Bananas，pears，yummy，yummy，yummy.

Lemons，lemons，for me，me，me.

And cakes，sweets，carrots，tomatoes，eggs. Yeah!

Miss Chen：Good morning，Gogo.

Gogo：Good morning，Miss Chen.

Two tomatoes，three apples，four eggs，five pears and ten cakes，please.

Miss Chen：What? Two tomatoes，three apples，four eggs，five pears and ten cakes?
Oh! Greedy Gogo.

Gogo：Yes.

Two tomatoes，three apples，four eggs，five pears and ten cakes. Two tomatoes
for Tony. Three apples for Jenny.

Four eggs for mummy. Five pears for daddy. And ten cakes for me.

Miss Chen：Oh! Sweety Gogo.

在教学活动的推进过程中，笔者设计了如下的教学活动，逐层递进、清晰有序地引导学生在学习过程中通过观察、理解、归纳等途径，知晓、理解名词复数的规则；在听、说活动中，通过提炼主要信息，提高对语言的理解，并在语境中正确进行复数的运用和表达。

活动一：通过模仿、角色扮演，感知、朗读复数，并观察归纳词法规则
文本内容：

Gogo：I'm happy Gogo. Happy，happy，happy.

I like eating. Yummy，yummy，yummy.

Gogo：Apples，oranges，yummy，yummy，yummy.

Melons，melons，for me，me，me.

Bananas，pears，yummy，yummy，yummy.

Lemons，lemons，for me，me，me.

And cakes，sweets，carrots，tomatoes，eggs. Yeah!

活动二：通过听力配对、回答问题，运用复数形式正确回答购买物品的数量
文本内容：

Miss Chen：Good morning，Gogo.

Gogo：Good morning，Miss Chen.

Two tomatoes，three apples，four eggs，five pears and ten cakes，please.

Miss Chen：What? Two tomatoes，three apples，four eggs，five pears and ten cakes?

Oh! Greedy Gogo.

在这个过程中,老师设计了如下的活动任务:

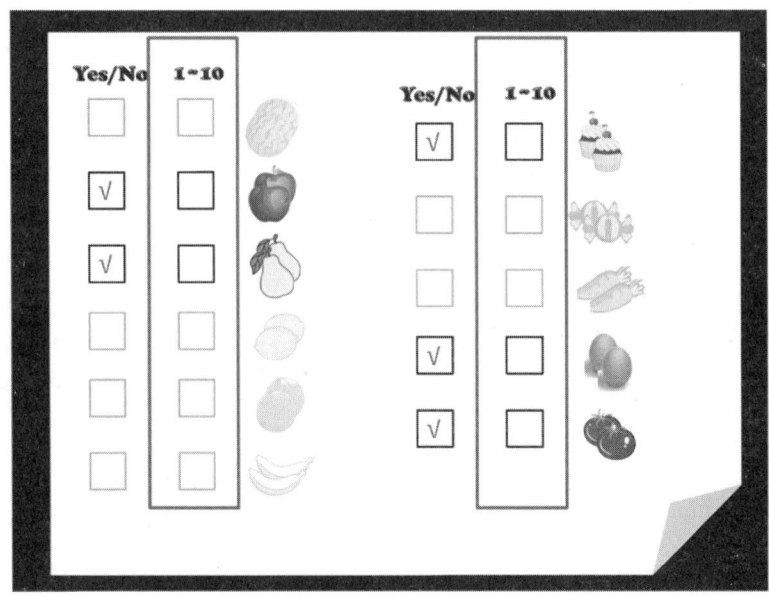

第一次在听到过程中只关注短文中 Gogo 到底要买什么,在 Yes or No 一栏中先进行标识。

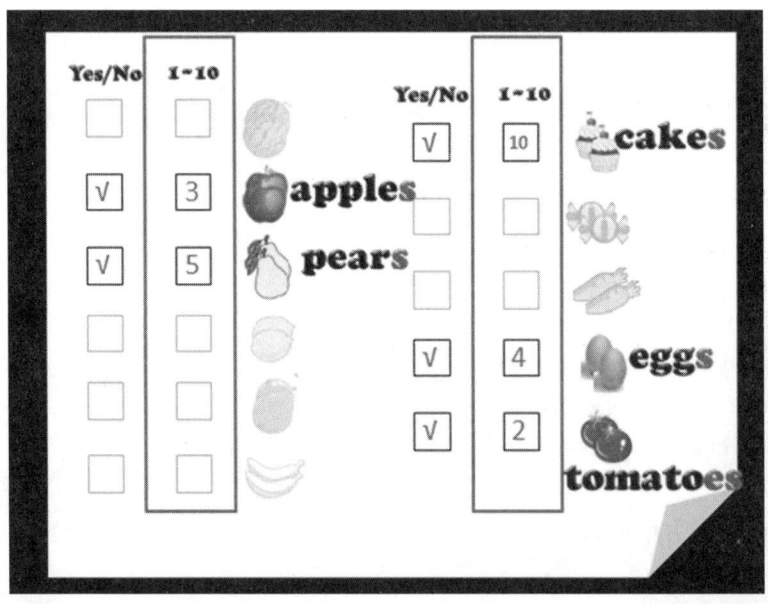

第二次,指导学生隐去没有购买的食物,而只是关注购买的食物,并完成数据的填写,通过这样的语言活动中,学生会逐渐了解到如何根据需要搜寻、提炼有效信息,摒弃一些干扰项。并在与老师的交流过程中,运用复数形式进行问答。

活动三：通过看图说话，学生自主运用所学的知识进行表达

3.2 优化教学活动的思想性，彰显丰富多样的思维培养

我们经常会在英语课的教学活动中看到跟读朗读、角色扮演、结合新授语言内容的讨论这样的形式。但是我们更应该考虑学生认知发展的特点、英语学习的特点，通过丰富多样的活动组织学生进行语言和思维同步训练和发展。

我们可以通过设疑引导学生进行探究发现式的学习，也可以通过任务布置引导学生进行问题解决式的学习，学习的方式可以是自主学习、同伴互学、小组共学等。

还可以在语篇学习中通过问题的提出帮助学生进行预测、想象、推理、判断、分析、比较等的思维活动，提升思维品质的发展。

只有关注了学习过程的深层性和思想性，重视了语言表达与思维的同步，学生才能让语言学习从表层信息的提取发展为深度理解，从而发展思维，促进更有效的表达。

接下来还是以之前呈现过的《小学综合英语》5 年级 Unit 23 的案例进行说明。

【案例】

教学内容：《小学综合英语》5 年级 Unit 23

1st period John is in trouble

正如之前所描述，本课的主要学习任务之一是学习如何运用 because 这一结构来表述事物之间的逻辑关系，另外还有对于 throw … at, call sb. names 这两个语言内容的学习。

那么在教学设计时，笔者除了通过整合语言内容的途径外，还在教学过程设计中做了以下思考：

Teaching Procedure：

Pre-task：

Activity	**Procedure**		**Purpose**
1. Warming-up: Meet the new friends.	1.1	Present a series of candid photos.	在这一过程中,引导学生通过观察图片,形成对 John 和 Andrew 的初步认识。
	1.2	Encourage the Ss to discuss the information they get from the photos.	而这些初步的认识会为接下来的学习留下了质疑的线索以及理解主人公之所以会产生矛盾的原因。

图片信息如下:

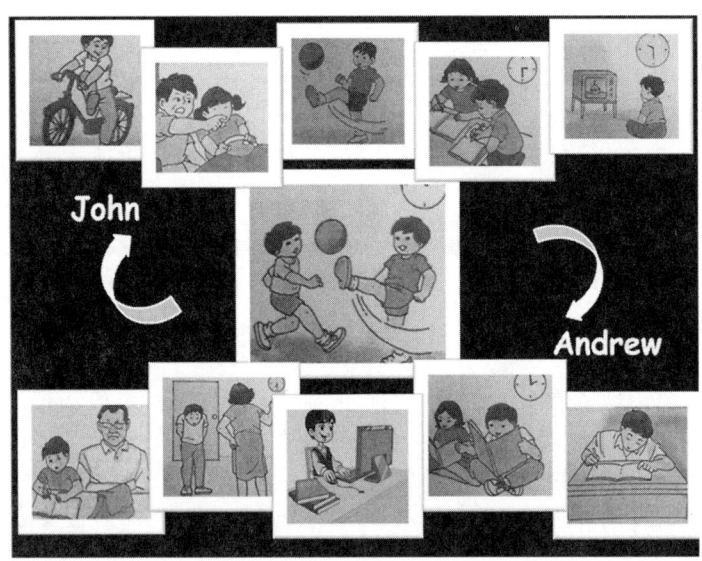

While-task:

Activity	**Procedure**		**Purpose**
1. Teach the 1st part of the story.	1.1	Present the dialogue.	通过图片上显示的主人公的关系,引导学生产生疑问:John 看似一个很优秀的孩子,怎么会在 in trouble 呢?
	1.2	Elicit 'have a fight' by the question.	
	1.3	Raise the puzzle.	
2. Teach the 2nd part of the story.	2.1	Present the dialogue.	通过有效的演示,解释 throw ... to 与 throw ... at,call sb's name 与 call sb. names 的区别,帮助学生观察比较使用的区别。理解这些行为的不文明。同时,再次通过之前的图片信息,引导学生质疑好朋友之间怎么会起这样的冲突呢?
	2.2	Ask the Ss to list down what the boys did.	
	2.3	Explain 'throw ... at'.	
	2.4	Explain 'call ... names'.	

3. Teach the 3rd part of the story.	3.1 Present the dialogue. 3.2 Help the Ss to understand the logical relationship of the incident. 3.3 Ask the Ss to retell the story logically.	通过分析个体行为之间的关系,厘清 logical relationship,对整个故事有了一个清晰的认识。
4. Teach the 4th part of the story.	4.1 Ask the Ss to discuss who is doing wrong. 4.2 Present the dialogue.	继续探究发生这些事背后的原因。
5. Extensive reading	5.1 Ask the Ss to read the thinking. 5.2 Help the Ss to understand what J/A really wanted to do. 5.3 Help the Ss to understand the boys' real thinking. 5.4 Encourage the Ss to discuss some better ways to deal with the problems and elicit the moral.	通过阅读主人公的思想汇报,分析、推理出打架的原因和对于事物的认识。 探讨如何才是真正有效地解决问题的办法,形成自己对事物的正确认识: Knowledge is stronger than power. Cheat is never proper.

Post-task:

Activity	Procedure	Purpose
Ask the Ss to finish the story.	Fill in the missing parts of the story.	

3.3 凸显教学提问的启发性,促进积极主动的思维习惯

提问是影响课堂教学的重要因素之一,它具有强化知识信心的传输、评价学生学习的状态、推动课堂教学的进程、激发思维活动的开展的作用。课堂提问本身不是目的,而是启发学生思维的手段。朱浦老师曾经说过:满堂问其实是满堂灌的翻版。因此,教学中设计的问题应能激发学生的思考和求知欲,促进学生思维的发展,引导学生的探索活动,发展学生的思维能力。

【案例】

教学内容:《小学综合英语》2B Unit 9

4th period Waste is not waste

本课时主要是在上一课时的基础上与学生讨论为什么要进行垃圾分类的话题。

总之,学习和使用语言都离不开思维,同时又可以促进思维的发展。在进行英语阅读教学时,我们应该致力于如何将语言目标的发展和思维能力发展共同进步。教学内容如下:

Waste is not waste

Waste is dirty. Waste is smelly. We don't need it.

Nowadays, we classify non-hazardous waste into residual waste, household food waste and recyclable waste. Do you know why?

Residual waste is delivered to landfill. We do nothing with it. Residual waste is waste.

Household food waste is delivered to farm. Farmers feed plants with it. To farmers，household food waste is not waste.

Recyclable waste is delivered to factory. Workers make new goods with it. To workers，recyclable waste is not waste.

Sometimes recyclable waste isn't delivered to factory. We also make new things with it. To us，recyclable waste is not waste.

As you see，some waste is waste. some is not.

Classify waste，zero waste.

老师在教学过程中以主问题'Why do we do waste classification?'为导向，引导学生要想搞明白这个问题，就得先从以下两个问题入手'Where does the waste go?'以及'What happens then?'。这两个问题也是串联出本课时教学主文本学习的线索，学生在图片资料、数字故事、文字资料、视频故事等不同的学习形式中，学习了语言知识。更重要的是在这一学习过程中，教师不断将本课时的学习内容与之前学生已掌握的垃圾的定义'Waste is dirty, smelly. We don't need it.'进行对比和提问，与学生不断探讨'Is waste waste?'的概念，学生则逐步通过学习与思考，最终得出结论'Waste is waste'以及'Waste is not Waste'的概念。从而理解了主问题'Why do we do waste classification.'的道理。

从活动的推进来看，虽然本课时老师提出的问题不多，但每一个都是指向语言学习与思维发展共同提高的目标。

同时，老师这样的提出问题——寻找答案——得出结论的方式也为学生今后的学习提供了一种问题解决的模式。而这样的一种思维品质的培养是基于语言学习但又高于语言学习的终极目标。

英语教学的核心关注的不只是语言知识本身，更关注的是人的全面发展。而优秀的思维品质就是个人素养中非常重要的组成部分。

学生喜欢模仿老师，也会模仿老师思维的方式和品质。因此，在英语教学中注重学生思维的培养，既能有效地提高学生的英语学习、培养跨文化的思维意识与文化认同；还能通过英语学习中的思维训练学会分析、质疑以及创新的批判思维。让语言的学习内容从课堂中来，回归的生活与个人的成长中去，这才是语言学习的真正目的。

参考文献

［1］陈则航. 英语阅读教学［M］. 北京：外语教学与研究出版社，2016.

［2］朱浦. 与新课程同行［M］. 上海：上海教育出版社，2008.

［3］朱萍. 初中英语阅读教学设计［M］. 上海：上海教育出版社，2013.

［4］Mortimer J. Adler & Charles van Doran（2004）. *How to read a book*［M］. New York：Simon & Schuster.

作者单位：上海外国语大学附属民办外国语小学 上海　200432

浅谈初中英语任务型教学
在句法教学中的应用与策略

陈擎珺

提　要：该课题从初中句法教学层面的微观视角和宏观视角探讨语境化任务在教学中的应用与策略。X标杆理论揭示了句法微观视角之下的词组构成融合规则；而'Move α'揭示了宏观视角之下的句法移位规则。课题亦举例说明语境化任务实施时如何从句法层面减轻学生处理难度的教学策略：同一任务内，教学时可把任务分步骤实施，注重句式难度的层层递进，步步深入；在实施系列关联任务时，亦需注重句式难度的层层递进，步步深入，从全控制到半控制，向自由交际式演变，使任务在此教学语境中具有关联性，实现任务型语言教学三大教学目标，促进学生的英语习得。

关键词：初中英语；任务型教学法；句法；二语习得

1. 引言

　　Richards and Rogers(2008)将任务型教学法定义为"以教学任务作为课程计划和教学核心单位的一种语言教学方法。"目前上海初中使用的英语牛津教材是以任务教学为导向的，基于任务的学习(Task-based learning)贯穿于每个模块、每个单元、每个课时。任务型教学是从语言交际法教学发展而来的，事实上，它是交际法教学大纲设计和方法的体现。交际法创始人H. G. Widdowson(1996)呼吁"语言教师应尝试将教学内容和课堂外真实世界的情景相联系，比如家庭、假日、运动和消遣等等。"Peter Skehan(1996)指出教学任务的特点之一是"它与真实世界有某种联系"。David Nunan(2004)对教学任务作了如下定义："教学任务是一种课堂作业，学习者理解、使用和输出目标语言，互动时集中调动语法知识，以便传达意义。其目的是表达意思，而不是操纵语言形式。教学任务应完整，使之顺理成章地成为一种交际活动，有开头部分，有中间部分，也有结尾部分。"Skehan(2002)把任务型教学分成三个阶段，即任务前阶段、任务中阶段和任务后阶段。任务后阶段又可细分为任务后公众表演阶段和任务后公众评价阶段。为了平衡任务的认知处理难度和语言项目难度，Skehan(2002)提出任务型教学法的三大教学目标，即准确性、复杂性和流利性(accuracy, complexity and fluency)。

　　语言是传情达意的主要方式，这也是任务型教学的主要特征。二语习得研究表明习得在学生关注意义的交际互动中发生，要将学习知识转化为习得知识，学生须在关注语言形式时监控自己的语言表现。Skehan 认为任务型教学中教师的主要任务既是创造情景,让学习者取得语言形式与意义的平衡;也是调动他们的注意力,取得运用句式和词汇、保守和积极运用句型的平衡。他(1998)认为,任务应成为某种通道(channel),学习者可以通过它,掌握某特定语言形式。如此使用的通道其目的可能是为了掌握会话的某些方面,或是总体上达到准确性、复杂性和流利性,有时其目的甚至是为了掌握这一语言的某种特定结构。语言的特定结构在语言教学层面主要细化为词汇、句法和文本,如何在初中句法教学层面探讨任务型教学的应用与策略是本课例探讨的问题。

2. 初中英语句法教学的微观和宏观视角

根据梅德明编著的《现代语言学简明教程》(2003),句法研究的是语言的句子结构。'Syntax'在希腊语中的意思就是'arrangement'(排列,安排)。从微观视角来看句子的组合,句子的结构成分(structural constituent)可细分为词类(lexical category),即词性(part of speech)。在英语语言体系中,有 4 种主要的词性类别(major lexical category),即名词,动词,形容词和副词(N, V, Adj, Adv),这个类别是开放式的,可以不断加上其他新词。另一个次要的词性类别(minor lexical category)由六类词构成,即限定词(冠词和指示词),助动词,介词,代词,连词和感叹词(Determiner, Auxiliary, Preposition, Pronoun, Conjunction, Interjection),这个类别是封闭式的,不能与其他词汇构成新词。如表 1 所示:

表 1　英语语言词类

English *major* lexical categories (英语主要词性类别)	Open(开放型)	Noun, Verb, Adj, Adv(名词、动词、形容词、副词)
English *minor* lexical categories(英语次要词性类别)	closed(封闭型)	Determiner, Auxiliary, Preposition, Pronoun, Conjunction, Interjection(限定词、助动词、介词、代词、连词、感叹词)

开放式和封闭式的两大词性类别构成了四类词组类别(phrasal categories),即名词词组(NP)、动词词组(VP)、介词词组(PP)和形容词词组(AP)。前两者组成了句子的两个主要成分主语和谓语,所以是句子的两个必要成分(essential components)。从四类词组的语法构成来看,必要词(obligatory word)成为词组的核心(head),而其他词则会选择性地与核心词结合,组成词组。四类词组的可能组成形式如表 2 所示:

表 2　四类词组的构成在初中英语教学中的范例

Phrasal category (词组类别)	Constituents(成分)	Example(例)
NP ——	(Det)(Adj)N(PP)(S) (限定词)(形容词)名词(介词词组)(句子)	the tall man with glasses that I met

续　表

Phrasal category (词组类别)	Constituents(成分)	Example(例)
VP ⟶	V(NP)(PP)(S) 动词(名词词组)(介词词组)(句子)	advise him in a writing class that he should buy an English dictionary
AP ⟶	A(PP)(S) 形容词(介词词组)(句子)	curious of the results/curious that no one was there
PP ⟶	P NP 介词(名词词组)	after three weeks

　　语言学家试图在这四类的词组构成中寻找一种具有普遍意义的融合规则(a combinational rule)，X 标杆理论应运而生。任何词组都可由指示语(specifier)、核心词(head)和补足语(compliment)构成，如图 1 所示:

$$X'' \longrightarrow Spec\ X'$$
$$X' \longrightarrow X\ Compl$$

图 1：X bar theory

　　从宏观视角来看句子的组合，有三类句法移位(Syntactic movement)，即名词词组移位(NP-movement)、特殊疑问词移位(Wh-movement)、助动词移位(Aux-movement)。变化前和变化后的句法结构成为句子的两个层面的体现方式，变化前的句法结构称之为 D-structure;而变化后的句法结构称之为 S-structure。语言学家试图在这三类的句法结构中总结一种具有普遍意义的移位规则(a general movement rule)，他们称为'Move α'。表 3 列举了初中句型转化题型所揭示的三种'Move α'句法移位句型:

表 3　三种'Move α'句法移位在初中英语教学中的范例

NP-movement 名词词组—移位	The man killed the snake.(改为被动语态)	变化前的句法结构 D-structure
	The snake was killed by the man.	变化后的句法结构 S-structure
Wh-movement 疑问词—移位	My father will come back <u>in 3 days</u>.(对画线部分提问)	变化前的句法结构 D-structure
	How soon will your father come back?	变化后的句法结构 S-structure
Aux-movement 助动词—移位	Ben and Kitty usually do their homework carefully. (改为一般疑问句)	变化前的句法结构 D-structure
	Do Ben and Kitty usually do their homework carefully?	变化后的句法结构 S-structure

　　如何在初中英语任务型教学中体现句法层面的微观和宏观视角呢? 以上海牛津教材初中六年级第二册第五单元"What will I be like?"(我将来会如何?)中的第二课时 "Reading: My possible future"(阅读：我可能的未来)中一小组口头对话活动为例。该课中笔者围绕"15 年

后我眼中的自己"和"15 年后同伴眼中的自己"设计了七项任务和一项家庭笔头作业。这项任务是其中的第三项,在通过图片温习了大量职业词汇后,让学生选择某项工作并讨论此项工作所要求的人员素养。对话如下：

S1：What is a/an _____ like?（S-structure）

S2：S/he is _____ and _____ .（D-structure）

S3：What does s/he love?（S-structure）

S4：S/He loves _____ .（D-structure）

S1：What is s/he *good at*?（S-structure）

S2：S/He is *good at* _____ .（D-structure）

S3：What is s/he *poor at*?（S-structure）

S4：S/He is *poor at* _____ .（D-structure）

从句法的微观层面来看,对话中形容词词组 'good/poor at doing sth.' 的构成为 Adj.（good/poor）＋ Compli（PP）。学生在操练该对话时,在意义的自然流动中,逐渐习得这一形容词词组的搭配用法。从句法的宏观层面来看,对话中的两阶段的四个话轮操练中,单数学生所操练的句型为变化后的句法结构 'S-structure',而偶数学生所操练的句型为变化前的句法结构 'D-structure'。为了帮助学生逐步习得两种句法结构,下达任务指令时可以将对话的操练设置成两个环节,第二个环节时要求单数和偶数学生互换,再次操练对话。

3. 语境化任务在句法层面的教学策略

笔者(2016)在二语习得、任务型教学法和语用学关联论的基础上,指出任务型教学法中任务具有语境化的特征,因而也称之为语境化的任务。D. Sperber 和 D. Wilson(2003)在内容条件上对关联性做了如下的定义：内容条件 1：如果一个假想在一个语境中的语境效果大,那么这个假想在这个语境中就具有关联性。内容条件 2：如果一个假想在一个语境中所需的处理努力小,那么这个假想在这个语境就具有关联性。关联的定义具有相对性,无法量化,即其他条件相同时,具有更大语境效果的假想更有关联性；其他条件相同时,具有较小处理努力的假想更有关联性。学生完成任务的过程就是其教学情景认知语境的动态建构过程,通过学生个人意识层中新、旧信息的互动,某一任务在教学情景认知语境中获得一定的语境效果,使某语境化任务在教学情景认知语境中获得较大的关联性。那么如何在其他条件相同情况下,在语境化任务实施时,从句法层面减轻学生的处理难度,使语境化任务在教学情景认知语境中获得较大的关联性呢?

3.1 同一任务内,教学时可把任务分步骤实施,注重句式难度的层层递进,步步深入

从句法的微观层面,以上海牛津教材初中六年级第二册第一单元"Great cities in Asia"（亚洲的大城市）中的第三课时"Reading：Great cities in Asia"（阅读：亚洲的大城市）为例,其中的一项学生学习目标是 'like/love/enjoy doing sth.'。这一动词词组由核心词和补足语（名词性词组）构成。由于学生在六年级第一册中已接触过这一动词搭配,设计任务时,可以此作为任务前阶段课文的引入任务。该任务的实施可分为三个步骤,如表4所示：

表4　句法的微观层面同一任务的实施步骤范例

Step(步骤)	Teaching dialogue（教学对话）
Step 1	T：What kind of books do you *love reading*？ Ss：I *love reading* …. T：Which sport do you *like playing*？ Ss：I *like playing* ….
Step 2	T：What do you *like doing* after school？ Ss：I *like* …. T：What kind of food do you *enjoy eating*？ Ss：I *enjoy* ….
Step 3	T：Which place do Shanghainese *like going* to？ Ss：We …. T：What kind of food do Shanghainese *enjoy eating*？ Ss：We ….

步骤 1 从学生的文化语境中展开对话,聚焦这一句型结构成分。课堂互动以"一对多"的模式出现,呈现动词词组 like/love/enjoy doing 部分,学生只需补充补足语中的宾语;步骤 2 继续从学生的文化语境中展开对话,仍聚焦这一句型结构成分。课堂互动仍以"一对多"的模式出现,但对话中只呈现核心动词,词组中补足语部分'doing sth.'由学生在操练中补充;步骤 3 继续深入学生的文化语境,逐步引向亚洲大城市之一上海的风俗人情中,引入本课时主题。对话仍聚焦这一句型结构成分,课堂互动可以以"开小火车"的模式增加学生互动参与度和二语语料产出度,但对话的提问部分虽呈现动词词组 like/love/enjoy doing,要求学生在回答中完全操练这一结构,习得这一动词词组搭配。这样根据句型结构形式难度,同一任务内分步骤实施教学,确保难度的层层递进,步步深入,作为课堂的破冰环节,从学生的文化语境中引入本单元主题,学生表现非常自如,能顺利完成对话。这样,既较好地实现了任务型教学法的三大教学目标,又降低了学生的句式项目处理难度,使这一语境化任务在教学情境认知语境中获得较大的关联性。

3.2　在实施系列关联任务时,亦需注重句式难度的层层递进,步步深入,从全控制（wholly-controlled）到半控制（semi-controlled）,向自由交际式（free communication）演变

笔者(2012)根据 D. Sperber 和 D. Wilson 的关联论,指出关联原则是语境化任务的设计原则:即教师在设计任务时,通过本能或有意地寻找课文与他的文化语境和情景认知语境的关联,即与他言内言外知识的关联来设计系列关联语境化任务。从句法的宏观层面,以上海牛津教材初中六年级第二册第一单元"Great cities in Asia"(亚洲的大城市)中的第一课时"Listening and speaking：Travelling to different cities"(听和说:去不同的城市旅行)为例,其中的一项学生学习目标是句型'Tokyo is north-east of Shanghai.',这也是预计的学生学习难点。聚焦这一句型的系列关联语境化任务在任务型教学的三阶段的具体实施步骤如表5所示:

表 5　句法的宏观层面系列任务的实施步骤范例

Stage in TBLT（任务型教学阶段）	Procedures（实施步骤）	Teaching Content（教学内容）
Pre-task stage（任务前阶段）	Step 1	看图片教授八个方位词（east，west，south，north，north-east，north-west，south-east south-west）后，根据图片引入句型：'Tokyo is <u>north-east of Shanghai</u>.'，并解释其句意：Tokyo is to the north-east of Shanghai.
	Task 1	看和写：根据图片，完成句子，描述船只位置。 1. Boat 2 is ＿＿＿＿＿ of Boat 1. 2. Boat 3 is ＿＿＿＿＿ of Boat 4. 3. Boat 1 is ＿＿＿＿＿ of Boat 4. 4. Boat 5 is ＿＿＿＿＿ of Boat 4. 5. Boat 1 is ＿＿＿＿＿ of Boat 5. 6. Boat 5 is ＿＿＿＿＿ of Boat 2. 7. Boat 3 is ＿＿＿＿＿ of Boat 1. 8. Boat 5 is ＿＿＿＿＿ of Boat 1.
	Task 2	根据图片，就亚洲大城市之间的地理位置进行比较，让学生操练以下对话： S1：Where is ...? S2：... (City A) is (east，west，south，north，north-east，north-west，south-east south-west) of ... (City B).
While-task stage（任务中阶段））	Step 1	听和说：教授对话
Post-task stage（任务后阶段））	Task 1	看和说：看图片，根据实际情况，完成对话，描述学校周边环境。 S1：What's ... of our school? S2：... is ....

Stage in TBLT （任务型教学阶段）	Procedures （实施步骤）	Teaching Content （教学内容）
Homework （回家作业）	Task 2	作文：亚洲的大城市 上网或使用百科全书查阅亚洲其他大城市的风俗人情，并与上海的地理位置进行比较，使用句型'It's ... of Shanghai.'描述其地理方位。

任务前阶段的第一步骤，根据地图呈现并解释句型'Tokyo is <u>north-east of Shanghai</u>.'中的词组是形容词词组（AP），而'Tokyo is <u>to the north-east of Shanghai</u>.'中的词组是介词词组（PP），两个词组都是句子的表语结构，其含义是'东京在上海（外部的）东北面.'此步骤从句法宏观角度而言，其目的是呈现并解释该 D-structure 句型。任务前阶段的第二步骤是实施一个口笔头交融的任务：根据图片，完成句子，描述船只位置。此步骤呈现部分该 D-structure 句型，让学生在操练时，根据"即时即地"原则，利用图片，只需填入这一句型中表示方位的形容词，试图循序渐进地掌握这一句型。任务前阶段的第三步骤是口头任务：根据图片，就亚洲大城市之间的地理位置进行比较，操练对话。对话中问句呈现该 D-structure 句型的 S-structure 句型'Where is ...?'，答句则让学生根据"即时即地"原则，利用图片和其言内和言外知识，填入 D-structure 句型中的主语和形容词词组中的表示方位的形容词以及介词后的地点名词。步骤三比起步骤二既增加了疑问词-移位（Wh-movement）的 S-structure 句型'Where is ...?'，又增加了 D-structure 句型的操练难度，在注重自然意义的交流中，使学生逐渐将这一句型的学习性知识转化为习得性知识。

任务中阶段讲授课文时，再次呈现 D-structure 句型和其 S-structure 句型：'Where is it?'和'It's north-east of Shanghai.'再次呈现的语料进入学生的语言处理机制，为目标语的产出作了预备。

任务后阶段的第一步骤是口头任务：看图片，根据实际情况，完成对话，描述学校周边环境。此步骤从句法宏观角度而言，对话中问句呈现该 D-structure 句型的又一 S-structure 句型'What's north of our school?'，学生在操练时，根据文化语境潜在信息，回答时 ppt 只显示该 D-structure 句型的 be 动词，需要填入 D-structure 句型中的主语和整个形容词词组，从而进一步增加了这一句型的操练难度，为这一句型在下个任务中的自由操练作了预备。任务后阶段的第二步骤是回家作业：书写亚洲一个大城市的简介，学生可上网或使用百科全书查阅亚洲其他大城市的风俗人情，并与上海的地理位置进行比较，使用句型'It's ... of Shanghai.'描述其地理方位。这一任务可实现这一句型的自由操练，让学生化课堂学习知识为习得知识。亦为第三课时的引入打下铺垫，拓展学生潜在文化语境的相关知识。

可见，通过聚焦这一句型的四个系列关联语境化任务，教学实施由全控制（wholly-controlled）到半控制（semi-controlled），向自由交际型（free communication）逐渐演变，促进学生对这一句型的习得。在任务型教学法的三阶段（任务前、任务中、任务后）能充分利用 Krashen 监控假说的三个条件，（1）任务前阶段，学生可有充分时间吸收这一句型知识准备任务；（2）任务型教学法的三阶段能平衡语言意思与形式：总体而言，任务前阶段较注重语言形式，任务中阶段较注重语言意思，任务后公众表演阶段较注重语言意思，任务后公众评价阶段较注重语言形式;(3)任务前阶段,学生已知晓的句型规则,便于在后两阶段将学习知识转化为习得知识。Long 和 Crookes(2002)指出"是任务吸引学习者,并推动其习得发展体系。"

4. 结语

语境化任务是连接教学内容和课堂外真实世界情景的桥梁,为了确保课堂的高效性,让学生学有所成、学有所乐,从语言教学的特定层面探讨任务型教学的应用与策略显得尤为关键。希望通过更多语言教师共同的研究行动,逐步完善初中英语任务型教学法实施时的教学策略,最大程度地促进学生的英语习得。

参考文献

[1] Richards, Jack C. & Rodgers, Theodore S. Approaches and Methods in Language Teaching [M]. Second Edition. Beijing: Foreign Language Teaching and Research Press, 2008.

[2] Widdowson, H. G. Teaching Language as Communication[M]. Shanghai: Shanghai Foreign Language Education Press, 1996.

[3] Skehan, P. A Framework for the Implementation of Task-based Instruction[J]. Applied Linguistics, 1996, (1): 38 - 62.

[4] Nunan, D. Task-based Language Teaching[M]. Cambridge: Cambridge University Press, 2004.

[5] Skehan, P. A Non-marginal Role for Tasks[J]. ELT Journal, 2002(3): 289 - 295.

[6] Skehan, P. Second Language Acquisition Research and Task-based Instruction[A]. Jane Willis & Dave Willis (eds.) Challenge and Language Teaching[C]. Shanghai: Shanghai Foreign Language Education Press, 2002: 17 - 30.

[7] Skehan, P. A Cognitive Approach to Language Learning[M]. Oxford: Oxford University Press, 1998.

[8] Sperber, D. & Wilson, D. Precis of Relevance: Communication and Cognition[A]. He Zhaoxiong (eds.) Selected Readings for Pragmatics[C]. Shanghai: Shanghai Foreign Language Education Press, 2003: 487 - 530.

[9] Skehan, P. Second Language Acquisition Research and Task-based Instruction[A]. Jane Willis & Dave Willis (eds.) Challenge and Language Teaching[C]. Shanghai: Shanghai Foreign Language Education Press, 2002: 17 - 30.

[10] 梅德明.《现代语言学简明教程》[M]. 上海:上海外语教育出版社,2003.

[11] 陈擎珺. 初中英语任务型教学法中任务的设计原则和教学策略[J].《现代基础教育研究》,2016,(22): 171 - 176.

[12] 陈擎珺. 高职高专大学英语语境化任务型教学研究[D]. 上海:上海外国语大学,2012.

作者单位:上海建平远翔学校 上海　200129

设计有效教学活动，在绘本教学中以读促写

高 雅

提 要：英语写作是小学生较难掌握的技能。本文记录了在绘本阅读教学中以读促写的行动研究过程：笔者首先通过培养学生的文本意识，引导学生关注文字信息、书本结构，养成良好阅读习惯，增加语言积累；在此基础上，优化课堂设计，促进学生对绘本语言的内化过程，布置开放性的写作任务，激发学生写的兴趣，鼓励学生运用所学在写作中表达自己所想，提高学生的写作能力。通过此次行动研究，学生文本意识逐渐增强，对文本的关注度显著提升；同时，学生在写作语言的丰富性、思维的深度、文本格式的准确性三方面均显现了长足的进步。

关键词：文本意识；写作能力；行动研究

1. 发现问题

笔者任教于北京市区一所普通小学，承担二年级英语教学工作。该班共有 35 人。男生 17 人，女生 18 人。大部分学生乐于学英语，在英语课上能够积极思考、积极回答教师提出的问题。为了培养学生英语学习兴趣，提高学生英语综合运用能力，学校为学生购置了一批英语绘本教材《领先阅读：X 计划》。但笔者发现，学生在阅读外文书籍时常常只阅读图画，不读封面、文字等文本信息。一本书短短两分钟就翻看完了。而其中的词、句等并没有得到学生的关注。学生在阅读中也没有在英语语言上的收获。

2. 确认问题

2.1 提出假设

基于上述问题，笔者提出了以下两点假设：（1）学生在阅读中没有接受过指导，尚未形成较强的文本意识，不知道读书时应从哪里入手，不会关注一本书的封面、作者、扉页、文字等信息；（2）在阅读中，学生更喜欢翻看图片，不能从阅读文字中体验到阅读的乐趣。

2.2 初期调查

为了验证以上假设，笔者采用了课堂实录与问卷调查的方法收集相关数据。

通过课堂实录可观察到：学生知道一本书的题目在哪儿；12 位同学知道一本书的封面是什么；没有学生能指出扉页在哪儿；32 位学生不能区分作者、编者及绘图者。

问卷调查显示,34 名学生读插图很多的时候很开心;而读插图少的时候只有 6 名学生表示会开心。

2.3 确认问题

综合上述分析调查结果,学生在拿到一本书时有读的愿望,但在阅读中更多的关注图片,而不能关注到故事书中的封面、扉页、作者、文字等文本信息,并对这些信息缺乏兴趣。

因此,本研究第一阶段旨在帮助学生形成文本概念,关注文字信息、书本结构、标点符号,形成良好阅读习惯。在课堂学习后,能够自己阅读简单的外文书籍,并关注书籍中的文本内容。

文本概念主要包括书本概念、书本方向概念、标点符号概念和字母概念。书本概念指读者知道如何拿书和翻页,明白绘本中意义的载体是文字而非插图(Tompkins,2010,P.112)。此外,了解封皮、扉页、封底、标题、作者、插图作者等书本信息也是一项重要的书本概念。书本方向概念指读者了解文本的书写顺序,如英文是从左到右,从上而下进行书写(Tompk ins,2010,P.112)。标点符号概念指读者能注意到文本中的标点符号并了解它们的名称和用途(Tompkins,2010,P.112)。此外,读者还需具备字母知识,了解且能快速识别大小写字母(Paratore,Cassano,& Schickedanz,2011,P.118)。

3. 第一阶段行动研究及结果

3.1 制定第一阶段行动研究计划

第一阶段(2013 年 12 月—2014 年 9 月)为关注文本阶段。教师通过改变课堂设计,引导学生关注文本封面、扉页、作者、编者、绘图者信息等。关注文本中的文字、标点等。

时 间	教材单元	拟解决问题	教学设计	数据收集	期待效果
2014.12.9	X 计划 1 级 Tiger's family	知道封面、扉页、作者、标题等概念	猜猜封面、扉页、作者、标题,了解位置	课堂实录	了解封面、扉页、作者、标题等概念
2014.12.12	X 计划 1 级 Tiger's family	知道封面、扉页、作者、标题等位置	指一指封面、扉页、作者、标题等	课堂实录 Family tree	能够指出封面、扉页、作者、标题等
2014.12.13	X 计划 1 级 Go to Bed	说出封面、扉页、作者、标题等内容	教师就封面、扉页、作者、标题等内容进行提问,请学生回答	课堂实录	能够说出封面、扉页、作者、标题等
2014.12.20	X 计划 1 级 Go to Bed	介绍封面、扉页、作者、标题等内容	学生介绍封面、扉页、作者、标题等内容。如:This is the cover page. The title is …	课堂实录 Poster-How to go to bed easily.	能够对封面、扉页、作者、标题等进行介绍

续 表

时 间	教材单元	拟解决问题	教学设计	数据收集	期待效果
2014.3.14	X 计划 1 级 My family	挖掘封面中文本信息	观察封面，猜测谁是主人公；家人都会做什么等	课堂实录	能够从封面挖掘文本信息
2014.3.21	X 计划 1 级 My family	挖掘封面、扉页中文本信息	通过扉页回忆家庭成员名称；家庭成员会做的运动等	课堂实录 Family tree. (… can …)	能够从封面、扉页挖掘文本信息
2014.3.27	X 计划 1 级 A home for Ted	题目的书写	判断教师给出的标题是否正确	课堂实录	能够判断题目书写是否正确
2014.5.22	X 计划 1 级 A home for Ted	题目的书写	拓展活动 One page book 画画你的自制书	课堂实录 One page book	能够正确书写题目
2014.5.28	X 计划 1 级 Hamster on the Run	认识标点	通过图片环游理解故事内容，并在语音、语调的强调中，区分句号及感叹号	课堂实录	了解不同标点的用法（句号及感叹号）在标点的帮助下更好的理解文本情感
2014.6.19	X 计划 1 级 Hamster on the Run	使用标点	在空中画标点讲故事；观察教师故事书标点；制作 fold book	课堂实录 A fold book	能够正确使用，书写标点
2014.9.18	X 计划 1 级 Otters at home	深层次理解作者情感	如果没有家，Otters 会怎么样	课堂实录	能够在读故事后，有情感收获
2014.9.25	X 计划 1 级 Otters at home	通过讲故事表达对动物的喜爱	讲故事 … at home	课堂实录	能够表达对动物的情感

3.2 第一阶段数据收集与分析

第一阶段行动研究实施后，学生的文本素养有明显提升。

以第一阶段学习的最后一个绘本故事"Otters at home"一课为例，回观本课教学录像。观察到学生全部能够指出封面、扉页、作者、绘图者。除三个英语学习困难学生不能用英语说出 title，cover page 等英文词汇而无法用英语介绍外，其他学生能够用英语介绍以上内容。这与研究初期学生课堂表现对比如下：

故事名称 \ 知道	题目位置	封面位置	扉页位置	作者、绘图者位置
《Go to Bed》	35	12	0	3
《Otters at Home》	35	35	35	35

通过课堂实录可以看出学生整体从不知道什么是封面、扉页,不能区分作者、编者及绘图到能够正确指出以上内容,再到。从不关注文本信息到每次拿到书籍主动从以上内容开始阅读。并能从以上内容中获取信息,辅助理解阅读。

第一阶段研究后,学生开始关注书中的文字,而不止看图画。在研究前的问卷中 29 位学生表示看插画多的英文书时会开心。

当图片环游后,学生拿到书开始翻看。一些学生不看封皮、扉页等信息,直接进入阅读内容开始阅读。忽略了文本信息。阅读时短短一两分钟就读完了,只看了图片,而不看英文。

教学日志《Go to Bed》20131213

在第一阶段研究后对学生进行了访谈:

张睿哲:"我喜欢读书里的英文,因为读了英文才能明白里面的意思。如果看不懂就联系前后猜。"

赫明林:"我喜欢读书里的英文,也喜欢看图片。因为书里的故事很有趣。"

前后对比显示,学生对英语故事阅读的兴趣浓厚,不再只关注图画,开始关注文字内容。

学生作品:用于观察学生在输出上收获及欠缺。教师为每个学生建立作品档案集。收集学生绘本阅读后的作品,分析作品从而观察学生的收获并便于发现问题。发现学生在作品中从前期用图画表达,到用一个单词表达,再到用简单句表达。

Lisa   Aimee

 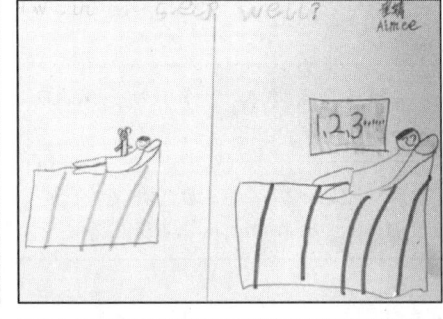

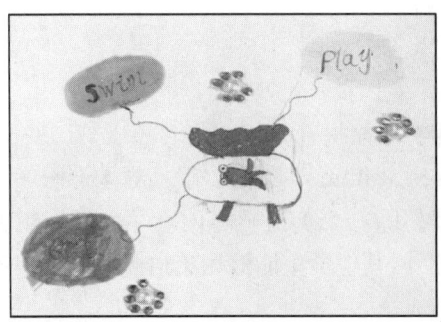 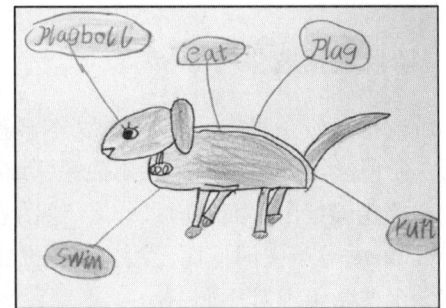

3.3 第一阶段行动研究效果与不足

本阶段的行动效果良好，学生能够在阅读时关注封面、扉页、作者、标题等文本信息。能够在阅读时主动读词句，而不是只看图片。能够在制作小报中书写标题、设计自己的封面。同时，学生阅读兴趣增强，并具有了阅读文本、文字、默读等阅读习惯。

第一阶段的行动研究在教学中仍然存在问题，主要表现为学生语言积累少，写作能力有所欠缺。学生在制作阅读小报或阅读作品时，往往缺乏自己的观点，语言不够丰富，同时存在表达方式与语法、标点符号等错误。

根据自己的观察与专家的反馈，问题的原因在于教师课堂上缺乏促进语言内化的教学环节，学生对绘本语言的理解与内化不够。要提高学生写作能力，关键在于促进学生在阅读中内化绘本语言。Grave(1978)提倡写作教学应是一个教师帮助学生"理解"并且"内化"写作内容的过程。王建平，于慧(2006)提出阅读对于写作能力培养的作用主要体现在以下六个方面：增加学生的词汇量，使学生增强对目的语言的感性认识；有助于针对教学内容划分层次，切分训练；提供语言学习的样本；更多的书面表达形式可以通过阅读接触性语言材料进行模仿重点和难点；增强对目的语文化的认识；获得写作的素材。

因此，笔者将第二阶段研究目标确立为优化教学设计，在绘本教学中以读促写。

4. 第二阶段行动研究及结果

4.1 制定第二阶段行动研究计划

第二阶段(2014 年 10 月—2015 年 7 月)为以读促写阶段。教师通过设计不同形式的读后活动，激发学生充分运用在绘本及以往英语课中的语言积累，完成读写任务，从而提高学生写的能力。学生将在每课的学习后在产出活动中通过制作由易及难的制作读书小报；one page book；my book；绘制思维导图；用自己的语言表达 My favourite part ...等活动提高写作能力。

2014.10.30	X 计划 2 级 Ant and the baby	阅读中只读图，不主动读词。	在学生自己阅读中给出任务。	课堂实录 worksheet	在阅读中能够通过读词获取信息。
2014.11.13	X 计划 2 级 Ant and the baby	从读词中找信息	在阅读书的帮助下制作 poster	课堂实录 poster	在任务中能够再寻求书籍的帮助。
2014.12.16	X 计划 2 级 Run Cat, Run	内化语言知识	纸偶表演	课堂实录	通过纸偶表演，脱离书本，输出语言
2015.3.18	X 计划 2 级 My Cat Moggy	通过上下文猜测词义	通过阅读自己猜测出生词词义。	课堂实录	能够通过阅读猜测词义

2015.4.9	X计划2级 My Cat Moggy	能尝试用完整的句子描述自己的朋友或宠物	制作带封面四格漫画书	课堂实录 带封面四格漫画书	能够在阅读后尝试用书中语言主动输出,用完整的句子书写、表达
2015.5.6	X计划3级 The Birthday Cake	能用自己的语言,表达故事中所爱	My favourite part ...	课堂实录 Poster: My favourite part	能够在阅读故事后表达故事中自己喜欢的内容
2015.6.5	X计划3级 The Rainy Day	大量阅读后拼写能力的提升。	拼写故事中高频词	课堂实录 听写小条	能够正确拼写多次见过的单词

4.2 第二阶段数据收集与分析

本阶段采用的数据形式包括教师日志、学生作品、课堂实录。通过数据分析,笔者发现,在这一阶段中,学生整体写作能力得到显著提高,主要表现为写作语言丰富性、思维深度、文本格式的正确性三方面的进步。

(1) 学生写作语言丰富性的提升

在第二阶段收集到的作品中,学生不仅能够用简单句完成作品(见作品一),更能够用多个句式尝试完成、丰富自己的作品。(见作品二)

作品一

作品二

(2) 学生思维深度的提高

从 My Cat Moggy 故事的 worksheet 制作自己的故事书中,可以得出数据 91% 学生能够自己制作包括题目、作者、图片的封面。(除一名学生不爱画图、一名学生只写了题目、一名学生没写题目)。这些故事书都是学生自我观点的形成和表达的结果。以学生当中的个案为例,亦能反映这一方面的变化。在研究初期，孙同学总因为脑子里没有想法而交只写姓名的空白作业纸，到第二阶段可以上交图文匹配并有自己想法的作品。

（3）作品文本格式准确性的提升

该班学生从研究初期的只会写单词并常有拼写错误到本故事中 94% 的学生能用简单的完整句完成自己的故事书；94% 的学生能够做到句子开头字母大写；86% 的学生能够正确使用标点。

4.3 第二阶段行动效果与反思

对于三年级还没有开始写作的年级，我班学生已经能用简单的句子进行表达。并在写作中能够运用多种句式。在表达中能够正确使用大小写、标点符号。已经初步具备了写作的能力。并在写作中能够融入自己的观点，自己的创意。

笔者在这一阶段的行动研究中一直努力尝试如何给学生更好的引导，从而能够更好地表达自己。在教学设计中时常认为任务过难，学生无法完成。如当需要学生表达自己观点时，三年级学生词汇积累量小，不能表达自己所想。因此，教师在前面的教学中，表现出为学生的语言输入准备还较少。

5. 总结与反思

带着对阅读课教学的兴趣，笔者开始了磕磕绊绊的行动研究之旅。在这过程中，教师收获颇多，这不仅表现为教师教学与研究能力的提升，也反映为学生英语学习兴趣与综合能力的提升。

通过行动研究，教师在教学与研究方面取得了长足进步。教学方面的进步表现为教师逐渐学会应用绘本阅读教学基本环节，掌握了阅读教学中设问、引导等方式，课堂指令更清晰，教学活动设计更多样化等。在研究方面，笔者掌握了行动研究的基本过程，并形成了课后反思的习惯，运用科学的方法去检验实际教学效果等。与此同时，学生的英语学习兴趣与读写能力都得到了显著提升。

但此次研究的不足之处也显而易见：教师教学中对语言内化的关注不够，且读后活动开放性较小，一定程度上阻碍了学生语言和思维的发展。这些问题又为笔者以后的研究抛出了新的问题。笔者将继续进行行动研究，不断提升自我，为学生带来更好的课堂。

参考文献

［1］教育部.《英语课程标准》［M］. 北京：北京师范大学出版社，2011.

［2］Grabe，W. & Stoller，L. F.（2002）Teaching and researching reading［M］. Personal Education Limited.

［3］Wallace，C.（1993）Reading［M］. Oxford：Oxford University Press.

［4］John，S. H.，& Dana，R. F.（2009）Teaching Readers of English［M］. New York：Routledge.

作者单位：北京市朝阳区呼家楼中心小学 北京

浅析利用模型建构生成含有
定语从句的英语复合句

左　涛

提　要：含有定语从句的英语主从复合句是比较常见的句子。定语从句能以不同的句法结构出现，而且可以应用于不同的位置。利用模型建构可以清楚地展示出定语从句的结构特点及位置特点。同时，可以帮助学生使用复杂句子结构及应用长难句。

关键词：定语从句；模型建构；复合句；长难句

1. 引言

　　句子不只是一个个单词组合而成的线性结构，而是有不同层次的结构链接而成。利用模块组建不同的句法结构，进而把它们拼装成更加复杂的结构，这样就可以清楚明了地解构及建构英语中的复杂句子，能够呈现出这些复杂句子的内在联系。同时也解决了中学生在学习含有定语从句的复合句时所面临的句子结构错误及无法理解相邻及间隔短语之间的句法结构关系。本文主要探究采取模块化组建句子，搭建不同的模块进而把它们组合起来，进一步形成复杂的句子结构。

2. 对定语从句进行模型建构

　　定语从句可以使用关系代词或关系副词引导生成，本文只探讨使用关系代词 that，which，who 的定语从句。这三个关系代词在定语从句中一般充当主语或者宾语，而且 that 既可以指人也可以指物，如：

　　（1）The letter **that came this morning** is from my father. 今早收到的那封信是我父亲寄来的。

　　（2）The person **that I have to phone** lives in India. 我要打电话找的那个人住在印度。

　　（3）Take the book **which is lying on the table**. 把桌子上的那本书拿走。

　　（4）The people **who called yesterday** want to buy the house. 昨天打来电话的人想买这所房子。

　　以英语的五种基本句子结构为参照，我们可以将定语从句进行如下模型建构：

　　① | that/which/who | | V |

第一种类型的定语从句中关系代词只能充当主语,其后的动词为不及物动词。当然,动词后面是可以跟上介词短语,副词等来充当状语[①]。

② | that/which/who | V | O |

     | that/which/who | S | V |

第二种类型的定语从句中关系代词或者充当主语,或者充当宾语[②],而且充当宾语的关系代词 that,which 或 who 还可以省略[③]。

③ | that/which/who | S | V | O |

     | that/which/who | V | O | O |

     | that/which/who | V | O | to/for | O |

第三种类型的定语从句中出现的谓语动词是双宾语动词[④],其后紧跟间接宾语和直接宾语[⑤],如果直接宾语在前,间接宾语在后,两者之间要加介词 to 或 for[⑥]。

④ | that/which/who | V | C |

第四种类型的定语从句中出现的谓语动词是连系动词[⑦]。

⑤ | that/which/who | S | V | C |

     | that/which/who | V | O | C |

第五种类型的定语从句中出现的谓语动词后紧跟宾语及宾补[⑧]。

3. 复合句融入定语从句模型

上面我们把使用 that/which/who 的定语从句分为五种类型,接下来我们将这些定语从句再融合进主从复合句中,请观察下面的模型。

A. | S | ①/②/③/④/⑤ | V |

第一种含有定语从句的主从复合句中,定语从句位于主句的主语之后[⑨]。

---

① The man **that/who came to my home yesterday** is a relative of mine. 昨天来我家的那个男的是我一亲戚。

② This is the dog **that/which bit me last week**. 这就是上周咬了我的狗。

③ The boy **(that/who) I met a moment ago** is the son of my employer. 那个男孩,就是我刚才见到的那个,是我们雇主的儿子。

④ The book **(that/which) he gave me** is very interesting. 他给我的书很有意思。

⑤ The girl **that/who bought her father a watch** was my classmate. 给她爸爸买表的女孩子是我同学。

⑥ The boy **that/who offered his seat to the old man** wore glasses. 给老人让座的男孩子戴着眼镜。

⑦ She is a girl **that/who is very lovely**. 她是一位可爱的女孩子。
   He is a man **that/who looks handsome**. 他是一个外表帅气的男人。

⑧ *The Mona Lisa* is a painting **(that/which) many people find interesting**. 蒙娜丽莎是一幅很多人都觉得有意思的画作。
   There are many people **that/who think him kind**. 有很多人认为他是善良的。

⑨ 如 The bus **that/which I was waiting for** arrived at last. 我等的公交车终于来了。

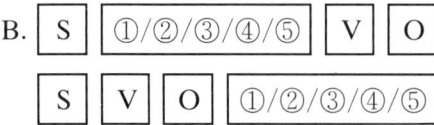

第二种含有定语从句的主从复合句中,定语从句位于主句的主语之后①,或者出现在主句的宾语之后②。

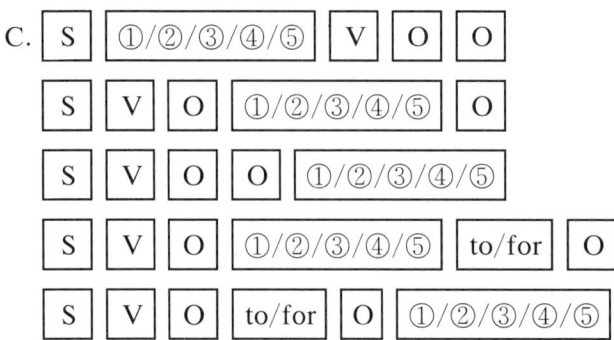

第三种含有定语从句的主从复合句中,由于主句的谓语动词为双宾语动词,主句中可以出现三个名词短语,因而定语从句可以摆放的位置也是多样性的③。

D. | S | ①/②/③/④/⑤ | V | C |

第四种含有定语从句的主从复合句中,定语从句位于主句的主语之后④。

E. | S | ①/②/③/④/⑤ | V | O | C |

| S | V | O | ①/②/③/④/⑤ | C |

第五种含有定语从句的主从复合句中,定语从句位于主句的主语之后⑤,或者出现在主句的宾语之后⑥。

4. 输入词汇短语

上面所述内容是从句子整体结构上,即自上而下地搭建了含有定语从句的主从复合句模

---

① 如 The fish **that/which I like most** cost a lot of money. 我最喜爱的鱼花费好多钱。

② 如 Lucy has a book **that/which was written by Mo Yan**. 露西有一本莫言写的书。

③ 如 The man **that/who likes children** gives the boy a model plane. 喜爱孩子的男子给了男孩一个模型飞机。
The girl **that/who lives in the USA** sent a card to me. 住在美国的那个女孩寄了一张卡片给我。
The dog brought me a shoe **that/which smelt awful**. 狗带给我一只闻起来极其糟糕的鞋子。
The teacher offered the student **that/who liked reading** a copy of *Harry Potter*. 老师给了那位喜爱阅读的学生一本《哈利波特》。
Lily's mother lent a bike to the boy **that/who couldn't afford to buy one**. 莉莉的妈妈借了一辆自行车给那位买不起自行车的男孩子。

④ The house **that/which lies on the beach** looks fantastic. 沙滩边的那所房子看起来好极了。

⑤ 如 The homeless man **that/who received free food** found the society warm and inclusive. 那个收到免费食物的男子发觉社会是温暖的和包容的。

⑥ 如 The funny story made the girl **that/who was sitting alone** happy and relaxed. 那个搞笑的故事使得那位独自坐着的女孩子开心和放松的。

型,接下来我们将从词汇短语方面进行分类整理,从而自下而上地对以上主从复合句模型的实现语料输入。

众所周知,主语是句子所要说明的人或事物,是句子的主体。主语的位置通常在句首,一般不省略。可以担当主语的有名词,代词,数词,等。如 **Walls** have ears 隔墙有耳。**He** will take you to the hospital 他会带你去医院。**Three plus four** equals seven 三加四等于七。

表语是用来说明主语的身份、特征和状态的,它的位置在系动词之后。可作表语的有名词、代词、形容词,等。如 My father is **a professor** 我父亲是一位教授。Who's that? It's **me** 是谁呀? 是我。Everything here is **dear** to her 这里的一切她都感到亲切。

宾语表示动作的对象,是动作的承受者。宾语一般放在及物动词之后。英语介词后也会跟宾语。可作宾语的有名词,数词,代词,等。如 She covered **her face** with her hands 她用双手蒙住脸。We haven't seen **her** for a long time 我们好长时间没看到她了。

英语有些及物动词,除了要有宾语之外,还要加上宾语补足语,才能使句子的意义完整。宾语和宾语补足语一起构成复合宾语。可以担当补足语的有名词,形容词,介词短语,等。如 They elected me **captain of the team** 他们选我当队长。He made me **ashamed** of myself 他使我感到惭愧。We found everything there **in good order** 我们发现那里的一切井井有条。

基于以上分析,我们首先把动词分为五类,即不及物动词,单宾语及物动词,双宾语及物动词,连系动词以及可以跟宾语及宾补的及物动词。这样就可以把这五类动词和①②③④⑤五类定语从句及 ABCDE 五类基本句子结构关联起来了。具体分类及例子如下:

不及物动词 (可以出现在句型 ①/A 中的动词)	单宾语及物动词 (可以出现在句型 ②/B 中的动词)	双宾语及物动词 (可以出现在句型 ③/C 中的动词)	连系动词 (可以出现在句型 ④/D 中的动词)	可以跟宾语及 宾补的及物动词 (可以出现在句型 ⑤/E 中的动词)
laugh, arrive, rust, come, go, sleep, leave, return, run, cry, shine, lie, disappear, stop, open, start, live, die, happen …	like, love, hate, dislike, sell, buy, want, answer, build, lose, get, finish, write, remember, forget, kill, mention …	give, offer, send, lend, show, leave, made, buy, get, pour, save, teach, pay, find …	am, is, are, was, were, become, seem, appear, look, smell, feel, sound, taste, get, remain, keep, stay, go, turn, grow …	make, find, elect, prove, pronounce, paint, appoint, get, consider, call, drive, keep, presume, keep, deem …

下面我们把可以充当主语,宾语,表语及宾补的词汇及单元简单分为名词短语,形容词短语,副词短语以及介词短语。具体分类及例子如下:

名 词 短 语	形容词短语	副 词 短 语	介 词 短 语
the books, the train, the restaurant, the problem, the woman, the games, the boy, all the things, no one, the watch, one of those people, the letter, the first bed, the greatest boxer, those, everyday kids, a machine, a wonderful band, a car, somebody, the group, a popular pupil, a killer, two youths, a sound another motorist …	very hot, awfully dirty, large, beautiful, long enough, young, clever, memorable, interesting, instructive, easy, very difficult, similar, responsible, sufficient, different, suitable, pretty simple, stupid, impossible, disappointed, fairly, confident, good, slightly familiar …	now, today, tomorrow, tonight, yesterday, then, soon, recently, lately, finally, here, there, upstairs, downstairs, indoors, outdoors, inside, outside, slowly, angrily, happily, quietly, quickly, correctly, extremely fast, clearly enough, frequently …	from the library, at Cambridge, in 1856 on his way home, in France, at ten, in the east of China, on the desk, on Monday, at Christmas, on January fifth …

5. 生成含有定语从句的主从复合句及进行语言准确性检查

对照定语从句模型及含有定语从句的主从复合句模型,可以输入词汇短语,继而生成句子,如:

I can't find the books **(that/which) I got from the library**. 我找不到从图书馆借的书了。

Is this the train **that stops at Cambridge**? 这是停靠剑桥的火车吗?

Those **who saw the performance** thought it memorable. 那些观看了表演的人认为该表演是令人难忘的。

The watch **(that/which) you gave me** keeps perfect time. 你给我的手表时间很准。

The people **(that/who) I visited** were very helpful. 我拜访了的人是对我非常有帮助的。

然而,按照模型拼装的句子仍有可能存在问题,所以还需要在几个方面进行检查。

a. 语法正确性。如定冠词与不定冠词的选择,主句从句时态是否合适,主谓一致,人称代词是否前后一致,等。

b. 语义正确性。如"a man **that/who is pretty** 漂亮的男人",等。

c. 语用适合性。如"The farm has a pig **that can fly** 农场有一头会飞的猪"[①],等。

6. 小结

英语的句子结构复杂多变,但是仍然有规律规则可以遵循。本文搭建了定语从句的模型及含有定语从句的主从复合句模型,虽然不能面面俱到地覆盖到所有的含有定语从句的主从

---

① 在现实生活中"会飞的猪"显然是不存在的,但是如果出现在童话故事或者科幻小说等情景中是可以的。

复合句,但仍然是具有一定意义的。具体来讲:

(1)可以帮助学生清楚地理解主句和从句两个概念,明晰它们各自的结构特点。

(2)可以有效地揭示两个相邻词汇特殊组合形成的过程及原因①。

(3)可以帮助学生更好地应用多个从句形成更为复杂的句子结构。

(4)使用模型可以让学生清楚地理解句子各个接口位置,让他们可以对已有句子进行再改装,从句子结构及语言修辞上让句子更加流畅和丰富。

(5)化被动为主动,从传统的学生被动填空或者翻译句子转为主动开放地探索无限的各种句子可能性。

(6)可以高效地帮助中学英语教师利用开放式及互动式的教学模式组织课堂,激起学生学习英语复合句的兴趣,以便于他们能够更加快速地掌握及应用这类句子结构。

参考文献

[1]拜伯等著. 朗文英语口语和笔语语法[M]. 北京:外语教学与研究出版社,2000.

[2]丹尼尔斯著. 似是而非:如何克服中国式英语[M]. 北京:北京出版社,2006.

[3]胡壮麟,姜望琪主编. 语言学高级教程[M]. 北京:北京大学出版社,2002.

[4]吕叔湘. 汉语语法分析问题[M]. 北京:商务印书馆,1979.

[5]伦道夫·夸克等著. 英语语法大全[M]. 上海:华东师范大学出版社,1989.

[6]乔姆斯基著. Syntactic Structures. Hague:Mouton and Co.,1957.

[7]邵浩著. 迁移学习:理论与实践[M]. 上海:上海交通大学出版社,2013.

[8]吴刚著. 生成语法研究[M]. 上海:上海外语教育出版社,2006.

[9]张今,姜玲著. 英语句型的动态研究[M]. 北京:清华大学出版社,2005.

课题信息:【本文为广东教育学会教育科研规划小课题研究项目"利用模块化模型建构研究英语定语从句的生成及探究其在中学英语教学中的应用"(立项编号:GDXKT15093)的阶段研究成果。】

作者单位:广州大学附属中学 广东 510050

---

① 这一点在分析一些相邻动词时非常关键,如:

I will do all **I can** to help you. 我会尽我所能地帮你。

The flowers **you are looking forward to** have sold out. 你一直期待的花已经售罄了。

很明显,第一个例句中情态动词 can 后面跟了不定式,而第二个例句中介词 to 后面出现了助动词 have。造成这一现象的原因就在于以上两个例子都不是简单句,而是包含了定语从句的主从复合句。因而,第一个例句中定语从句中的情态动词 can 后面跟了主句里面的不定式,而第二个例句中定语从句里面的介词 to 后面出现了主句中的助动词 have。

如何在高三资优班进行英语词汇教学

陆佳伟

提　要： 本文通过对英语词汇学习的三大维度的探究，结合某高三资优班学生的实际情况，采用定性和定量方法，提出一些切实可行的教学方法和建议，希望对教学产生借鉴和正面反拨作用。

关键词： 高三资优班；英语词汇教学；三大维度

1. 引言

随着《中国英语能力等级量表》于 2018 年 6 月起实施，对我国各级各类英语学习者的英语能力从低到高进行系统、连贯的描述，覆盖不同层级语言学习者和使用者的英语能力。其中，词汇知识被归为组织能力的一部分。

语言知识描述框架

语言知识	组构知识	语法知识	语音系统和书写形式知识
			词汇知识
			句法知识
		篇章知识	修辞或会话知识
			衔接知识
	语用知识	功能知识	概念功能知识
			操控功能知识
			探究功能知识
			想象功能知识
		社会语言知识	语体知识
			方言/变体知识
			语域知识
			自然表达或惯用表达知识
			文化参照与修辞知识

Meara(2002)指出词汇学习的三个重要维度：广度、深度和流利度。通过对 2018 届学生在高二第二学期的期中和期末考试排名,复旦大学附属中学选拔出了各科都相对优秀的生源在高三年级组建资优班。鉴于这一群体的词汇起始水平高于市平均水平,这类学生的词汇教学成为具有研究意义的问题。本文将通过对资优班的英语词汇教学实践,分别就词汇的广度、深度、流利度这三个维度,提出针对性教学建议,期待能对教学产生正面的反拨作用。

2. 研究问题

本文试图回答两个问题：

1. 如何从广度,深度和流利度来提升资优生的词汇能力?
2. 资优生词汇教学模式是否对教学产生积极的反拨作用?

3. 资优班英语教学模式探究

资优班的教学模式从广度、深度和流利度方面开展实践和探究,具体表现为：

3.1 词汇教学的广度

词汇的广度指词汇量。为了拓展我校资优班学生的词汇广度,鉴于上海高考英语词汇量与全国大学英语四级基本持平,默认为教学对象以四级为起点以及确认学习潜力的基础上,拓展大学英语六级词汇,配合默写检测和其他词汇评价体系,多维度提高词汇的复现率。值得一提的是,利用平时的高三模拟卷去学习新词汇,激发学习自主性,挖掘相关性形成词汇意念网络。这些举措又有助于自然习得。为了达到元认识策略的强化目的,推荐学生观看原版电影或者英美剧,结合杂志或短篇小说。从高考模拟测试成绩证明实验班的阅读方面提升很大,基本扫清了生词,促进了阅读理解。

3.2 词汇教学的深度

McCarthy(2007)指出,除了广度的增加之外,词汇知识深度的增加也是外语学习者的一个重要目标,而且深度的重要性完全不亚于广度。为了说明词汇深度与广度具有平等地位,关于词汇深度的讨论,还牵涉两个重要概念：产出性词汇和接受性词汇。

在资优班学生的词汇教学中注意词汇的发音、拼写、词性转换、搭配、用法以及和单词相关的谚语、习语。把语音教学贯穿于整个英语教学,通过拼读结合的方式,为词汇教学打好基础,以 superior 为例,教授发音,介绍两种词性及用法。除此之外,以微软纪录片中的表述 inferior products(低级产品)引出反义词。词汇教学的效果取决于教学的双方。传述单词意义是指教师通过各种方式把信息(词义)传递给学生,学生同时接受和吸收的过程。词义的学习应该是对单词在不同用法中的不同意义的学习,从而达到完整掌握该词的词义的目的。

此外,我还会安排学生做有利于产出性词汇的任务,比如：① Was this guy actually elected to the _____?（总统职位）② The king's son succeeded him to the thr _____ of Denmark.核心原则是通过场景提示激活特定词汇的思维火花。同时,鼓励学生正向迁移,大胆地在口语和作文中使用新学的词汇。这样的练习其实要比训练词汇广度的练习难度更高,旨在将学生的接受性词汇连续转化为产出性词汇。

3.3 词汇教学的流利度

快速识别和调用词汇的能力(词汇流利度)可能是外语词汇学习的另一个重要维度,因为它直接影响词汇表现(Meara, 2002)。词汇流利度的核心是自动化(automaticity)。Segalowitz 和 Gatbonton(1995)认为自动化可以被大致定义为相对毫不费力地使用语言的状态。

在讨论词汇教学时,扩大词汇量和了解词汇的用法似乎是一线教师最关心,甚至是唯一关心的内容,但其实词汇流利度这个第三维度也很重要,因为如果缺乏较好的流利度,学生在听说读写译等环节都会遇到困境。以高考为例,若要是学生词汇的流利度不足,会严重影响学生的做题速度,采取限时训练或单位时间增加试题数量的方式,形成心理刺激和压迫感,在遇到一些复现率较高的试题时,能够达到一定的自动化。比如,规定学生在 25 分钟之内完成高考作文,而且有字数和准确度的要求。另外,建议学生反复朗读文章或者在看电影时跟读其中的对白,达到能够脱口而出的程度。甚至建议学生在口语训练时戴上耳机,因此他们就听不清自己的声音,无法时时监控(monitor)自己的发音,让肌肉产生一种记忆,最终达到自动化的目的,这是词汇教学的新亮点。

4. 定量分析

词汇自动化的重要性得到了实验证据的支持。例如,Snellings, van Gelderen 和 de Glopper(2004)研究了提高英语作为外语的词汇调用是否对英语写作质量产生积极影响。结果显示,参与者不仅在写作中更频繁地使用训练过的单词,而且一些参与者在写作内容的表达上呈现出显著的提高。选取了本人教授的两个班级(资优班和平行班)作为实验对象,分别以高三第一学期期中考试和期末考试作为前测和后测的依据,试题的难度,长度和各项指标比较接近,可认为是平行测试,实验对象相同,具有较高的信度,这里分析了两类班级分别在两次考试中的各大题得分相关性,旨在分析词汇教学对于其他板块的贡献因素。

表 1　资优班期中相关度表格

听　力	词　汇	完　型	阅　读	翻　译
1.000				
0.249	1.000			
0.157	0.250	1.000		
0.387	0.176	0.249	1.000	
0.328	0.293	0.496	0.495	1.000

表2　平行班期末相关度表格

听　力	词　汇	完　型	阅　读	翻　译
1.000				
0.524	1.000			
0.237	0.416	1.000		
0.217	0.476	0.576	1.000	0.390
0.386	0.426	0.211	0.390	1.000

表3　平行班期中相关度表格

听　力	词　汇	完　型	阅　读	翻　译
1.000				
0.191	1.000			
0.181	0.402	1.000		
0.218	0.540	0.454	1.000	
0.324	0.538	0.331	0.471	1.000

表4　平行班期末相关度表格

听　力	词　汇	完　型	阅　读	翻　译
1.000				
0.493	1.000			
0.338	0.133	1.000		
0.274	0.402	0.085	1.000	
0.364	0.500	0.141	0.556	1.000

从资优班班的期中和期末成绩相关性分析中,可以发现词汇与听力,完型,阅读和翻译都有很大的提升。期中词汇与听力,完型,阅读和翻译的相关性分别是 0.249,0.250,0.176 和 0.293。而在期末的相关性分析中可以发现词汇与听力,完型,阅读和翻译的相关性分别是 0.524,0.416,0.476,0.426。相关性几乎做到了翻倍。可见对学生词汇的训练能提高对于学生在其他部分的表现产生了极其显著地影响。

反之我们发现对于没有接受资优班词汇教学方法的平行班中,词汇成绩与别的科目的相关性并没有显著的变化。平行班期中词汇与听力,完型,阅读和翻译的相关性分别是 0.191,0.402,0.540 以及 0.538。普通班级期末词汇与听力,完型,阅读和翻译的相关性分别是 0.493,0.133,0.402 以及 0.500,可以得出结论:期中的相关性与期末的相关性相比没有显著的提高,并且期中词汇与完型,阅读和翻译的相关性都少许地降低了。从上述结果我们认为:资优班词汇教学对学生词汇的训练不仅能提高学生词汇部分的表现,还能同时增加学生在任何其他部分包括完型,阅读,听力以及翻译的表现。

5. 结语

从资优班教学实践中,建议应结合其中的两种或更多种的方法而不是孤立地使用某一种方法。在词汇学习过程中,运用情景中,通过师生和生生互动加深对词义、词性及其用法等方面的理解,并通过相应的词汇运用操练完善自己的语言知识体系。那么,相应地,在教师的词汇教学过程中,也应采用多种教学策略以及手段来丰富学生的语言习得体验,由此让学生充分感知语言、理解语言和输出语言。采用了混合式词汇体验方式,尽可能地丰富学生词汇学习的过程,让学生体会词汇学习的乐趣,让复旦附中资优生词汇教学模式产生辐射和正向反拨作用。

参考文献

[1] McCarthy M. Assessing development of advanced proficiency through learner corpora[R]. Position paper at the Center for Advanced Language Proficiency Education and Research, 2007.

[2] Meara P. Review article: the rediscovery of vocabulary[J]. Second Language Research, 2002, 18(4): 393 - 407.

[3] Segalowitz N, Gatbonton E. Automaticity and lexical skills in second language fluency: implications for computer assisted language learning. Computer Assisted Language Learning, 1995, 8(2 - 3): 129 - 149.

[4] Snellings P, Gelderen A V. The effect of enhanced lexical retrieval on second language writing: a classroom experiment[J]. Applied Psycholinguistics, 2004, 25(2): 175 - 200.

作者单位:复旦大学附属中学 上海　200433

小学英语起始年段单词教学中
当堂纠音的必要性

彭益选

提　要： 小学英语起始年段单词教学中的纠音，一直是理论界和实务界重点关注的热点问题。目前，部分小学英语教学工作者针对小学英语起始阶段单词教学的纠音，选择在上课前或者上课后这两个时间段，忽视了当堂纠音的必要性。基于此，本文采用问卷调查方法和个案分析方法，选择一定的教龄区间并且曾任教过小学三四年级的英语教师为研究对象，旨在调查当堂纠音的重要性，同时，选择两个案例以分析不当堂纠音的消极影响与当堂纠音的积极影响，调查结果显示，小学英语起始年段单词教学中当堂纠音有一定的必要性，同时也揭示出了大多数小学英语教师在单词教学时对于当堂纠音的忽视。本文最终认为在小学英语起始年段单词教学中，应大力提倡当堂纠音必要性，因为当堂纠音直接关涉到小学生英语语言学习的输入与输出。

关键词： 当堂纠音；小学英语；单词教学

1. 问题的提出

　　语音是学习一门语言的前提和基础。语言学家 Gimson 认为，一个人要学会说任何一种语言，必须学会几乎 100% 的语音，而只需掌握 50%—90% 的语法和 1% 的词汇就足够了。语音的重要性由此可见一斑。目前，关于小学语音教学的研究，主要包括以下几个方面：语音在英语教学中的地位；语音教学标准化的讨论；英语语音教学的现状、存在的问题，以及语音教学方法的探索等。但是，小学英语起始年段单词教学中，对于小学生的发音纠正问题研究却很少，当下大多数小学英语教师都是选择在上课前或者上课后，忽视了在课堂单词教学的时候纠正小学英语的发音问题，也就是本文所提到的当堂纠音问题。那么，在小学英语起始年段语音教学中当堂纠音是否有一定的必要性？当堂纠音到底对小学生学习语音有哪些积极的影响？没有选择当堂纠音有哪些消极的影响？

　　带着这些疑问，本文对小学英语起始年段语音教学中当堂纠音的必要性问题进行实证分析。本文采取的研究方法主要是个案分析法和问卷调查法。首先，问卷调查法。问卷调查是研究中非常常用的一种方法，这种方法可在短期内收集大量回复，节省时间、经费和人力，这种方法的调查结果也容易量化并较客观，而且借助网络传播调研成本也比较低。其次，个案分析法。此研究方法是通过对定性研究中的个案分析，并采取访谈和观察的两种形式，结合访谈个人特色强并且具有典型性的特点，直接观察了解到受试者的观点、内心真实的想法，而且问题比较清楚、受试者不会造成理解上的偏差或误会，交谈起来比较随便，灵活性和亲切感是其他手段所不及的。通过形象生动的案例直观地显示清晰的答案,有一定的借鉴意义。因此,采用这种两种研究分析方法来探讨小学英语起始年段单词教学中当堂纠音的必要性是具有可行性的。

2. 调查的基本情况

2.1 调查问题

此次调查所调查的问题,主要有以下内容:(1)给结尾处的辅音加元音,或者把轻辅音发的太重,例如:about,most,wait,friend,break,wood 等;(2)长短音比较模糊,有时把长音发成短音,有时把短音发成长音。(3)重读掌握得不好,习惯把重音放到最后一个音节;(4)个别音发的不到位,如/v/;(5)读句的规律掌握得不好,朗读时每个单词都重读,重音一成不变没有抑扬顿挫,句子停顿的位置不准确,没有连读、同化、弱读等现象,结果读出来的英语不自然、无节奏感。

2.2 调查目的

调查目的就是如何来更好地解决以上学生中存在的这些问题,并且是更有效而直接的解决学生的这些问题,而不是放在课后或者让它就这样放手过去了,这样的机会稍纵即逝,而有效的解决方法就是教师的纠音,尤其是当堂的纠音更是改善学生发音的最直接也最有效手段。

2.3 调查对象和内容

此次调查问卷的对象是曾任教过三四年级的英语教师,主题是"小学英语起始年段单词教学中当堂纠音的必要性"。问卷共发出 50 份,回收 50 份,回收率为 100%,所出题的客观性和各位被调查教师的做题格式均符合问卷要求,也能保证是独立自主的意识来完成,故能相信具有较高的可信度和客观性。

调查对象的教龄构成为初涉教坛(教龄 1—3 年)的新青年教师占 12%,半资深教师(教龄 4—8 年)的教师占 52%,资深教师(教龄 9 年以上)占 36%,人员构成较为合理,其中 94%,也即 47 名教师有任教过三四年级,具有真切的发言权,能够反映一定的一线教师的心声,具体如下图所示。

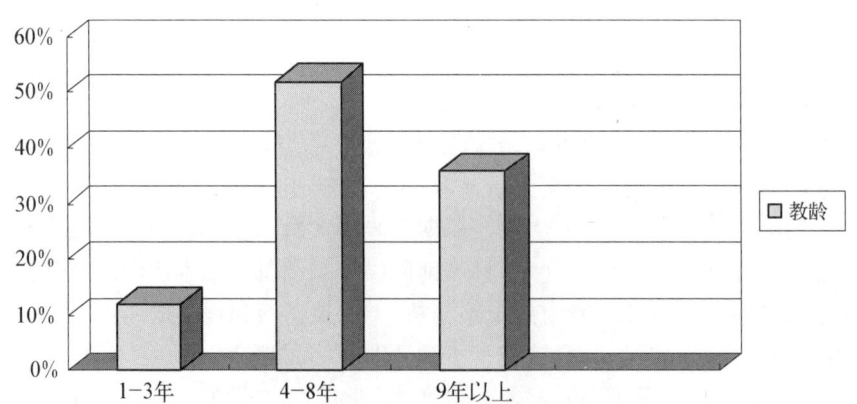

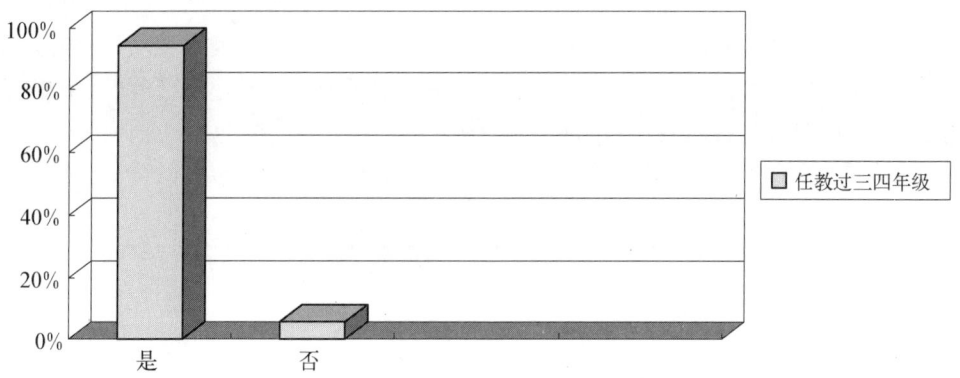

2.4 调查结果

统计结果显示有98%,即49名教师会采取当堂纠音的方式,这一压倒性的数据可说明当堂纠音这种方式普遍的应用在教师的教学实践中。在认为当堂纠音的重要性方面选择"非常重要"和"重要"占92%,"一般"的占8%,没有教师选择"不重要",这个数据说明大家对于当堂纠音的重要性和关键地位也有确切的共识,具体如下图所示。

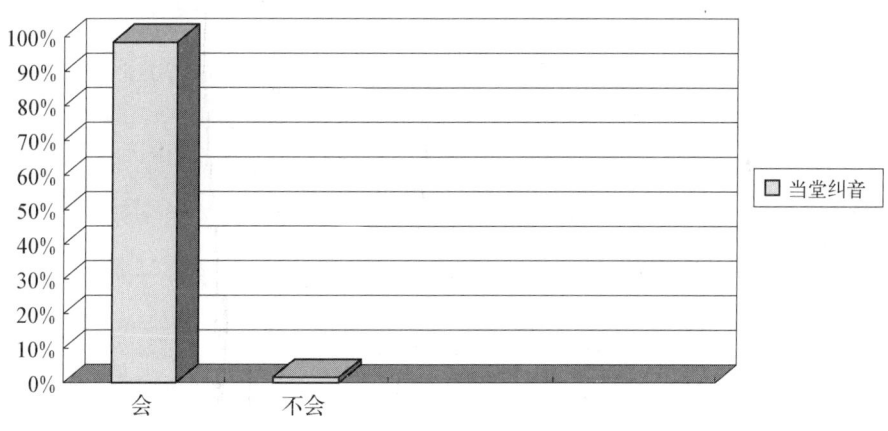

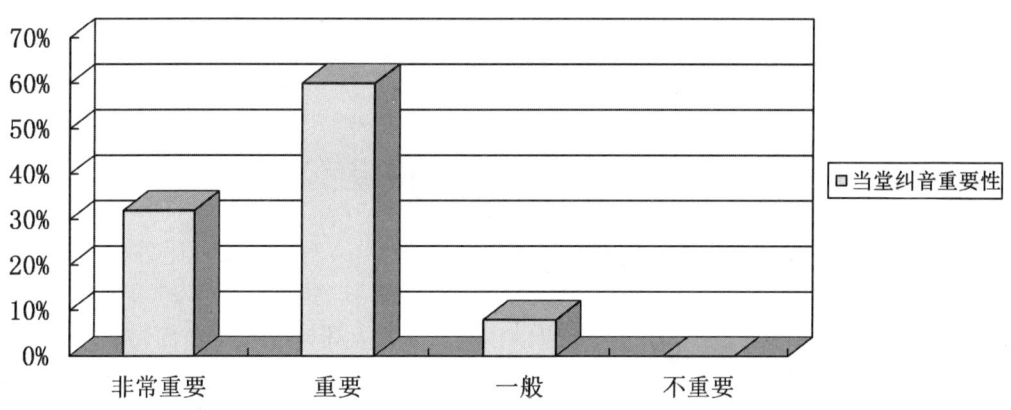

在认为课堂当堂纠音的积极影响方面,在"完善个人的语音面貌"、"有助于听力"、"同步改正班级其他同学的整体发音"、"对学生未来英语水平有正面促进"这四个选项均有超过半数的教师来选择;在"提高沟通能力"、"增强自信心"、"激发学习英语的兴趣"这三项得票相对较少。这说明教师对直接的积极影响有明确而直观的认识,对由这些直接的积极影响带来的间接及情感积极影响还没有更深的认识,可能是因为做题时间仍然较未能充足,具体如下图所示。

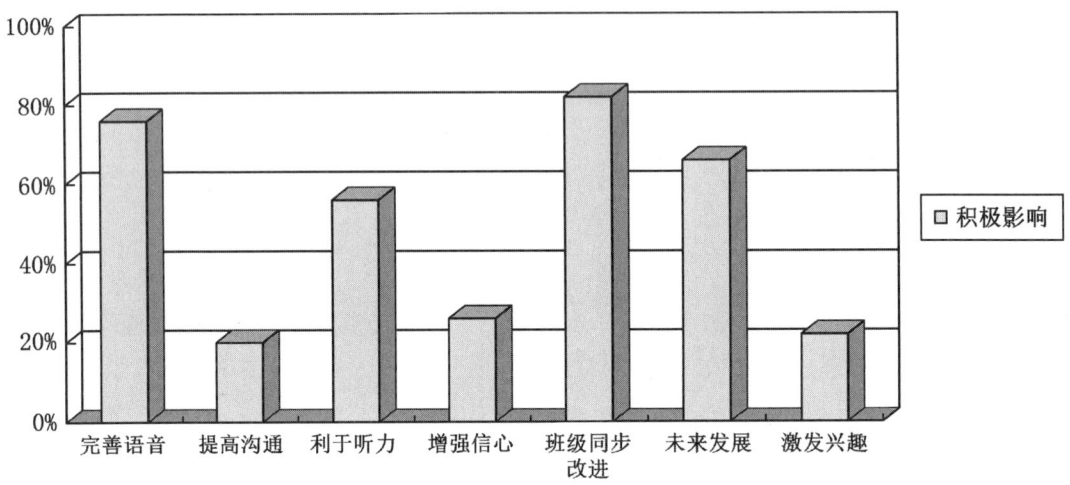

在认为课堂不当堂纠音的消极影响方面,在"很难纠正学生今后的语音面貌"、"对其他同学产生负面影响"、"不利于今后的英语学习"、"不利于听力理解"这四个选项均有超过半数的教师选择;在"容易失去学习英语的兴趣"、"影响日常交际"、"失去自信心"这三项得票相对较少。也是符合大家认知规律的,也即由浅而深,由表面而到内涵。

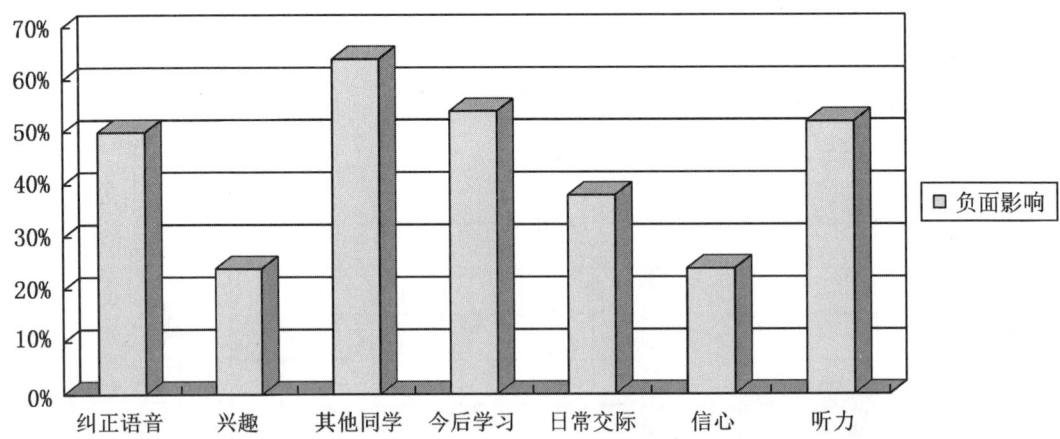

分析调查问卷的数据,我们能清晰的得出各位老师对"小学英语起始年段单词教学中当堂纠音的必要性"有确定的认识,而且对它带来的正面影响以及不这么做的负面影响也有清醒的认识,这都是让我们感到乐观的一面。

3. 个案分析方法：不当堂纠音的消极影响与当堂纠音的积极影响

3.1 单词教学中不当堂纠音的消极影响

案例 1：

在海宁某小学三年级某班，老师教授 here you are 句型时，张同学将 here 的 /h/ 发成了 /t/，结果整个单词的读音就出现了错误。由于上课举手的学生太多，时间紧张，所以老师就没有当堂纠正他的语音错误，打算课后进行辅导。但是出乎意料的是当老师课后反复地想纠正他的发音时，发现他的 /h/ 与 /t/ 已经很难读清楚了。而正当想打持久战时，竟发现好多学生都有类似的错误。后来一问才知道，原来一些课堂没举手的学生听到了张同学的发音，无意识地记了下来。甚至有些调皮的学生故意模仿张同学的发音，并在全班传播开来。

案例 2：

在丽水某校三年级某班，来了位新老师，新老师在教授关于玩具的相关单词时，如：kite、ball 等，在教授这些单词前，学生已经学过关于动物的相关单词，所以 cat 和 kite 容易混淆，但老师在教授 kite 时，对 cat 和 kite 没有进行语音上的对比，以及 one by one 时，学生速度过快，老师并没有及时的当堂纠正，到了下个课时，用句子来描述这些玩具时，有个学生原本想说：I can fly a kite. 结果他说成了：I can fly a cat. 顿时全班哄堂大笑，这个学生原本就是一个内向的学生，经过同学们的这次嘲笑后，再也不愿意主动开口说英语了。

小学起始阶段是对语音最敏感的时期，抓住此时解决语音问题正合时宜，否则此阶段失此良机，没学好语音，会给今后的学习带来很多纠音的困难，而且纠正语音比从头学习语音更困难。如果那样的话，在小学学习英语还不如不学英语，这就失去了小学学习英语的意义，对学生自己以后的学习也会带来一系列的困难和不良影响。

3.2 单词教学中当堂纠音的积极影响

当堂纠音的第一个积极影响是能够增强学生学习的信心，激发学习兴趣。台州某校三年级有位男同学，平时对英语的学习积极性不是很高，在一次英语课上，教学数字单词时，该学生将"five"读成"fife"，"seven"读成"sewen"，我适时的采用嘴型示范和音标的双重纠正，帮助其改正错误。在第二天的旧知复现时，该学生对这两词的掌握明显的较其他同学的发音更为准确，而此时，该生的自信心得到了很大的提高。在之后的教学中，我总是有意识地对该生进行当堂的单词纠音辅导以及及时地给予鼓励。学生对英语学习的兴趣明显的较以前提高了很多。

当堂纠音的第二个积极影响是有利于改善学生的语音面貌和有利于学生今后的英语学习。儿童由于发音器官和肌肉没有定型，因此模仿能力强，接受新事物快，易于学到地道的发音。根据布鲁姆（Bloom）的研究，儿童的智力水平从出生到四岁已发展到 50%，4—8 岁又获得 30%，最后 8—12 岁获得其余的 20%。因此，起始年级开始注重对学生的单词纠音，有利于学生的英语学习。而当堂纠音又是改善语音的重中之重。在学习英语的过程中，学好发音是十分重要的第一步。只有学好发音,才能听懂人家说的话,也才能叫人家听懂自己的话;才能对所学的材料以正确的形式在脑子里储存下来,以正确的形式使它再现,从而建立语感,提高运用语言的能力。

当堂纠音的第三个积极影响是帮助学生增强阅读能力。正确的发音能够培养学生的语感,语感是个很虚的东西,不过可以感觉一下,我们读中文书籍,遇到不懂的字词,却仍然知道它大概的意思;看了这句话,知道下一句要说到什么,等等,便是语感的作用。如果是不正确的发音,是根本不能养成语感的。因为不正确的发音是游离的,不定的,试问游离不定的东西怎么形成专一的语感呢。

当堂纠音的第四个积极影响是对听力的帮助和交流沟通能力的提高。发音正确能够让学生更好地记忆单词,区分单词,理解单词与单词之间的意思,从而提高学生的听力能力,并相应的提升学生与他人理解和沟通能力,正所谓听说能力是相辅相成的,听力水平的提高必能带来交际能力的提高,反之亦然。

当堂纠音的第五个积极影响更能同步改正班级里其他有同样语音错误的同学的发音,可谓是举一反三,我们是对这一个同学来纠,但作用到的却是全班,这种效果是其他任何的纠音方式无法达成的,它的时效性和广泛性都无可比拟。

4. 调查问卷和个案分析的总结:单词教学当堂纠音必要性之提倡

通过调查问卷和个案分析,本文认为,有必要对小学英语起始年段单词教学中当堂纠音的必要性进行重申,以引起英语教学工作者的关注。以上调查结果和个案分析表明,即使儿童存在一定的语音错误,但儿童能通过感知辨别语音的正确与错误;若坚持长期正确的输入,儿童就能达到正确的输出,这就需要我们教师的适时介入,也即对小学起始阶段的年段单词教学中当堂纠音方式的运用,若放之任之,则将造成极不利的负面影响。而且语音教学必须坚持长期正确输入,即使学生不能马上把握,但只要坚持长期正确输入,学生就有可能最终获得正确的语音。只有我们教师长期坚持去做,时刻怀揣着这样的意识,我们才能把这件事情做好的,做的有成效。当然,如何正对不同的语音错误情形采取相应的对策,这需要我们再开另一篇来斟酌,不是本文的题中之义了,此文谨作抛砖引玉之用,借用小学英语起始年段单词教学中当堂纠音的必要性这一问题,针对当下课前或者课后的纠音问题,提出了当堂纠音的必要性,同时大力提倡在小学英语起始年段单词教学中当堂纠音。

参考文献

[1] 林韶蓉. 我国英语语音研究与教学现状分析及建议[J]. 福建农林大学学报(哲学社会科学版),2012(2):95-98.

[2] 褚金丽,张楠. 小学低段英语语音教学探析[J]. 基础英语教育,2011(1):36-40.

[3] 汤毅. 浅谈小学英语语音教学方法及评价改进[J]. 教育实践与研究,2009(1):39-42.

[4] 范芳干. 小学英语语音教学的问题分析与思考[J]. 英语广场,2016(1):148-149.

〔5〕张素云. 小学英语语音教学的问题及思考[J]. 基础英语教育,2009(4):65-69.

〔6〕李富强. 小学英语语音教学有效策略的探索[J]. 课程教学研究,2013(9):36-40.

〔7〕陈文浩. 小学英语语音教学的问题与对策[J]. 福建教育学院学报,2014(7):117-121.

作者单位:温州市籀园小学 浙江　325000

初中英语阅读教学中文本解读
能力培养的研究

陈 明

提 要：通过研读《初中英语课程标准》，发现提升学生的文本解读能力才能使其达到课程标准的要求。然而，目前的初中英语阅读教学中，文本解读并未得到足够重视。基于目前阅读教学中文本解读的现状与不足，探讨了阅读教学中文本解读能力的培养策略：（一）引领学生预测文本信息、了解文本主旨；（二）引领学生整体把握文本、梳理文本脉络；（三）引领学生研读文本细节、挖掘文本内涵；（四）引领学生用心赏析文本、感受文本之美。

关键词：阅读；文本解读；意义；培养策略

英语教学的根本目的是提升学生听、说、读、写的综合能力，其中阅读能力是其他语言技能发展的前提和保障，不仅在实际应用中尤为重要，也是检测英语学习者综合英语能力的关键手段。进入初中高年级，考试评价也更加侧重于阅读能力的考查，不仅阅读的篇目和篇幅增大，阅读理解的难度和灵活性也大幅提升。阅读课虽然是初中英语教学的重头戏，但传统的教学策略或是偏重应试与词汇短语的识记，或是以做题替代对文本的阅读和理解，没有让学生真正走进文本，因而挫伤了学生的阅读兴趣，无法让学生在阅读中获取并学会运用语言知识、感受心灵的愉悦与提升学生的阅读能力，更无法使得学生拓展眼界与发展思维。而另一种思想误区则认为，阅读训练就是让学生大量进行阅读理解的题型训练，在题海战术中达到熟能生巧，可这样的应试训练只能增加学生的学习负担、降低学生的学习兴趣，对于学生的阅读能力的提升帮助甚微。实际上，课堂阅读教学才是培养学生阅读能力的重要阵地，而文本阅读又是阅读教学中最重要的环节，因为它不仅涵盖了大量的语言知识，也承载着提高阅读能力、拓展思维、开拓视野、培养情感态度等多重功能。

1. 重视英语阅读教学中文本解读能力的目的和意义

《初中英语课程标准》对九年级阅读技能的要求是：1. 能根据上下文和构词法推断，理解生词的含义；2. 能理解段落中各句子之间的逻辑关系；3. 能找出文章中的主题，理解故事的情节，预测故事情节的发展和可能的结局；4. 能读懂常见体裁的阅读材料；5. 能根据不同的阅读目的运用简单的阅读策略获取信息；6. 能利用字典等工具书进行学习；7. 除教材外，课外阅读量应累计达到 15 万词以上。对情感态度目标的要求中还特别提出学生必须能够在英语交流中注意并理解他人的情感、乐于接触并了解异国文化。因此，阅读教学绝不能仅仅局限于让学生学会文本中的词汇、句型以及读懂文本回答出相应的问题，还要在此基础上培养和发展学生的阅读技能、通过文本内容打开眼界、激活思维,更重要的是要引导学生学会欣赏文本、获得阅读乐趣、培养积极乐观的学习态度和情感。

由此可见,提升学生的文本解读能力才能促使学生达到课程标准的技能要求。在英语阅读教学过程中,师生必须真正走进文本,将语言知识和文本内涵充分有机地结合起来,对文本进行正确、高效的解读,形成系统性和逻辑性。在这样的教学模式下,学生成了知识的主动探究者,学会独立思考和探索文本的深层内涵,阅读教学的效果必然大大提高。

2. 初中英语阅读教学中文本解读的现状与不足

在目前的初中英语阅读教学中,文本解读并未得到足够的重视,很多教师缺乏对文本的解读,甚至还有些教师几乎忽略了文本的价值和意义。

2.1　阅读教学模式化,重知识教学而轻文本解读

长久以来,很多教师的阅读教学都呈现模式化,第一课时通常采取 PWP 模式(即 Pre-reading、While-reading、Post-reading),而其中的设计的阅读任务的形式通常也就是回答问题、填写表格(填空)与复述课文内容等;第二课时则更显得单调,常常是复习、朗读、提问,再穿插讲解语言点并进行操练。整个教学过程中,师生都缺乏对阅读文本的分析与思考,而只是聚焦于语言知识的教学,且不谈及学生,连教师自身都对此深感乏味。连教师都失去了教学激情,学生的学习效果可想而知! 在此过程中,学生成为被动的信息接收者,难以对文本进行深入思考和理解,更无法谈及体会作者的写作意图以及把握文章的文化背景了。

2.2　阅读教学碎片化,重语句解读而轻文本赏析

受到传统教学理念的影响,很多教师往往缺乏对文本的系统连贯的把握,通常将完整的文本分割为零散的语言知识点,这就是阅读教学碎片化的典型表现。而教师采用的教学方法也是单调的讲授法、问答法和操练法,几乎完全脱离文本这一载体,或者仅仅将文本当作学习语言知识的工具。由于教师不重视学生对文本的深入理解,学生在阅读过程中就只会重视大量的细节信息,缺乏在文本赏析过程中对文本的充分体验和感受,全然不顾文章的写作意图、语言特点以及作者想要传达的思想感情和情感态度,最终积累的也只是枯燥而零碎的语言知识。长此以往,学生逐渐失去了欣赏品味英语文本的意识和兴趣,形成了"只要掌握了足量的词句和语法知识就能提升阅读能力"的错误观念。

2.3　阅读教学机械化,重文本内容而轻情感渗透

很多教师认为,所谓文本解读就是理解文本的内容,有的甚至将文本解读过程理解为完成考试中的阅读理解题。同时,有些教师只重视语言技能知识目标和学习策略目标,忽视了情感态度目标的达成。以上这些认识偏差都导致了阅读教学中机械化的形式和套路:朗读课文、完成课件上的各种阅读理解题以及重点词汇和语句的解释等等。其实,文本解读不仅仅局限于理解文本的基本信息和内容,更重要的是对文本进行深入理解,既要理解文本的逻辑架构也要进入作者的内心世界理解文本的思想情感和文化内涵,这就是阅读教学中的情感渗透。如

果学生长期受到"重文本内容轻情感渗透"的机械化的阅读教学模式的影响,就难以触及文本的深层内涵,从而导致思维的僵化和肤浅,难以形成良好的阅读习惯和学习策略。

3. 初中英语阅读教学中文本解读能力的培养策略

从以上分析的教学现状中的不足可以看出,教师必须在阅读教学中给学生提供充分体验和感受文本的机会,引导学生融入真实的语境,对文本进行深度的解读,从而真正有效地达成教学目标。那么,作为阅读教学的组织者,教师如何培养学生的文本解读能力呢?

3.1 引领学生预测文本信息、了解文本主旨

预测和猜测技能在阅读中起着重要的作用,它是读者和作者之间的一个互动游戏,能够调动读者阅读的积极性,推动读者通过阅读印证自己的判断、推测是否正确,体验成功的喜悦。

(1) 立足文本标题预测文本信息

阅读教学中对文本的解读首先要关注文本的标题,因为标题通常是对文章内容的提炼与概括,可以帮助读者预测文章内容,激发阅读兴趣。在阅读文本正文之前,教师可以先展示文本标题,以提问启发的方式引导学生根据已有的知识经验解读标题信息,这不仅培养了学生的预测能力,也帮助学生了解文章的主要内容,为深入理解文本奠定基础。更重要的是,学生通过对标题的不完整信息的预测,激发了好奇心和阅读兴趣。

例如,牛津译林版教材九年级上 Unit 4 Reading The shortest player in the NBA 的第一课时中,笔者首先询问:What qualities do you think an NBA player should have? 学生通常提到 height、strength、basketball skills 等品质。在此基础上,笔者展示文章标题:The shortest player in the NBA。学生顿时把目光聚焦到 shortest 这一词。笔者再进行一系列的追问:Can a short person play in the NBA? How tall may this shortest player be? How can a short person play in the NBA? Can he play well in the matches? If so, how can he achieve that? 在笔者层层深入的问题提示下,学生对文章内容进行大胆预测,提出了不同的观点,产生了思维的碰撞,同时也更加激发了他们对阅读文本的期待。

再例如,牛津译林版教材九年级上 Unit 7 Reading 的标题是 Hollywood's all-time best — Audrey Hepburn。笔者首先针对标题中的主要信息进行提问:What's the main character in this article? 接着引导学生关注标题中的关键词"all-time",提问:What does the writer want to tell us by using the word *all-time*? 学生通过对这个问题的思考和探索,充分理解了作者的写作意图和文本的主旨。接下来笔者继续启发学生预测文本主要内容:What may be covered in this article? 综合学生的发言主要包括 Hepburn's personal information、Hepburn's appearance、Hepburn's life and acting experiences、Hepburn's great achievements。通过对文本标题的预测,学生具备了知识和情感的初步积淀,在阅读文本时必然会更加得心应手。

(2) 借助文本配图了解文本主旨

初中英语阅读文本基本上都有相应的配图,但这绝不仅仅为了吸引眼球与激发兴趣。生动形象的图片包含着大量的信息,既有助于创设情境,也能有效辅助教学。教师应该充分利用

这些配图,为文本解读服务。

例如,在牛津译林版教材八年级下 Unit 4 Reading Gulliver in Lilliput 的第一课时教学中,笔者先导入 Gulliver Travels 以及 Gulliver in Lilliput,再展示文本配图。配图描绘了主角 Gulliver 在小人国的被绑经历,非常生动而鲜活。因此,笔者引导学生仔细观察配图,提问:Where was Gulliver? What happened to his arms and legs? Who else can you see in the picture? What did they do to Gulliver? 生动形象的图片结合启发式的提问,学生很快把握了文本的主旨,为接下来的文本阅读做了充分的铺垫。同时也激活了学生的思维,提升了学生的想象力和创造力。

3.2 引领学生整体把握文本、梳理文本脉络

阅读文本不仅是语言知识的载体,同时还能传递思想、表达情感、蕴涵文化,是一个有着内在逻辑的整体。因此,文本解读如果只局限于理解文本信息,则不利于把握文章的结构、理清文章的脉络。教师备课时要认真研读文本,抓住文本主题和主线,课堂教学中要引导学生整体把握文本、提炼文本的框架结构和脉络,并在此基础上深入品味文本的谋篇布局。具体方法有思维导图、树形图、结构图表等。

以牛津译林版教材八年级上 Unit 3 Reading A trip to the World Park 为例,笔者针对文本内容先引导学生理清了活动事件发展主线(如下表所示)。

活动事件发展主线

Time	What happened?
Before the trip	Kitty's teacher, Mr. Wu _____ Linda to join their _____ _____ to the World Park.
On the way	They _____ two hours _____ a bus to the park because there was too much _____ on the way.
During the trip	1. They _____ _____ the park in the end. They _____ _____ get off the bus. 2. In the park, there are _____ of _____ 100 places of _____ from _____ _____ the world. 3. They saw the tall _____ Eiffel Tower, which is _____ _____ _____ and model Golden Gate Bridge, which looked as _____ as the one _____ . 4. They saw the _____ _____ of the world and learned a lot about different _____ . They saw wonderful song and dance _____ .
After the trip	Kitty's classmate Daniel put some _____ of the trip on his _____ _____ on the _____ and Linda asked her parents to see them _____ _____ .

在第二课时教学中,笔者转换了维度,启发学生理解把握文本中人物情感的变化,理清了人物情感主线(如下图所示)。学生仔细阅读文本第二段,其中"There was a lot of traffic on the way and the journey was a little boring."显现出人物对旅途的"bored"。继续往下细读,

第三段中的"All of us couldn't get off the bus."、"They are small but wonderful."以及第四段中的"We became very excited"都反映出人物的情感由之前的"bored"转变为"excited"。而第四段中"I couldn't believe my eyes."与第五段中的"It was an amazing day."更是将人物的情感推至"amazed"的高潮。

第一条主线从帮助学生清晰地梳理出文本的基本内容,迅速地把握住时间、地点、人物和事件;第二条主线则启发学生从文本的细节中体验人物的情感变化,不仅帮助学生从新的角度理清了文本的脉络,也令学生耳目一新。

How did Linda feel at different time?
amazed I couldn't believe my eyes.
It was an amazing day because ...

excited We couldn't wait to get off the bus.
We became very excited when we saw ...

bored The journey was a little boring.

人物情感主线图

3.3 引领学生研读文本细节、挖掘文本内涵

把握文本脉络是对文本的整体把握,在此基础上,还必须指导学生研读文本细节、挖掘文本内涵。阅读文本是由词汇、句子和语段组成的。研读文本细节必须以理解词汇、句式等语言知识为基础。但如果仅仅以语言知识讲解为核心,阅读教学又会陷入模式化、碎片化与机械化。因此,教师既要从语言知识的角度解读文本,还要让学生在获取知识和信息的同时,理解文本的细节与内涵。

(1) 以文本的关键词句为切入点把握文本细节与内涵

文章的起始句与结尾句往往就是文章的主题句,教师必须引导学生关注文章的首段尾段,以主题句为切入点迅速准确地把握文本的内涵。以牛津译林版教材九年级上 Unit 7 Reading Hollywood's all-time best—Audrey Hepburn 为例,文章的主题句即为第一段首句:Audrey Hepburn is one of Hollywood's all-time greatest actresses.并接着以 a great beauty, a great actress and a great humanitarian 对 Hepburn 的成就进行精辟地概括。文章接下来分别从 Hepburn 的个人信息、电影生涯的开端、电影生涯的成就以及慈善事业的成就等展开介绍。学生通过把握每段的首句或尾句,就能掌握整篇文本的细节与内涵。

文章中还有些关键词句承接了情节的发展或体现了文本的深刻内涵。因此,培养学生关注关键词句,有助于学生深度领悟文本、把握文本主旨。例如,学习牛津译林版教材八年级上 Unit 5 Reading The story of Xi Wang 时,笔者引导学生在阅读第四段时找出关键句"Sadly, giant pandas face serious problems in the wild."这句话将文章内容由"希望"的自然情况顺利过渡到"希望"面临的主要问题,具有承上启下的重要作用。学生首先找出大熊猫面临的现实危险,笔者再启发学生深入讨论:Why does the writer use the word "sadly"? Which details can show the writer's sad feeling? 学生仔细阅读关注到"serious"、"very difficult"、"however"、"smaller and smaller"等关键词。通过对关键词句的研读,学生对文本的理解不再局限于表层信息,而是由表及里地深度领悟文本,既激发了学生的阅读兴趣,也培养了学生的良好阅读习惯。

(2) 创设实际情境深化文本细节与内涵

对文本的解读未必只能通过阅读和提问等方式,如果能创设实际情境并将文本内容融入情境中,则能让学生更加深入地理解文本的细节与内涵。

例如,牛津译林版教材八年级下 Unit 4 Reading Gulliver in Lilliput 中第三、四段描写了 Gulliver 与 small men 相遇后的细节。在学生朗读文本内容之后,笔者引导学生描述小人们的每个动作,并与学生合作进行动作模仿展示,学生饶有兴趣,迅速融入了故事情境。接着笔者又让学生两人一组表演故事情节。生动有趣的表演让学生更加准确地把握了人物的动作和故事的发展,为后续阅读奠定了坚实的基础。

又例如,牛津译林版教材八年级下 Unit 5 Reading When in Rome 介绍了英国人的社交礼节,在阅读并分析文本内容之后,笔者创设情境组织学生进行小组表演:假如你是出访英国的大学教授 Professor Zhang,与两位英国教授见面,而你不了解英国社交礼仪,起初出现一些误会与尴尬,后经过朋友指点解除了误会,最终学会了当地的社交礼仪。学生在对话表演中充分运用了文本中的内容,Professor Zhang 起初闹出的笑话让学生真实体会到"入乡随俗"的重要性,也在实际运用中深入理解了英国的社交礼节。

3.4 引领学生用心赏析文本、感受文本之美

课本的阅读材料多数是精心挑选的名篇佳作,不仅蕴含着丰富的思想内容,还彰显着语言之美。然而传统阅读教学的着眼点以语言知识为主,这就导致学生缺乏对文本的体验与赏析,逐渐失去了欣赏品味英语文本的意识和兴趣。要想培养学生的文本解读能力,就必须在带领学生深入文本,用心赏析文本中的好词、好句和好段。朗读和背诵是感受、体验文本的重要方式,也是深刻领悟文本的"催化剂"。因此,教师应指导学生富有感情地朗读与背诵,使得学生融入文本,感受与品味文本之美,与作者进行心与心的交流。

牛津译林版教材八年级上 Unit 7 Reading Seasons 是一首诗歌,看似浅显的语句却处处蕴含着优美。例如,作者描写冬季的寒冷并未直接使用 cold 一词,我们却能从"trees and flowers forget to grow""the birds fly far away, to find a warm and sunny day"的字里行间读出寒冷的感觉,尤其"forget to grow"生动形象地展现出冬季里植物的凋零,别致而恰到好处。另外,作者还在第三段中运用形容词 sweet、quiet 与 lazy 恰如其分地描绘出夏季生活的静谧与美好。通过对这些好词好句的赏析和朗读,学生不仅感受到了文本之美,也感受到了大自然之美,从而激发了对生活热爱之情。

牛津译林版教材九年级上 Unit 5 Reading Music without boundaries 中的优美语段很多,其中还运用了不少连接词和复合句。尤其第二段、第四段对水乐的描述更给人以美的享受。文章的最后一段是全文的高潮与总领,也是对谭盾的音乐梦想的概括与升华,学生在激情朗诵中被谭盾的音乐精神深深打动,也充分体验到:没有边界的不仅是音乐和艺术,更是对自然与生活的无尽热爱。

综上所述,阅读教学的最终目的是发展学生的阅读技能、拓展学生的思维与视野、培养学生的情感与态度。因此,作为课堂组织者,教师必须重视文本这一重要载体,重视文本阅读这一重要环节。在阅读教学过程中,只有师生真正走进文本,正确高效地解读文本,才能真正提高阅读课的教学实效,全面提升学生的阅读能力。

参考文献

[1] 中华人民共和国教育部. 英语课程标准[M]. 北京:北京师范大学出版社,2012.

[2] 张金凤. 初中英语阅读文本的教学开发[J]. 教学与管理,2017(13):49-51.

[3] 陈卫兵. 初中英语阅读教学中文本解读的微技能[J]. 教学与管理,2016(10):61-63.

[4] 赵晓华. 初中英语阅读课高效教学设计研究[J]. 教育理论与实践,2015(29).

作者单位:南京玄武外国语学校 南京 210018

Reading Circles 小组合作阅读形式
在小学英语阅读课堂的实施

李冬薇

提　要：提高学生英语阅读素养是小学英语阅读教学的一个重要任务。传统的小学英语阅读教学用阅读材料进行语言知识学习，忽略了文本解读、能力培养、习惯体验等阅读活动中的其他要素，导致学生阅读素养发展失衡。为了尝试全方位培养学生的阅读素养，某小学引进国外 Reading Circles 读书活动并将其本土化，在英语课堂教学活动中开展"Reading Circles 小组合作阅读形式"。本文从 Reading Circles 定义、角色功能和任务，Reading Circles 课堂实施，年段推进和评价方法，以及 Reading Circles 实施原则等方面进行系统的介绍和全面的论述，旨在总结经验，提供 Reading Circles 实施步骤和素材，为小学英语阅读教学提供一种活动形式，更全面地培养学生阅读素养。

关键词：学生英语阅读素养；小学英语阅读教学；Reading Circles 小组合作阅读形式

1. Reading Circles 小组合作阅读形式的定义，功能和任务

1.1　Reading Circles 小组合作阅读形式的定义

阅读圈（Reading Circles），又称文学圈（Literature Circles），是一种培养学生阅读习惯、享受阅读的方式（Greef，Jenkins & Comer，2002）。学生以 4—6 人为一小组，阅读内容相同或主题相同的书籍，阅读前制定阅读计划，其中每个人担任一定的角色，承担一定的任务；阅读中根据各人任务进行独立阅读，口头或完成笔头任务单；阅读后进行小组交流并以组为单位进行阅读汇报。

1.2　Reading Circles 小组角色功能与任务

如图 1 所示，在 Reading Circles 小组阅读形式中，每一位成员需要担任一个不同的角色，根据布鲁姆认知目标分类学对于学生认知发展的特点，该校在本土化的过程中选取了以下 7 个角色：

● Summarizer"概述者"

Summarizer 属于理解层面，任务是"概括文章、归纳提炼"，指向的是阅读素养中阅读理解能力的信息提取。

图1　某校实施 Reading Circles 采用的 7 个角色

Summarizer 首先要定位 Key words，即关键信息。六个特殊疑问词，"Who?""When?" "Where?""What?""Why?""How?"可以帮助学生快读定位。其次学生需要连词成句，按照叙述顺序说出连贯的句子，完成概述。

● Word Master"词汇大师"

Word Master 属于应用层面，任务是"撷取词汇、解释运用"，指向的是阅读素养中阅读能力的语言知识和解码能力，学生需要对文中的词汇进行摘录，解读并且造句。

Word Master 可以有两种摘录方法。一种是积累词汇，丰富语言知识，类似于语文的好词好句摘录。另一种是根据文章内容来体会一些词汇使用的好处，就是阅读理解的解码能力，学生可以表达用了这个词，传递了作者一种什么思想或情感，如何凸显了文章主旨等。

● Sentence Picker"摘录者"

Sentence Picker 属于分析层面，任务是"细节描述、举例引证"，指向的是阅读能力中的阅读理解。学生需要阐述摘录的句子是什么，在文章哪一段，这句话的作用是主旨还是转折，是细节烘托还是艺术手法，学生也可以从语言学习的角度来模仿造句。

● Questioner"提问者"

Questioner 也属于分析层面，任务是"启迪思索、提问讨论"，指向阅读能力中的阅读理解。小学生一般比较习惯于回答老师提的问题，而"提问者"这个角色却要求学生来自主提问。第一层次是字面问题，即直接可以找到答案的问题，例如："Where did Little Mermaid live?" "What did the toothless tiger eat?"第二层次是隐含问题，即需要通过理解字面背后的意思来回答的问题，例如："Did the emperor know he wore nothing?"第三层次是主观问题，即询问读者的观点如何看待故事里的人或者事情？"提问者"不但需要提问，而且也得预设问题的答案。

● Creative Connector"联系者"

Creative Connector 属于应用层面，任务是"联系经验、综合表达"，指向的是阅读能力中的阅读理解和文化意识，以及阅读品格中的阅读体验。

学生喜欢读故事，有一部分原因一定是因为其中有一些内容唤起了他们的经验，产生了同感。因此"联系者"就给了学生这样的视角来思考和表达。学生可以就故事中任何一个点来阐述其与实际世界、与其他作品还有与自己的相同不同的联系,找到认同和差异。即使是低年龄的起步阅读者也会很喜欢这个角色,他们会说:"In the story,Supergirl is super. She can fly and she can jump. But she can't write. I can't write well. But I can run fast. I think I am super too."(牛津英语 4A M1U2)所以,从一个小小的切入点出发,孩子们就会喜欢阅读并勇于表达自己。

● Character Analyzer"角色分析者"

Character Analyzer 属于评价层面,任务是"人物分析、品性特质",角色定位在于人物分析,指向阅读能力的阅读理解和阅读品格的阅读体验。

学生首先确定主要人物和其他人物,然后从人物经历的事件到言行表现再到心里活动最后尝试分析人物品性特质,通过这个角色帮助孩子学会评价人物。

● Discussion Organizer"组织者"

Discussion Organizer 属于创造层面,也是布鲁姆教学认知系统的最高级别。任务是"组织活动、带领讨论"。Discussion Organizer 在 Reading Circles 中担任着重要的角色,宣布小组活动的开始,保障每个成员的发言,提醒其余角色的同学对发言者进行互动,最后组织全组挑选出汇报者,并给予小组活动评价。对于 Discussion Organizer,它的创造性体现在这个角色对小组活动组织上的动态生成管理。

在 Reading Circles 中虽然每个成员有自己的角色,但是在讨论中,并不是每个角色只负责自己发言,而是成员间一定要对别人的发言进行呼应,反馈和评论,彼此间产生交流,无论是共鸣或是歧义,这就是 Reading Circles 的价值,学会聆听别人的观点并给出应答,学会了解别人的思路并予以分析内化也很大的发展了学生多元思维和合作意识和能力。

2. Reading Circles 小组合作阅读形式的实施途径

2.1　Reading Circles 小组合作阅读形式的课堂实施

Reading Circles 是小组为单位的阅读形式,因此,它的课堂组织形式从学生分组开始,教学模式的基本流程如图 2 所示:

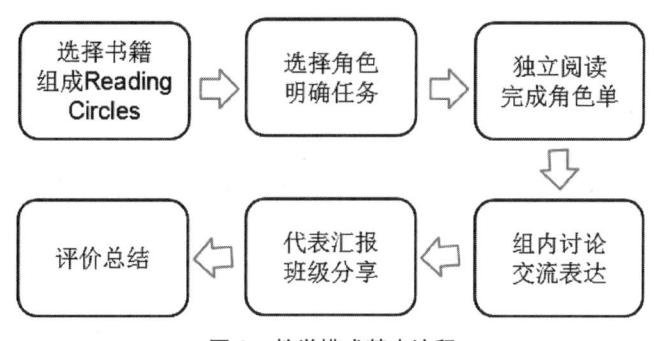

图 2　教学模式基本流程

(1) 选择书籍,组成 Reading Circles

在前一天,教师会告知学生第二天即将要阅读的书籍,学生自己分组,一般以 4—6 人为一组。视学生活动情况,可固定小组,也可每次随机自由组合。

（2）选择角色,明确任务

学生经组内协调,选择自己感兴趣的角色,明确自己的阅读任务。同时,小组确定此次活动的阅读组长 Discussion Organizer。

（3）独立阅读,完成角色单

学生自己独立完成阅读任务,并且根据角色要求,完成角色单的填写,在口笔头完成发言的准备。

（4）组内讨论,交流表达

阅读课堂上,小组内先进行每位成员的阅读汇报,同时组长组织成员间互相评价交流。

（5）代表汇报,班级分享

在学生组内讨论后,教师组织学生进行班级中的交流分享活动,学生可以根据某一主题进行探讨,或者是将组内的观点进行分享。

（6）评价总结

每位组员进行自评,和组内评价,教师对每个小组的交流活动进行评价,并对整场交流活动进行评价,最后进行活动总结。

2.2 Reading Circles 小组合作阅读形式的年段推进

Reading Circles 在实施中是按照不同年级分阶段推进角色的开展和课堂实施的,根据学校英语课程目标的要求,老师确定了 Reading Circles 分年段能力水平描述,结合描述的要求,各年级角色实施要求如表 1 所示:

表 1　Reading Circles 分年级推进实施表

年　段	Reading Circles 能力水平描述	角　色　匹　配
G2 – 1st	能以 Word Master 的角色进行课堂词汇交流,生生之间有互动。	Word Master
G2 – 2nd	能以 Creative Connector 的角色进行课堂表达,与听众互动。 能和同伴进行不同角色的交流,主动对同伴的陈述给予反馈。	Word Master Creative Connector
G3 – 1st	能以 Summarizer 的角色来概括文章主要内容。 开始使用角色单来帮助阅读与讨论。 能以 Sentence Picker 的角色来举例引证,说明中心观点。	Word Master Summarizer Sentence Picker Creative Connector
G3 – 2nd	能以 Questioner 的角色来提问,掌握"Level One Question"的操作方法。	Word Master Summarizer Sentence Picker Questioner Creative Connector

年　段	Reading Circles 能力水平描述	角色匹配
G4 - 1st	Questioner 能提出"Level Two Question"。并带领组员讨论。 能以 Character Analyzer 的角色来分析人物热点，给出适当评价。 形成组长 Discussion Organizer。	Word Master Summarizer Sentence Picker Character Analyzer Questioner Creative Connector Discussion Organizer
G4 - 2nd	在组长的带领下，熟练开展 Reading Circles 小组合作阅读活动。	All seven roles
G5 - 1st	学生能根据文章来自主选择合适的角色进行 Reading Circles 小组合作阅读活动。 在小组合作阅读活动中能使用评价量表进行活动评价。	All seven roles
G5 - 2nd	学生自己制定阅读计划，自己选定角色来进行 Reading Circles 小组合作阅读活动。 学生熟练运用评价表对活动进行评价。	All seven roles

2.3　Reading Circles 小组合作阅读形式的评价方法

　　Reading Circles 作为一种阅读形式，它的指向应该是以提高学生阅读交际能力为总体目标，所以对这个形式的评价首先就要看学生的交往能力和合作阅读能力是否有所提高？其次，既然作为课堂活动的策略，那么学生课堂活动表现也应该纳入评价范畴。

　　学生的课堂活动表现我们采用 Reading Circles 评价量表来观察测评（见表 2）。

表 2　Reading Circles 课堂观测评价表

Class _____

Group _____

Roles Assessment Rubric

Topic：_____　　　Time：_____

Self-assessment	3—Always	2—Sometimes	1—Rarely
Discussion Organizer _____ - guides discussion - keeps discussion going - takes responsibilites			
Word Master - picks new/useful/interesting/important words from the text - explains the meaning clearly - uses words in own sentences			

Self-assessment	3—Always	2—Sometimes	1—Rarely
Summarizer _____ - takes notes on books or role sheets - provides main idea with brief words or key sentences - gives response to others			
Sentence Picker _____ - takes notes on books or role sheets - selects useful/important sentences and explains reasons to choose the sentence clearly - gives response to others			
Questioner _____ - writes Q & As on books or role sheets - raises a list of different questions（L1&2） - gives response to others			
Creative Connector _____ - takes notes on books or role sheets - makes connections（Text-text，Text-self，Text-world） - gives response to others			

Teacher's assessment	3—Excellent	2—Good	1—Okay
- Well prepared and organized - Clear roles - Smooth discussion - Good presentation			

2.4 Reading Circles 小组合作阅读形式的实施原则

（1）梯度、渐进性原则

由于 Reading Circles 小组合作阅读活动起源于母语国家，而且其形式是以学生为主导，因此，对于学生的操作和教师的适应都有一定的难度。

● 用语从角色用语到交流用语

Reading Circles 各个角色有其特定的用语，组长更有许多组织性的语言，这些用语，教师要事先教给学生，并且让学生使用熟练，这样才能保证阅读圈的顺利开展，然后学生才能慢慢将与文本有关的交流用语补充进去，这样阅读圈才能真正得以实施。

● 形式由全班到小组

在学生中的实施最初是在全班进行：学生体验各个角色，由老师担任 Discussion

Organizer 组织者。待学生熟悉之后,进行组内的 Reading Circles 体验,全班学生分成五组,每组四人,承担相同角色并在讨论中完成相应阅读任务。然后每组选择一位代表进行汇报交流。最终学生在同伴的帮助下已经具备独立进行文本解读的能力,因此就由小组内每位成员承担一个角色并承担相应职责任务。

(2) 简单、可操作性原则

Reading Circles 的校本化实施以来,该校对于原汁原味的阅读圈也进行了一些改动,例如母语的阅读圈是阅读一本或多本主题相同的书籍,而老师考虑到学生英语程度的限制,把阅读材料缩减为一篇文章。再比如,母语的 Reading Circles 角色不下几十个,学生随意选择,讨论时也不用按照顺序,而该校根据学生对文本的认知理解的层级顺序,选取了 7 个角色,使讨论的组织更简单易行。

(3) 激励,创造性原则

Reading Circles 作为一种新型的合作阅读小组活动,在最初的时候,可能学生和老师都不大适应,但是浸润式的讨论活动会大大激发学生的阅读兴趣,表达意愿。同时老师的角色将从课堂的主导者变成辅助者,这就需要教师观察并根据每个学生的能力及潜质,了解个别差异,在学生选择角色和进行表达思索时给予充分的激励和适切的指导帮助,期间,也可根据自己班级情况创造性的创设阅读任务,组织具有个性特色的阅读活动。

3. Reading Circles 小组合作阅读形式推进的反思与展望

Reading Circles 的应用从看到学,从了解到实践,从粗浅到精细,收获了经验,经历了成长,有如下思考与读者共享:

3.1 Reading Circles 小组合作阅读活动对提升学生的阅读素养有明显的帮助

自从推广了 Reading Circles 之后,学生的自主阅读能力意识和能力增强,对于文本的把握更抽象,更广泛,已经不再局限于语言知识的范畴,对于作者的意图,写作的背景,以及写作手法,广义的作用等都会综合思考。总而言之,学生解码能力和阅读能力提升,英语阅读理解向母语阅读理解靠拢。

3.2 教师在 Reading Circles 小组合作阅读活动的指导过程中,角色定位发生转变

在 Reading Circles 阅读模式中,教师角色从主导者变成辅助者,从指挥者变为观察者,教师需要了解每个学生的能力及潜质,让每个学生都能在阅读过程中有所收获。教师的角色从教授者变为学习者。在开放的阅读圈讨论中,各种可能性都会出现,教师也随时面临着新的挑战和知识盲点。

3.3 Reading Circles 的发展同时也面临诸多困惑

在课时的安排上,Reading Circles 往往需要更长时间的课时保障。在课堂的组织形式上,是聚焦某个话题开展讨论,或是由学生自己发散讨论。在课堂评价上,如何评价才能科学全面的反馈阅读圈的学习进程。这些问题,还将随着持续研究进一步讨论。

参考文献

［1］Greef，E.，Jenkins，Y.，& Comer，A. (2002). The Power and the Passion：Igniting a love of reading through literature circles［C］. International Association of School Librarianship.

［2］Aguerre，Elizabeth Suarez. (2003). Classroom Literature Circles，*Carson Dellosa Publishing Company*.

［3］王蕾,陈则航. 中国中小学生英语分级阅读标准［M］. 北京：外语教学与研究出版社,2016 年 11 月.

［4］王蕾,敖娜仁图雅,罗少茜,陈则航,马欣. 小学英语分级阅读教学：意义,内涵与途径［M］. 北京：外语教学与研究出版社,2017 年 4 月.

作者单位：上海市世界外国语小学 上海　200235

运用过程写作法提高小学生
英语写作技能探讨

陈锦爱

提　要：写作是英语学习者要掌握的重要技能之一,目前小学英语教学重视听、说、读的训练,"写"在课堂教学中出现缺失,传统的英语写作教学只关注学生的写作成品,而忽视学生的写作过程。研究实践表明,运用过程写作法,可以激发学生的英语写作兴趣,增强学生的写作信心,发展学生写作技能,文中重点探讨过程写作法的步骤、课堂教学技巧和教学活动。

关键词：过程写作法;写作步骤;课堂教学技巧和教学活动

1. 引言

《英语课程标准》(2011 年版)要求小学生能乐于用书面语言表达意思,仿写语句,根据提示表达基本信息,书写基本规范。小学英语写作学习包括：1) 培养写的兴趣;2) 培养良好的书写习惯,能正确、熟练、清楚地书写,并做到大小写、笔顺、词距、标点等正确、规范;3) 培养写的能力,包括写好字母,写简单的问候语,仿写句子以及"能根据图片、词语或例句的提示,写出简短的语句"。

目前,小学英语教学重视听、说、读的训练,写,则常常是作为家庭作业布置。由于课堂教学中写作教学过程的缺失,小学生写的技能不能很好的达成《英语课程标准》(2011 年版)要求。

2. 过程写作法的概念

写作是过程和结果的结合(Sokolik 2003)。过程指的是收集、整理信息的行为,直到这些信息经过处理可以被读者所理解。写作是一个过程,这一概念对小学生非常有用(Osson 2003)。过程写作法(process writing)帮助小学生培养英语写作技能,就像小学生学习流利地说英语一样,他们也需要学习流利地写作(Cameron 2001)。写作的第一步是思考要写什么(即选题),然后是正式或非正式地收集信息,接着是把先前所有步骤的结果,遵守标准的拼写和语法规则进行写作,最后一步是发表(publish),发表的广义即公开作品,当一篇作品能正式与他人分享,也就是发表了。

3. 过程写作法的步骤

3.1 写前准备

不论写什么,都要有写前的准备活动。在小学这个初始阶段,让小学生进行写前准备,搜寻想法。如果进行得好,能使学生去除疑虑和担心,轻松进入写作过程。

在课堂上,写前的准备阶段很简单,可以是一次绘画活动,也可以是教师和学生的讨论。下面是教师和学生进行的一次写前准备活动的案例。

在教学 PEP BOOK 5 Unit 3 What would you like? Read and write(Page 29)后,教师设计一个写的活动,请学生给 Robin 留言,告诉 Robin 自己喜欢的食品,让 Robin 准备晚餐。

T：Children，Robin is going to cook dinner for you. You'd better let Robin know what you like best.

What's your favorite meat? And why?

S1：Chicken. It's delicious.

S2：Pork. I like salty pork.

S3：Fish. I like fresh fish.（教师把学生的回答写/贴图在语料库上）

……

T：What's your favorite vegetables? And why?

S4：Green beans. I like fried beans. They're healthy.

S5：Carrots. I like salad very much.（教师把学生的回答写/贴图在语料库上）

……

T：What's your favorite desserts? And why?

S6：Ice cream. It's sweet.

S7：Cheese cakes. They're yummy.（教师把学生的回答写/贴图在语料库上）

……

T：Now，choose your favorite food for dinner，and draw it down.

语料库

FOOD	TASTE	MY FAVORITE DINNER
Meat：chicken，pork，fish …		
Vegetables：green beans，onions …	salty，salad，fried，sweet …	
Fruits：apples，oranges …		
Desserts：ice cream，cheese cakes …		

在写前准备阶段,教师和学生们一起回顾相关食物(种类、名称、味道等)。教师首先向学生提问,了解他们最喜欢的食物,接着让学生说出喜欢的理由,并把他们的想法写在黑板上。准备阶段的第二个活动是教师让学生为自己最喜爱的晚餐搭配绘画。教师在教室里走动,查看学生的绘画作品。班上所有的学生,甚至一个经常不知道要写什么的男孩子,都积极参与了绘画活动。

在教师的指导下,学生能很快投入到准备活动中。下一步,小学生要给 Robin 写留言,即开始写作。一旦绘画结束,学生能毫不犹豫地马上开始写作。写前准备活动中花费的时间为后面的写作做好了铺垫。学生不会担心写不出东西来,因为已经给了他们充足的时间和必要的指导。

3.2 写初稿

学生写下自己所有的想法。他们不需要考虑形式、正确性甚至顺序。这一步骤的目标就是尽可能快地把想法写在纸上。

写前准备活动结束后,下一步是收集想法和观点。例如,一个学生要写一个如何使用她心爱玩具的小手册,那她就要写下自己玩玩具的步骤。这时,她是否遗漏或重复某个步骤并不重要,重要的是她把自己的想法都写了下来。学生需要知道,在这个阶段,他们可以写下任何与主题相关的想法,而这些想法都可以在以后的阶段重新整理、添加和编辑。有些学生可能会写下一些他们认为很有趣却与写作主题无关的事情,因此教师要提醒这些学生所写的东西必须与所选的主题相关。此外,如果教师能确保学生所写都是他们感兴趣的主题,那就可以帮助学生消除这些无关的因素。一个实用的提示:学生需要有足够的白纸、铅笔或记号笔,供他们随意使用。为了有助于重新整理信息,学生可能想把句子写在不同的索引卡片上,这样不需要重新抄写就可以改变句子的顺序,确保学生的写作热情不因任何外界因素而消退。

3.3 修改

检查、修改初稿,使思维符合逻辑、表述流畅。修改就是学生从教师或其他同学那里获取反馈(Vaca 2000)。绝大多数学生都认为作品一旦写在纸上就算完成了。他们经常认为教师的角色就是说一句:"很好!",或者作为编辑者,修改所有的语法和拼写错误。事实上,教师的角色是学生的顾问,目的是帮助学生写出生动有趣并被读者所理解的作品。

教师不是唯一能给予学生反馈的人。除了学生自己修改,其他同学、家长也能帮他们修改。但是,在这个起始阶段,教师都会批改学生的作业。教师评语的重点应该放在文章的内容上,而不是语法或拼写错误方面。学生需要知道哪些想法或文章的组织形式是他们应该保持的,而哪些又是他们要改正的。教师的评语应该具体。最后,教师的反馈是应该既表扬小学生又要提出建议,这样学生就能从中取得进步。

3.4 编辑

学生在教师、家长或同学的帮助下校对文章,确保没有内容、语法或拼写错误。编辑是一个必要的步骤,学生很难接受这个观点。要让他们承认重新修改他们认为已经完成的文章对学生来说是件很痛苦的事。

纠正学生的错误以及帮助他们发现并纠正自己的错误,是教师面临的一个真正的难题。一方面,你不想减弱他们的写作热情,另一方面,学生需要知道如何使用标准的拼写、语法以及标点符号规则。教师可以让学生用红笔改他们犯的错,也可以让小学生查找、统计写作过程中句号和大写字母的正确使用次数。教师为小学生列出核对的清单也很有用,可以让小学生清楚该去核查哪些方面。例如,教师可以列一个清单,提醒小学生确保所有人名都要大写。

3.5 发表

一篇文章经过编辑后,就可以发表了。发表指的是把文章以最后的成品形式在学生制作的书本、板报或电脑上重新誊写,展示自己的作品或与其他人分享作品。发表对学生来说是一个很大的动力。例如,学生可能会写暑假去旅游,他们可以用照片或从杂志上裁剪下来的图片来修饰海报。

4. 过程写作法的课堂教学技巧和教学活动

过程写作法在学生英语课堂上很容易实施。为培养学生的写作技能,教师应该鼓励学生并给学生机会把他们的想法写下来。下面介绍实施过程写作法时的一些教学技巧和教学活动。

4.1 建立写作中心,激发写作兴趣

在教室的一角创建写作中心,在写作中心里放置鲜艳的彩笔和纸张,这能激发学生的写作欲望。写作中心不仅可以在不同的写作阶段激发学生的写作兴趣,还可以帮助学生培养必要的写作技能,让书写整洁清晰。在写作的任何一个阶段,学生都可以用到写作中心。学生既可以在写作中心做写前的准备活动,也可以把它作为发表作品的地方。写作中心还可以用来作为教师和学生以及学生之间互相交流讨论的地方。

4.2 布置单词墙,提供写作语料库

在写作中心布置单词墙,单词墙就是单词列表,而表中所列均的单词应是学生在阅读中见过并在写作中会用到的,例如,它包括了学习者在阅读中遇到的常见词(sight words)。因为这些单词表要张贴在墙上,所以称之为单词墙。不论在写的哪个阶段,学生都可以查阅墙上的单词。这些单词可以按字母排序,或者按主题排序,还可以给单词着色以区分不同的主题。

4.3 制作说写盒,积累写作素材

说写盒是学生在新学年开始,收集 30—40 张对他们有意义的图片,确定这些图片包括食物、物品、玩具、植物和人物等,然后把图片剪下来粘在一个鞋盒(或鞋盒大小的盒子)上,先覆盖完盒子的外部,再填满盒子的里面。接下来的一学年里,他们用盒子作为说写活动的基础。制作盒子的过程或其本身就是一种写前活动。在写作活动中,教师可以就写作内容给予学生建议或提示。教师还可以结合自己的说写盒,根据不同的建议为这个活动做示范。学生可以把他在说写盒活动中写的东西记在盒子里的小笔记本上。

4.4 提供写作范例，奠定写作基础

优秀的作者也是读者，因此，学生写作前，教师要提供相应的阅读材料作为范例。通过阅读，学生接触了各种优秀的作品，这样教师就能帮助学生写出更好的作品。除了绘本、教材、书籍和报纸，还可以包括情境化的作品，如结合文字和图画展示自己的作品。

学生喜欢阅读的故事也可以作为写作的范例。通过阅读故事，给故事写前篇和后续，学生很容易就能写出自己的故事。例如，让学生给"Three seeds"（PEP BOOK 7 Page 68）写一篇后续的故事。学生故事的题目可以是"The fisherman and the money"阅读或重新阅读一遍故事后，教师可以和小学生进行一次写前讨论，在讨论中，可以提示小学生，如"What does the fisherman do with the money?""How does he …?"提问结束后，就可以让学生开始写作续篇了。

4.5 开展写作讨论，提高写作技巧

写作讨论是帮助学生修改作品的一个常见的也是很有用的一个途径。当然，没有经过任何讨论，学生独自完成一篇作品的情况也存在。就一篇文章，教师和学生可以进行一次或多次的讨论。教师和学生以及学生之间都可以进行写作讨论。讨论可以短至二三分钟长至半小时。讨论的重点首先应是写作的内容，接下来可以就字体、语法等进行讨论。为了有效地讨论，学生需要学会如何评论自己或同伴的作品。

4.6 集体合作写作，体验写作的成功

学生进行集体写作，需要教师的认真组织。教师可以运用语言体验教学法，引导学生开始集体写作。语言体验教学法是指学生参与集体活动，然后用自己的话描述发生的事情，教师则是抄写员，在一张大纸上写下学生说的所有事情。教师可以学生怎么说就怎么写，也可以做一点编辑和修改工作，使句子的语法正确。教师在学生说的每个句子的旁边写上学生姓名的首字母，显示学生是如何共同完成故事的创作，然后学生和教师一起反复阅读这些内容，经过编辑后可以发表。

例如，教师让学生集体编写一本关于体育活动的故事书，学生在书的每一页写下自己最喜欢的体育活动，每一页的第一个句子相同，如"My favorite sport is _____."接着学生就可以完成句子，并加以图片说明。

学生还可以通过小组写作，完成不同的文章。例如，学生们写一篇实验报告，其中两个学生进行一个简单的实验，第三个学生记录实验的过程。实验结束后，三个学生共同改写、编辑，最后发表他们的实验报告。

4.7 个人独立写作，尝试写作的喜悦

学生在集体合作写作过程中，体验到了成功写作的喜悦，掌握了一定的写作技巧，就可以开始独立写作了。学生可以在写作中心，选择说写盒里的一个图片作为写作主题，和教师或同学进行讨论后（当然也可以没有讨论）开始写作，写作过程中可随时查阅单词墙。写完初稿后，学生可以自己进行修改，也可以请教师、同学或家长进行修改，然后再编辑，就可以发表到写作

中心,或者学期末由教师统一收集学生的作品,编写成册,共同分享写作的成品。这将是对学生写作的莫大鼓励!

5. 结语

教师不能忽略和低估每个孩子身上隐藏着的潜能,只要我们帮助孩子们找到切入点,挖掘自己,发现自己,小学生也可以具有较强的英语写作能力,也会写出好作品的。

参考文献

[1] Caroline T. Linse. 郭艾青译.儿童英语教学实用技巧[M]. 南京:译林出版社,2007.9.

[2] Dorn,L.J. & C. Soffos. *Scaffolding Young Writers: A Writers' Workshop Approach*[C]. Portland,ME:Stenhouse Publishers,2001.

[3] 顾凯. 试论过程写作法[J]. 安徽大学学报(哲学社会科学版),2004(11).

[4] 杨俐. 过程写作的实践与理论[J]. 世界汉语教学,2004(1).

[5] 中华人民共和国教育部. 义务教育英语课程标准(2011 年版)[M]. 北京:北京师范大学出版社,2012.

作者单位:东莞市道滘镇宣传教育文体局 广东　523000

语篇分析在课外阅读教学中的运用探究
——以《新理念英语阅读》九上第二册
Danny's Dream Chapter 4 为例

孙向梅

提　要：课外英语阅读已然成为英语教学的重要部分，课外英语阅读注重学生对语篇的整体分析，加强对语篇的整体理解，语篇分析是阅读文本的基本要求。对于义务教育阶段的学生，接触课外阅读之初，教师们可以把课外阅读技巧的培养适时适量地融入日常的课堂教学。本文以《新理念英语阅读》九上第二册 Danny's Dream Chapter 4 为例，就分析语篇结构、分析语篇目的以及分析语篇情感的语篇分析三方面进行实践探究。

关键词：语篇结构；语篇目的；语篇情感

1. 引言

　　《义务教育英语课程标准》(中华人民共和国教育部 2011)要求学生在义务教育阶段课外阅读量应累计达到 15 万词以上，能理解段落中句子之间的逻辑关系，能找出文章的主题、理解故事情节、预测故事情节的发展和可能的结局，能读懂相应水平的常见体裁的读物，能根据不同的阅读目的运用简单的阅读策略获取信息。课外英语读物无疑是实现这一目标的有效手段，目前英语课外书籍的阅读已成为很多学校英语阅读教学的重要部分，很多初级中学都已将英语课外阅读纳入了课程体系。课外阅读材料可以是 10 页左右的的绘本，也可以是几十页、上百页的英语名著(青少年版)。近年来，国内有多家出版社引进了不同系列的英语原版书，为学校开展书籍阅读提供了条件，江苏省内较多使用的是上海外语教育出版社出版的《黑布林英语阅读》《新理念英语阅读》等系列英语读物。

　　在课本教材的阅读教学中，部分教师更多关注的是学生对单词、语法的记忆，以及翔实信息的获得，而对于阅读文本的整体把握，对信息的整合与深层思考存在一定的缺失。实际上，课外阅读应发展成为课内阅读的拓展延伸。对于义务教育阶段的学生，接触课外阅读之初，教师们可以把课外阅读技巧的培养适时适量地融入日常的课堂教学，注重教导学生对语篇的整体分析，加强对语篇的整体理解，"不能孤立地以词汇或句子为单位来学习语言，要注意语篇的功能和语篇的结构模式"(程晓堂 2005)。显然，语篇分析成了阅读文本的基本要求。英语阅读文本解读的语篇分析途径主要有三个方面：分析语篇结构、分析语篇目的、分析语篇情感(赵斯明 2016)。

2. 教学解读

2.1 教学内容分析

本节课是淮安和苏州两地的课外阅读课的同题异构,教学内容是上海外语教育出版社的《新理念英语阅读》九年级上第二册中 *Danny's Dream* 的 Chapter 4 The Race。这个故事的主角是某高中学校里最瘦弱的男孩 Danny。设有四个章节,前三章是 The Skinniest Kid、The Marathon 和 Training。第一章节对他的基本情况、外貌、性格和身边的同学以及朋友进行了介绍。第二章节是关于他通过观看电视上马拉松比赛找到自己能做什么,并由此确立了自己的梦想,即参加校园乡村越野赛。第三章描述的是他为了实现梦想而坚持训练的过程。最后一章节 Chapter 4 The Race 是故事的高潮,是 Danny 实现梦想的部分。教师安排学生课前自主阅读前三个章节,本节课中通过检测前三个章节的阅读导入第四章节的教学,并引领学生对文本的整体把握。

2.2 学情分析

教学对象是淮安中学清江浦初中部的九年级学生(属于借班上课),《新理念英语阅读》是淮安地区学生课外读物的必读文本,学生的课外阅读有了一定的积累,词汇量也较充足,有着较好的语言表达能力,学生课前对前三个章节进行了详细阅读。教师在本节课中以第四章节的内容为载体,主要在分析语篇结构、分析语篇目的以及分析语篇情感引领学生对文本进行深层理解,真正培养学生获取信息、处理信息、分析问题和解决问题的能力。

2.3 教学目标

根据教学内容和学生学情,本节课外阅读课设定了以下教学目标:

1. 能够在阅读前三个章节的基础上,理清故事情节发展,并预测故事的结尾。
2. 能够随着故事情节的发展,通过观察人物的动作,语言来体会人物的情感变化。
3. 完成阅读之后找出文中自己最喜欢的用词、语句或自然段,感受语言运用功能,如用词的巧妙等等。

2.4 教学过程

Step 1:Free talk

由于是借班上课,故而教师设计通过了解彼此业余时间喜欢做的事情从而导出小说阅读的主题,并进行小说阅读技巧的教学,帮助学生明确小说阅读的要素,如人物、情节以及故事发生的环境等等。

T:What do you like to do in your free time?

S:I like to play football/reading ...

T:Can you guess what I like to do in my free time?

S:You like reading.

T：Can you guess what kind of books I like reading?

S：History/Novel ...

T：When you read a novel，what do you want to know?

S：...

通过师生问答，帮助学生理清语篇阅读的三要素：characters（人物）、plots（情节）和settings（背景或情境）。

由此道出今天的学习内容，并和学生明确今天的学习目标。

By the end of this class，I hope you can：

1. know the plot development of the race；

2. understand the feelings of the characters；

3. experience the functions of language using.

Step 2：Revision：Chapter 1 – Chapter 3

课前布置了学生自主阅读 Chapter 1、Chapter 2 和 Chapter 3，这个环节通过让学生复述再现三个章节的主要内容，并结合文本信息对 Danny 进行一定的人物分析。

在学生对前三个章节描述的时候，老师呈现出 Chapter 1 The Skinniest kid 的关键词（见图 1）：The skinniest kid（Bones），but the most popular，his best friend Eddy，tried sports but failed；Chapter 2 Marathon 的关键词：watched marathon on TV，the skinny winners，not fast but over long distances，the schools' cross country；和 Chapter 3 Training 的关键词：jogged round the park，ran round the school grounds，asked himself every day，"Do dreams ever come true?"

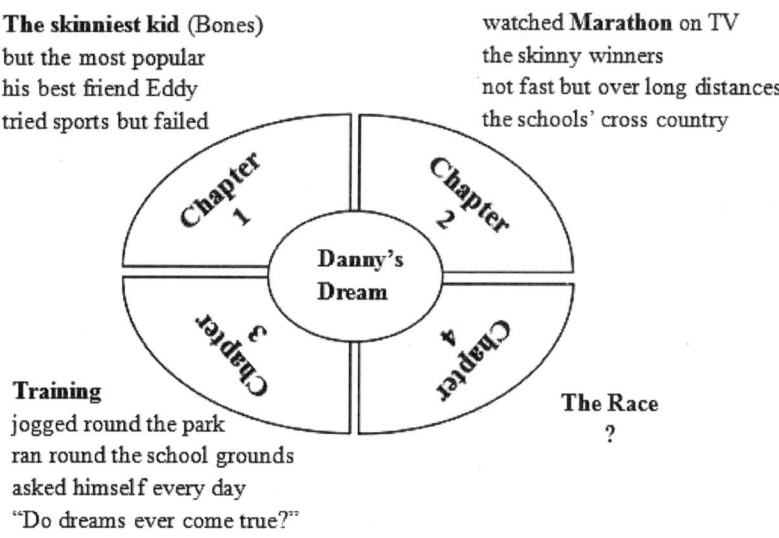

图 1　The Skinniest kid 的关键词

Step 3：Predict—The result of the race

在复述的基础上向学生提问：

What do you think of Danny?

Can you guess the result of the race? Why?

学生基于自己的理解给出了不同的答案,这时老师要求学生迅速浏览课文,找出比赛的结果。

Step 4:Structure

让学生找出本章节一共多少自然段,根据内容可以分成哪几个部分,各部分的主要内容是什么。学生通过再次快速阅读,明确有十四自然段,可分成三个部分:

Para 1—Para 4   Before the race
Para 5—Para 10   During the race
Para 11—Para 14   After the race

通过这一环节让学生对整个语篇结构有一个整体的把握,对于自己日后写作具有一定的指导性作用。

[设计意图]

在 Step 3 和 Step 4 中,学生快速阅读了文本两次,了解文本的主要内容,与文章作者实现情感共鸣,老师设置相关的阅读问题,激发学生对阅读文本的深层思考。分析文本的篇章结构,有利于学生准确把握文本目的,为学生领会文本的主题思想打下基础。这也调动了学生阅读的积极性,提高学生对阅读的整体把握能力,这是语篇分析教学实践的基本要求(赵斯明 2016)。

Step 5:Read for details—Plots and feelings

这一环节要求学生仔细阅读文本,通过阅读前十个自然段,获取详细信息,并对信息进行梳理。在老师的帮助下,通过思维导图(见图 2),学生会清晰地发现故事中情节发展的三条主线:Danny's actions,Danny's dream 和 Danny's feelings。

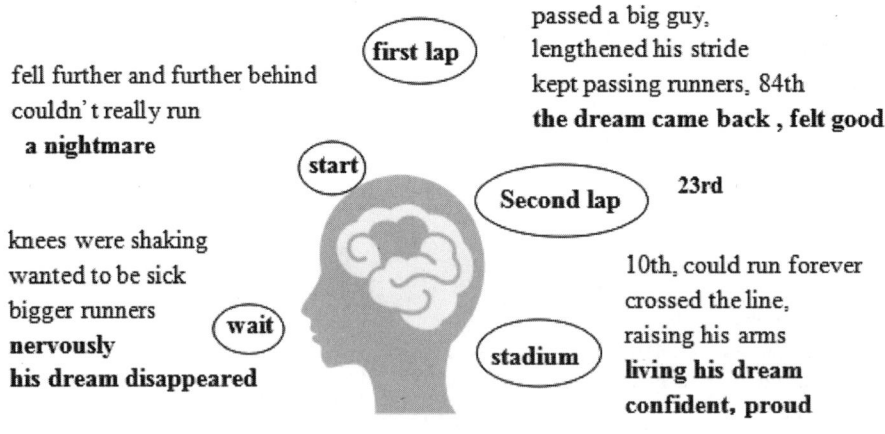

图 2 思维导图

Danny's actions:由 waiting 环节中的 knees were shaking, wanted to be sick, bigger runners 到 starting 环节中的 fell further and further behind, couldn't really run,到 The first lap 中的 passed a big guy, lengthened his stride, kept passing runners, the 84th,再到 The second lap 中的 the 23rd,到最后 stadium 环节中的 10th, could run forever, crossed the line，raising his arms。

Danny's dream：由 his dream disappeared 到 a nightmare，再到 the dream came back，最终达到 living his dream 的境界。通过不断地努力，Danny 实现了梦想。

Danny's feelings：在实现梦想的过程中，Danny 的一系列心理变化，从 nervous 到 disappointed 到 feel good，最终 proud 和 confident。

通过三个主题阅读，让学生通过情节的发展来体验故事人物的情感，并结合实际对本部分内容给出自己的看法。

Step 6：Read for details—Words and actions

继续阅读 Para 11—Para 14，完成以下表格（见表1），分析赛后四个故事人物的动作和语言来体会当时的人物心理和环境氛围，学会如何通过动作和语言来刻画人物。

Characters	Words	Actions
Eddy	My mate bones, you were great. You're a champion!	jumped around ... Yelled ... slapping ...
Dad	Good lad!	smiled proudly
Mum	didn't say anything ... (later) What's next，champ?	smiled and laughed and cried and blew her nose(all at the same time)
Danny	Food ... I'm starving. Can I have something to eat please?	grinned

表1　完成表格

［设计意图］

在 Step 5 和 Step 6 教学中，教师注重引领学生微观分析阅读文本，关注细节，体会语篇的目的，分析各个段落之间的衔接，以及词语之间的衔接，文字的修辞手法，以及特殊词句的运用，从而培养学生理解文本的逻辑关系。The Race 的主体衔接轴，是以比赛赛程为主线贯连全文，由赛前、赛中和赛后三个部分构成，三个时段内 Danny 对自己梦想的感受也不同，这些感受作为为辅线也贯穿着全文。有时，文本的衔接标记不是很明显，也可以根据语言环境所给出的信息来判断发现语篇的连贯性。

分析语篇的目的，要关注细节，语篇的目的是通过一系列的细节得以体现。文本里的语言承载着客观信息，也承载着作者写作的目的、作者要表达的思想。因此，读者要多维度解读语篇目的，创造性地用好语篇。

Step 7：Free talk

Group work：Discuss with your partners

What do you learn from The Race?

The teacher group the students' talk：

One step，one more，step by step，keep trying，you'll get to your dream!

（走一步，再走一步，别轻言放弃，你就会实现梦想!）

[设计意图]

　　这个环节的设置是为了让学生在听过文本阅读获取信息后,通过对文本信息的再处理,提高自身实际分析问题解决问题的能力。

Step 8: Character analyzing

在阅读文本后,让学生小组讨论 Danny 这个人物

What can we learn from Danny?

What's your dream? What's your plan for you dream?

在小组讨论和小组代表发言后,师生达成以下观点:

Believe in yourself!

1. Find out what you're good at;

2. Set up your dream;

3. Work hard for it, keep trying!

4. One step, one more, step by step, you'll get to your dream!

[设计意图]

　　讨论 Danny 实现梦想的经历,来分析他的成功经验,并结合实际,谈及自己,培养学生通过阅读文本,获取信息、解读信息、分析问题、解决问题的能力,从而达到阅读的真正目的。

Step 9: Appreciation

　　T: What's your favourite words/sentences/paragraph?

　　Would you like to read them to share with us?

After reading the story, the teacher advise the students to appreciate the wonderful words, sentences or paragraphs.

首先,教师给大家展示了第十自然段: Ten seconds behind came Danny, but he didn't look tired. He looked like he could run forever. He didn't see the crowds or hear them cheering. He just ran. He was living his dream. The others never had a chance. He raised his arms like a champion as he crossed the line. 先要求学生声情并茂大声朗读这一段文字,让学生讨论并体会这段文字给读者带来怎样的感受,尤其是划线部分的词、词组或句子。这一段文字描述得非常生动形象,让读者有身临其境之感。感受 Danny 在冲刺阶段不顾周围嘈杂的环境,只专注于梦想,冲过终点线的令人激动时刻。这段文字里较多的 powerful 文字运用,极易引起读者的共鸣。尤其是"living his dream"比"losing himself in the dream"更有力,更具主动性。

然后,要求学生找出文本中自己觉得美好的部分。可以是生动精准的一个用词,可以是段落之间的衔接词,可以是用词精美的句子,也可以是感染力极强的段落描写,使阅读者有身临其境之感,从而引起阅读者的共鸣。学生找出文中学生比较欣赏的词、语句或自然段,说明原因,并大声朗读与课堂内其他人分享。

不同体裁的文本表达情感的方式不同,情感表达的程度也有差异。文学作品、论说文等情感倾向比较明显,说明文比较内敛。教师在解读文本时候需要根据不同的体裁特点,抓住那些

浸染作者内心感受、价值取向、观念态度的词语,去深层挖掘、慢慢体悟、细细咀嚼,总能品味到渗透在语篇中的或明、或暗的情感(赵斯明 2016)。

[设计意图]

通过美文赏析,引领学生发现文字的温度和生命,通过文字体会它们传递的情感以及作者表达情感的方式,体会跨国文化的差异,为自己以后沟通交流时的语言表达与写作能力提升打好基础。

3. 结语

语篇分析一方面要关注整体,宏观关注语篇的功能和语篇结构模式,从而能够深层理解、批判性理解语篇,真正培养学生获取信息、处理信息、分析问题和解决问题的能力。另一方面要注重对文本的微观分析,如语言环境的使用,文字传递的情感,综合的语言运用功能等。

参考文献

［1］程晓堂. 基于语篇的语言教学途径[J]. 国外外语教学,2005(1):8-16.

［2］葛炳芳,汤沛. 高中英语阅读教学的综合视野课例[J]. 中小学外语教学(中学篇),2015(4):1-8.

［3］胡艺玲. Reading Response 在初中英语阅读教学中的运用[J]. 基础外语教育,2018(6):30.

［4］赵斯明. 语篇分析:阅读文本解读文本[J]. 英语学习(京),6下,2016:15-16.

［5］中华人民共和国教育部. 义务教育英语课程标准(2011)[M]. 北京:北京大学出版社,2012.

作者单位:江苏省苏州工业园区第一中学 江苏　215006

具身教学活动设计探讨

——以小学英语词汇教学为例

卢　超

提　要：具身语言观提倡认知和语言形成于身体与周围环境的协同作用中，强调智能体的感知运动体验与当下语境的交互互动，构建情景模拟和心理模拟的一种语言理解新诠释手段，为基础义词汇的字形、字义的习得拓宽理论基础。具身语言观与小学生的身心发展特点高度契合，因此具身教学课堂设计符合小学生认知的英语词汇学习情境，调动他们视、听、动、触觉等感知运动体验，挖掘小学生身体潜能，提升小学生对英语词汇的记忆效能和学习效果，有助于探索小学生英语词汇学习分级性、延续性的科学学习模式。

关键词：具身认知；基础义词汇；语音效应；字形效应；感知动觉体验

1. 引言

　　具身认知提倡智力源于学习者与其所处环境的互动，是参与感知运动的结果。来自神经科学和认知行为科学的大量实验数据表明人类处理语言信息的时间和感知行动密切相关（官群 2007）。小学阶段的认知发展是以物质世界、语言世界、社会世界为基础（需敏艳 2017），因此小学生的世界经验很大程度上是多模态的，其智力发展也是循序渐进的；小学生探索物质世界的行为多样且多变，一些看似随机没有目的的冒险游戏，都是他们对物质世界的积极探索性行为，正是这些看似随机的活动帮助小学生发现新问题和新办法，建立抽象概念系统，他们的探索活动使其智力拥有巨大的潜力，同时拥有无限创造力（Linda & Michael 2012）。

　　目前，小学英语词汇教学受早期离身认知理论的影响，身心分离指导下的教学设计依然存在，在具身课堂建设方面缺乏相关系统、全面的理论指引，没有深入地了解具身教学理念。

2. 具身教学理念

2.1　具身语言观

　　"具身"概念最早由美国语言学家 George Lakoff 和哲学教授 Mark Johnson（1999）在其著作《肉身的哲学：具身心智及其对西方思想的挑战》里提出，认为心智是具身的；梅洛-庞蒂的身体现象学则是具身认知的直接思想来源，认为身体动作或者身体姿势本身就是一种表达，言语本身就是一种真正的动作,二者具有内在关系。心理学层面,格式塔学说中关于不存在"无意向思维"理论、杜威的经验自然主义、皮亚杰的发生认识论和交互建构论、维果茨基的心理社会文化理论等为具身认知理论提供了有益的营养基。

认知科学的推进及其向身体转向的发展逐渐发现大脑本身并不能独立完成高级认知功能,大脑通过身体与外语世界互动,这对于高级认知过程的理解起着关键的作用;而这个身体是与外语世界互动的身体(Inui 2008)。具身认知认为语言学习者对语言和信息的理解和习得符合心理模拟理论;在心理模拟理论指引下的教学模拟或教学操控活动包括实物操控、想象操控、电脑操控(Glenberg & Gallese 2011),在提升词汇学习效果、增强记忆、提高理解方面表现出明显的优势(Glenberg 2011)。

2.2 具身教学理念

传统的教学观认为教学目标是在教学情境和教学过程之外预设的,所以传统教学过程重视预设结果,而非课堂中的自然生成,是一种离身教学。因此,在教学设计中,要适当打破固化的教学目标,让教学过程成为课程内容的逐渐生成与转化,在教学过程中师生共同建构和提升,达到预设和生成的辩证统一(于世华,秦纪兰 2006)。

小学生通过身体的感官体验和动觉进行学习,因此小学阶段的学习主要依赖于对图像或直观教具的感知理解。而具身认知观指导下的教育理念提倡调动身体的视觉、听觉、触觉和动觉等,协同各种感知动觉体验来实现认知和语言的发展(李恒威,盛晓明 2006)。具身教学理念独特的优势与价值会对课堂教学产生积极的影响,具身性、生成性、动力性和情境性将成为未来课堂有效教学的应然态势(王会亭 2015)。具身教学课堂设计中,推荐教师遵循以下具身教育原则:

第一,帮助小学生最大程度实现具身模拟。老师须充分了解小学生用身体探索世界、生成认知和语言发展的发展曲线,将小学阶段的英语词汇和学生实际生活联结,争取在课堂教学中最大程度实现学生的共鸣(empathy)。同时引进全身反应教学法(total physical reaction),鼓励认知主体身体参与到英语词汇学习当中来,秉持全人教育理念,科学设计符合小学生感知动觉体验的具体教学活动。

第二,清晰把握教学互动生成的逻辑构建,促进课堂教学的动态生成,由开放—交互反馈—集聚生成等三个步骤组成,包括学生点的点状生成到老师的整体生成,个体到全体的生成,个别学生的资源转化为全班共享的资源。再者是教师通过发问、品读、思悟等具体教学手段促进浅层生成到深层生成的转化和单一生成到多维生成的转化,具体教学活动应着眼于英语课堂独特的育人价值和学生成长的内在需求(刘仪辉 2014)。

第三,强调具身认知的情境性。课堂教学活动无法离开情景而独立存在,内在情境如学习兴趣、学习动机、学习目标、持续学习的动力和能力;外在情境如学校和教室情境,如教学设备、学习环境;还包括社会环境如学习氛围、学习者的人际关系、文化背景等。因此,教师应该关注知识的情境性,因为"所有知识均寓居于特定的时空、理论范式、价值体系、语言符号等文化因素之中;所有知识的意义不仅是其自身的陈述来表达的,而是由其所位于的全部意义系统来阐释的;脱离了具体的境域,知识、认知主体与认知活动均将不复存在"(石中英 2001)。因此,课堂教学的情境性还意味着教学活动必须回归且贴近学生的生活。

3. 词汇学习具身教学活动设计

基于上述具身教育理念的指导,可在小学英语词汇教学中添加如下教学实践活动:

第一,增强运动技能练习,运用小学生擅长的肢体表达,增加身体与课堂环境的互动。小学生肢体语言丰富,而注意力保持时间短,7—10 岁的低年级儿童是 20 分钟,10—12 岁的儿童时间为 25 分钟(张良 2013)。据此,在具身教学实践活动设计上,除了传统上的真实和模仿的教具、图片等多模态教学之外,可增加音频、视频、角色扮演、词语飞花令等需要小学生动手动脚的课堂教学活动。如 teacher 这个词的学习,鉴于小学生正处于语音敏感期,因此可以从其发音入手。Teacher 一词的发音难点在于 ch 组合,通过对比已学词汇(如 child,children,chip),让学生主动尝试阅读 teacher,借此培养小学生的语音意识和自然拼读意识。鉴于英语的音形紧密关联的特点,在培养学生的语音意识同时,该词的字形意识也同时建立了起来。检验 teacher 的字形记忆,老师可以首先对其拆分,如第一步给出 tea__ __er,让学生填出空余部分,然后再扣除 t__ __cher 部分,让学生填写完整,这样由简及难的培养学生的词汇字形意识,同时在字形意识培养过程中,可以适当增加书写练习、字母拖拽练习等,调动学生的听、视和动觉,符合具身语言观的教学理念,增强词汇的学习效果。

此外,关于 teacher 的字义学习方面,鉴于学生在使用过程中经常出现的错误,如 teacher Wang 这样的蹩脚英语,老师可以借助语料库选取一些使用 teacher 的经典语境,让学生自己总结该词的使用情景。此外,老师通过心理导图的模式主动调取学生已有的心理词汇框架,帮助学生建立词汇学习的组块意识(chunking awareness),如老师写下 teacher 及其含义,让学生主动说出或者从图片中找出有哪些词汇可以和 teacher 搭配,老师可以引导学生按照词性来分组,如形容词 beautiful,friendly,patient,angry 等,名词 student,head-teacher,music,maths,动词 teach,train,help 等,让学生根据已有的语法基础知识和概念知识自己搭配,老师最后总结关于 teacher 的基本词组和句法概念。这样,既帮助老师在学生动态的表演过程中了解其已有的心理词汇框架,同时帮助学生在动态构建的多个真实语境中了解和使用新学词汇的意义。

第二,借助小学生课本丰富的彩色插图,在教学过程中利用教材中的图画、歌曲歌谣、视频动画等资源,创设出与英语单词学习相对应的情境教学氛围,如读到多音节词汇 wonderful,beautiful,biscuit,banana 时,教师可规定一个音节拍一下手,带领学生通过拍手来更好地掌握音节的概念。英语单词学习的另一个重点难点是单词的重音位置或者说是单词在句中的朗读过程中会出现用力平均缺少轻重之分的问题,即韵律(prosody)问题,教师可以通过跺脚或者拍桌子的方式训练学生对单词重音和句子的重音的身体体验;学生读到需要重读的单词时,教师可以轻轻敲打桌面来加以语调,用这种身体自带的节奏感来培养学生的韵律感。

美国心理学家 Asher 提出的全身反应法反映了具身教学的思想,强调语言和行为的协调,课堂上教师通过跑、跳、唱、玩等方式教学。课堂传授知识时可以用手势和身体的动作加以配合,帮助其思考。让身体成为词汇的表现形式,借助身体传情表情,如 jolly,scared,sad tired,bored,worried 等,教师先不告诉学生词语的意思,而是以身示范做出相应的表情,让学生连接单词和身体表情。另外,老师还可使用隐喻性的手势表达抽象的概念,如摆手或者摇头表示"no",点头表示"yes",竖大拇指表示"wonderful"。

第三,模仿朗读,培养学生的移情能力。引导学生把自己想象成故事主人公,引导学生利用表情模仿、手势等声情并茂的方式去朗读,避免"复读机"式的机械操练。根据小学生模仿力强且好模仿的天性,老师可挑选与所学词汇相关的故事或者自制小新闻视频,让学生给故事配音或者播报小新闻等。老师可以先行示范,这样喜欢模仿的小学生可以模仿老师及教学视频中人物的语音语调以及不同人物的肢体动作等,也可借助现有的趣配音(dubbing)软件,老师根据学生的兴趣可举行课堂配音比赛,挑选小学生喜爱的电影或电视片段(如 *Frozen*,*Snow White*,*Alice in the Wonderland*,*Harry Potter*,*Horrid Henry* 等),学生以个人或小组的形式自由选择,这种鼓励学生亲自参与的感知运动体验的具身性学习方式中能加深学生对词句或情境的理解。

第四,面对小学生感性丰富、理性欠缺的实际认知发展现状,教师在创造具身认知的教学情境时,应构建轻松愉悦的课堂氛围,由图到词,建立概念;再由词到习语,构建句型语境;然后由习语到故事,建立情境;最后由老师的故事到学生心中的故事,带动小学生实现了个别到概括、个体到整体、具体到抽象的认知学习过程。如讲苹果 apple,老师可以给出不同颜色的苹果,可以是 red apple, green apple, yellow apple,然后简单追问学生喜欢什么样的苹果。接着,老师发问,看看学生有没有听过关于苹果的习语,创建共享共学知识环节,如"一天一个苹果,医生不来找我"(one apple a day keeps the doctor away)、"掌上明珠"(apple of the eye);继续到故事环节,老师追问学生关于苹果的故事,学生可用自己能表达出的最简单句子描述故事,老师给出总结如"白雪公主""牛顿"的故事等等。这时为了帮助学生建立准确的故事表达方式,建议老师用 PPT 的形式展示故事的基本创造框架,鼓励学生自己大声读出整个故事。最后为了扩展学生对苹果所属的水果范畴概念的理解,可以追问学生还知道什么关于水果的故事,如华盛顿与樱桃树的故事,孔融让梨的故事等,最后老师对本课堂的新学词汇进行字音、字形和字义的概述总结和复习。

4. 结语

综上所述,具身认知理论指导下的具身语言学习方法就是将所学习语言词汇载入情景的一个过程。因此,根据小学生的具身认知特点,在小学英语词汇教学设计上调动小学生视、听、动、触觉等多方面的感知动觉体验,强化小学生英语词汇学习的具身经验,可提高小学生英语词汇学习的理解和记忆效能,增强对英语长期学习的兴趣和动力。

参考文献

[1] Glenberg A. M. & Gallese V. *Action-based language: A theory of language acquisition, comprehension, and production*[J]. Cortex, 2011(4): 1 - 10.

[2] Glenberg A. M. *How reading comprehension is embodied and why that matters*[J]. International Electronic Journal of Elementary Education, 2011(1): 5 - 18.

［3］ Inui T. *Editorial: Experimental Approach to Embodied Cognition*［J］. Japanese Psychological Research，2008，48(3)：123－125.

［4］ Lakoff G.，Johnson M. *Philosophy in the Flesh: The Embodied Mind and its Challenge to Western Thought*［M］. Basic Books，1999：3－36.

［5］ Linda Smith，Michael Gasser. *The Development of Embodied Cognition: Six Lessons from Babies*［M］. Artificial Life，2012(11)：1－2.

［6］ 官群. 具身认知观对语言理解的新诠释——心理模拟：语言理解的一种手段［J］. 心理科学，2007(5)：1252－1256.

［7］ 贺兴,薛锦,舒华. 规则性和透明度对阅读障碍儿童汉字输出的影响——来自联结主义模型的视角［J］.中国特殊教育,2011(6)：37－41.

［8］ 胡万年,叶浩生. 中国心理学界具身认知研究进展［J］.自然辩证法通讯,2013(6)：113.

［9］ 雷卿. 语言表征的感知基础——心智哲学视角［J］. 现代外语,2012(4)：346－352.

［10］ 李恒威,盛晓明. 认知的具身化［J］. 教学科学研究,2006(2)：184.

［11］ 刘仪辉. 基于具身认知的教学设计研究［D］. 江西：江西师范大学,2014.

［12］ 石中英. 知识转型与教育改革［M］. 北京：教育科学出版社,2001：151.

［13］ 王会亭. 从"离身"到"具身"课堂有效教学的"身体"转向［J］. 课程·教材·教法,2015(12),57－63.

［14］ 需敏艳. 具身性教学策略在小学英语教学中的运用［D］. 福建,福建师范大学,2017(4).

［15］ 于世华,秦纪兰. 预设性与非预设性相融合的教学目标设［J］. 教学与管理,2006(04)：64－65.

［16］ 张良. 论具身认知理论的课程与教学意蕴［J］. 全球教育展望,2013(4)：27－32.

作者单位：北京科技大学外国语学院 北京　100010

运用 TED 资源提升高中生英语
演讲能力的教学实践与研究

冯蕴佳

提　要：将 TED 资源引入高中英语课堂可以为学生提供优质的语言输入资源，帮助学生提高英语听说能力，丰富语言表达。本研究运用实证对比手段，借助教学实验探究将 TED 资源运用到课堂教学实践对于提高学生的英语演讲能力的作用和影响。

关键词：TED 演讲；高中英语；演讲能力；课程设计

1. 引言

TED，即"Technology，Entertainment，Design"的缩写，是美国一家私有非营利机构。该机构每年组织两次宗旨是"传播一切值得的思想"（Ideas Worth Spreading）的大会。该机构邀请来自三大领域的卓越人物通过短小精悍的演讲，介绍分享他们的革命性的创新理念和思想，以及非凡的人生经历。TED 演讲具有内容丰富、语言地道、思想创新等特点，自其问世以来，给予了各行各业人士启迪和激励。如今，TED 演讲的价值开始在中国基础教育界得到重视，已经有教师在高中英语课堂上尝试开展 TED 教学。虽然刚刚起步，但这一教学尝试已经在实践中展示了其在培养学生综合语言能力方面独特的优势。

2. 文献综述

《普通高中英语课程标准（2017 年版）》（以下简称《新课标》）指出，普通高中英语课程应重视现代信息技术背景下教学模式和学习方式的变革，充分利用信息技术，促进信息技术与课程教学的深度融合，根据信息化环境下英语学习的特点，丰富课程资源，拓展学习渠道。教师应创设听、说、读、看、写等语言活动，理解和表达与各种主题相关的信息和观点，提高学生的语言知识和语言技能。TED Talk 作为一种新型的语料在培养学生口语演讲能力上有着其特殊的实践意义，包括提供演讲示例、有效组织演讲、剖析演讲技巧、培养演说技能、乐于分享观点、领悟演讲实质等（王润 2014）。

目前,国外关于 TED 教学的研究比较有影响力的是日本的"使用数字媒体实现翻转课堂",这种以学生为中心的学习理念源于建构主义学习理论,主张在课下观看 TED 视频资源,并在课堂上分享学习体会,开展同伴学习并课后按照自身实际情况继续学习 TED 内容。另外,在美国,近年来新兴的关于 TED 的研究成功在不断突破与创新,资源的开发空前蓬勃,在学校教学、商务培训等领域发挥了重要作用。因此,许多学者对 TED 教学模式非常重视,相关的研究成果也在不断增多。但是将 TED 作为一种完整的教学模式研究的相关文献比较少。因此,可以发现国外对此的研究还处于探索阶段,缺少严格的教育实验来证实 TED 模式的效果和影响,将 TED 模式运用到教学应用中的实践类课程中的相关研究就更加稀缺。

关于我国 TED 运用于英语教学的相关基础研究成果主要有《新课程·中学》2015 年第 5 期王翠芬的"利用 TED 网络资源提高高中生英语自主学习能力初探";湖北第二师范学院外国语学院的汪燕华老师的《TED 演讲导入与英语专业学生思辨能力培养》;长江大学的彭梅老师在《才智》文章中"TED 演讲在大学英语读写教学中的应用";浙江丽水中学汪润老师在"基于 TED 视频培养高中生英语演讲能力的选修课教学实践"等文章。可以看出,目前国内的研究主要聚焦在以下几个方面:运用 TED 辅助学生英语自主学习能力、提高学生思辨能力、提升读写能力、培养英语学习兴趣和演讲能力的研究。但整体上大部分的探索还处于起步阶段,我国还缺乏 TED 课程在基础教育中的实践和探索,因此也给后来的研究者以很大的探索空间。本课题研究主要借鉴之前学者关于 TED 对语言能力影响的研究成果,深入阐述如何运用 TED 资源进行有效的课堂教学,提升高中生英语演讲能力,并开展教学实验进行实证研究。

3. TED 演讲引入高中英语课堂的优势

3.1 话题丰富,内容多样

TED 演讲话题覆盖面广,涵盖科技、文化、教育、环保、医学、商业等生活中的各个领域,且演讲的很多话题和目前高中英语教材单元主题相关。因此,TED 多样化的主题内容能激发高中生学习探究的兴趣并拓宽学生的知识面。

3.2 语言地道,表达真实

TED 演讲者均是来自各行各业的成功人士,很大一部分来自以英语为母语的国家,英语语音语调纯正、语言表达流畅规范,是极佳的语言学习样本。将学生置于地道的英语语言表达环境里,可以帮助学生增加语言输入量,提升表达能力。

3.3 素材新鲜、立意独特

相比教材中的学习内容,TED 演讲的内容更新迅速且把握潮流动态,可以源源不断地为学生提供新鲜的学习素材。演讲者独到精辟的观点可以激发学生对演讲话题深入思考和探究,并培养学生的创新思维能力和自主学习能力。

4. 课程实验设计与实施

4.1 实验对象和方式

本次实验对象为分为实验班和对照班,都是笔者任教的两个高一班级。实验前,两个班级历次英语考试成绩接近,整体词汇水平、听说能力、口语表达能力相当,学习背景方面也没有明显差异。笔者对其中的实验班运用 TED 资源开展课堂教学进行听说训练,另外一个对照班不使用 TED 资源,采用常规听说资源进行授课。

4.2 课程材料筛选

教师首先登录官网挑选合适主题、时长、难度的演讲。本着尊重学生实际英语水平和学习需求的原则,笔者在筛选 TED 资源时,尽量挑选贴近学生实际生活、和教材主题相关或有正向引导价值的演讲主题。为了保持学生学习兴趣并开展深入学习,所选 TED 演讲时长均控制在 10 分钟左右,讲稿字数长度约为 1 000 字。演讲主题按照语言和内容的难易程度进行分级,教师授课时以循序渐进的原则安排 TED 资源的使用。

4.3 教学实验设计与实施

现代外语教学理论认为,语言学习过程是输入(阅读、视听)—吸收(加工、记忆)—输出(说、写)的过程(吴一安 2002)。演讲作为一门语言的艺术,旨在通过演讲者鲜明的观点、清晰的逻辑和富有感染力的表达来调动起听众情绪,并引起听众的共鸣,从而传达出你所要分享的思想、观点、感悟。演讲是集思维、语言、情感为一体的三维呈现,演讲能力的提升也绝非一蹴而就。基于此,利用 TED 资源培养学生的演讲能力也应该遵循"输入—吸收—输出"的理论,在"输入"过程中倾听和理解,在"吸收"过程中探究和梳理,在"输出"过程中模仿和表达。

为了探索"基于培养学生英语演讲能力"的课堂实教学,笔者曾开设过一节 TED 演讲——The Power of Yet 公开课,选材来自斯坦福大学著名心理学教授 Carol Dweck 的演讲,主要阐述了"停滞型思维模式"(the fixed mindset)和"成长型思维模式"(the growth mindset)的特征及其对学生的心态和学业表现产生的不同影响。演讲者倡导用"not yet"(尚未)这类充满鼓励的过程性评价来取代以结果为导向的评价方式,从而建立成长型思维模式。以此篇 TED 演讲课堂教学为例,笔者将阐述如何基于"输入—吸收—输出"理论来使用 TED 资源,有效提升学生英语演讲能力。

4.3.1 输入环节——倾听

倾听是学生的语言、思想输入的过程,也是对输入材料进行信息收集加工、和初步思考的过程。在倾听过程中,学生要识别演讲者的主要观点,分析演讲者支撑观点的具体例证。学生在初听和第二遍再听的过程中关注的重点不同:初听应以宏观角度挖掘主旨,再听应从细节出发了解具体内容。

① 整体初听,抓住主旨

在播放 TED 视频时,教师选择不带字幕的版本,让学生第一遍整体盲听。在听前设计与演讲主旨有关的思考问题：（1）What's the main argument of the speech? （2）What are the features of the fixed mindset and the growth mindset? （3）What's the purpose of this speech? 初听时学生可以适当记录一些词汇或关键句。通过回答问题，学生明晰了演讲的主题——The impact of mindset on students' academic performance，理解了演讲目的，建立了对语篇的整体理解。

② 再次精听，抓住细节

教师在课前对文稿进行了加工，将文中一些关键性的词组删去，第二遍播放时让学生精听，补全全文完成填空练习。学生通过完成文本所缺信息来训练自己的听力，以及根据语音和词汇知识去听懂演讲者所表达的内容并补全文本。

表 1　补全文本示例

　　"Not Yet" also gave me 1. _____ a critical event early in my career, a real 2. _____ point. I wanted to see how children 3. _____ challenge and difficulty, so I gave 10-year-olds problems that were 4. _____ for them.

精听后教师带领学生核对答案，如学生在某个细节依然无法获取正确信息，教师再次将该片断重放，直至学生能够正确填出信息。学生通过完成文本所缺信息来训练自己的听力，有助于听力水平的提高，也能更加集中注意力去捕捉信息。同时，学生对于文本中关键性的词汇如 engage with、luxuriate、validation、underperform 等单词有所了解，为深入探究讲稿奠定了词汇基础。

4.3.2　吸收环节——研读

TED 演讲不是即兴演讲，而是演讲者经过精心准备的展示，所以演讲者多传递的观点鲜明独特，措辞精炼准确，表达丰富生动，非常值得学生深入探究去获得其要义和精髓。教师应带领学生对讲稿深入探究，从语篇核心内容、语篇结构和语言表达三个维度进行研读，提高学生加工、记忆、理解文本的能力，最终帮助学生吸收演讲的精髓。

① 研读演讲内容

此篇 TED 讲稿字数大约 1 000 字，篇幅较长。因此，教师设计了围绕文本核心内容探究的教学活动，旨在帮助学生从大篇幅的文本中理清演讲的主要内容。基于此，教师提出四个核心问题：

（1）What are the fixed mindset and the growth mindset?

（2）Why do some children have the fixed mindset?

（3）How to develop the growth mindset and build the bridge to yet?

（4）Who in particular can benefit from the growth mindset?

在分析文本时，教师引导学生探究四个关键问题"What（什么是成长型思维和停滞型思维？），Why（为什么会有停滞性思维？），How（如何建立成长型思维？），Who（谁将从成长性思维模式中受益？）"。教师通过提出问题，让学生在阅读时带着清晰的目的去寻找信息，同时也在较长文本中抓住重点，深刻理解了讲稿中四个核心问题。

② 研读演讲结构

合理清晰的语篇结构是演讲者思维的呈现，也是演讲的重要支柱之一。一篇优秀的讲稿体现了演讲者的一致性思维(consistent thinking)、结构性思维(structured thinking)和逻辑性思维(logical thinking)。此篇 TED 演讲者 Carol Dweck 在演讲中逻辑严谨,论证充分,思路清晰。因此,教师需引导学生理解此篇 TED 的行文逻辑和语篇组织方式,引导学生归纳出演讲的语篇结构。

表2　归纳示例

Structure of the TED talk	
Problem(问题)	Some kids have the fixed mindset.
Strategies(策略)	① Give process praise. ② Find ways to reward yet. ③ Push kids out of their comfort zone.
Results(结果)	The struggling kids show a sharp rebound in their grades.

通过逐层梳理文本结构,学生归纳出演讲者的思路和 TED talk 的组织框架,掌握了演讲稿常见的结构特点"问题—策略—结果"的结构,有效地培养了学生的演讲思维。

③ 研读演讲语言

演讲的语言一般都具有强烈的感情色彩,使用恰当的修辞手法和精炼的语言表达。在带领学生探究文本语言时,教师应该挖掘语篇中语言的上述特征,引导学生进行学习和分析。本篇 TED 当中,教师选取以下句子为例,带领学生进行语言赏析。

(1)强烈感情色彩的语句

例句:Let's not waste more lives, let's pray that it's a basic human right for children, all children, to live in places filled with yet,此句为结尾句,表达作者对所有孩子能享受到"注重过程而非结果"的教育环境的殷切期望。教师应引导学生感受演讲语言之所以能引起听众的共鸣,一个必不可少的因素就是要有真情实感。

(2)运用修辞手法的语句

例句:How are we raising our kids? Are we raising them just for now instead of yet? Are we raising kids who don't know how to dream big dreams? Are we robbing them of their chances to set off on an adventure? 本句话为排比句,教师应引导学生感受排比句式在演讲词中的气势以及加强语气的作用,提高学生在演讲中使用恰当修辞手法来增加演讲效果的意识。

(3)表述精炼深刻的语句

例句:Instead of luxuriating in the power of yet, they were gripped in the tyranny of now.(他们没有沉醉于"尚未"的力量,而是深陷于"现在"的严酷。)此句为精简的短句,精准到位的关键词如"luxuriate(纵情于、沉醉于)、grip(控制、紧抓)、tyranny(暴政、严酷)"等准确表达了观点,教师要引导学生关注和赏析演讲中艺术性的用词和简洁而有力量的词句表达,提高学生演讲语言的艺术性和精炼性。

4.3.3　输出环节——表达

在"倾听"和"研读"环节之后,学生围绕主题意义用准确的词汇、地道的发音来输出观点是培养演讲能力的最关键一步。在语言输出环节教师应引导学生对演讲者的观点进行反思和评价,提升学生的逻辑思维和批判性思维能力。同时,也应创设与主题相关的情境,锻炼学生在情境中运用语言表达的能力。

① 迁移创新,评价观点

迁移创新类活动主要包括推理与论证、批判与评价、想象与创造等超越语篇的学习活动,即教师引导学生针对语篇背后的价值取向和作者态度进行推理与论证,批判、评价作者观点等,从而加深对主题意义的理解(教育部 2018)。学生研读文本之后,教师设计问题,引导学生以小组讨论的形式,对演讲主题"Change children's fixed mindset into the growth mindset and enjoy the power of yet"进行思考,并回答以下问题:

表 3   问题示例

思 考 问 题	设 计 意 图
① 演讲者的观点推导论证过程合乎逻辑吗?	质疑、推理
② 演讲者呈现的论据可信度高吗?	评估、评价
③ 你对于演讲主题的观点是怎样的?同不同意演讲者的观点?	创造、反思

在小组讨论环节,学生的推理、评价、创造等多种思维被调动。学生需要甄别演讲者观点的可信度,评价信息的价值和有效性。如问题②(表 3)的评价性提问,某位学生产出如下观点:I think the speaker's viewpoint is quite convincing because her conclusion was based on solid scientific research and she listed lots of statistics,examples,contrast and comparisons.由此看出,学生超越了语篇理解,将思维水平提升至判断和评价,形成了思辨能力,提高了思维水平。

② 创设情境,激发表达

教师在读后环节要通过创设和文本主题相匹配的真实情境,在新的语境中,基于新的知识结构,通过自主、合作、探究的学习方式,综合运用语言技能,进行多元思维,创造性地解决陌生情景中的问题,理性表达观点、情感和态度,体现正确的价值观,促进能力向素养的转化(教育部 2018)。

基于此,教师创设一个贴近学生实际生活的语境:Your classmate Jack didn't work hard and as a result he did poorly in the mid-term exam. He felt frustrated and believed that he didn't have the gift for study and felt like giving up. Please offer some advice to him.此情境紧扣演讲主题"mindset",且学生对此话话题很有共鸣。随后,教师呈现出之前教学环节梳理出的文本结构,让学生套用此演讲的结构(如表 4)来做一个 Mini TED Talk,鼓励学生用本节课上学到的概念、词汇、句型来做口头演讲。由此,学生从听到读,再从读到说,完成了从文形式到内容、从理解到运用的过程,教学过程环环相扣,逐层递进,逐步培养了学生的演讲思维和演说能力。

表 4   演讲结构示例

A mini TED Talk
Part one:analyze the problem
Part two:propose the strategies
Part three:show the result

③ 课后研究,提升表达

TED 课堂教学之后,教师布置相关作业,提升教学成效和学生自主学习的能力。本节课后,教师要求学生在课余时间再次观看此篇 TED 演讲视频,关注演讲者 Dweck 的语音语调、身体形态、面部表情等特点,选取某一片段进行模仿,并在下一节课的 Daily Talk 中进行展示,由同伴进行互评。因此,鼓励学生进行课后 TED 研究会进一步提升学生语言表达的准确性和得体性。

5. 结语

通过近一年利用 TED 资源对学生演讲能力培养的课程实践,笔者对学校每年举办一次的英语演讲比赛进行成绩分析并得出了结论:用 TED 演讲开展教学的实验班学生的演讲综合成绩要普遍高于对照班成绩。

表 5　成绩对照表

评 价 项 目	实 验 班	对 照 班
演讲内容 40 分	38.0 分	37.1 分
语言表达 30 分	28.4 分	27.2 分
形体语言 20 分	18.6 分	18.1 分
现场效果 10 分	8.7 分	7.5 分

因此,实践证明将 TED 演讲引入教学,不仅可以使学生了解相关知识,还可以强化学生的英语口语表达能力,提升学生的创造性思维和批判性思维能力,继而培养学生的英语演讲能力。在现如今信息化教育的大背景下,教师应该充分利用 TED 教学资源,在教学实践中合理设计教学任务,组织多样化学习活动,让学生学习并模仿,并鼓励创造性表达,在不断的实践中磨炼严谨的思维和优秀的英语演讲能力,继而推动学生英语学科核心素养的持续发展。

参考文献

[1] Romanelli, Frank. *Should TED Talks Be Teaching Us Something?*[J]. American Journal of Pharmaceutical Education,2014(6).

[2] 董弈,郑丽勤. 教师可以利用 TED 做些什么[J]. 教育教学,2016(05).

[3] 胡颖. 英语数字化课程资源的开发与利用[J]. 教学与管理,2016(5):69-71.

[4] 李英. TED 演讲的正迁移效应与大学生 Presentation 能力提升的关联研究[J]. 齐齐哈尔大学学报(哲学社会科学版),2016(9):186-188.

[5] 梁伟. 重视英语口语 促进英语教学[J]. 英语周报高中教师版,2016(05).

[6] 裴铮. TED 教学应用研究[D]. 河南:河南师范大学,2015.

［7］教育部. 普通高中英语课程标准(2017年版)［M］. 北京：人民教育出版社,2018.

［8］汪润. 基于TED视频培养高中生英语演讲能力的选修课教学实践［J］. 课程教育研究,2016(6).

［9］王方清. TED用于高中英语听说读写思维教学的实践与思考［J］. 英语教师,2015(3).

［10］向玉. TED演讲视频在大学英语教学中的运用［J］. 佳木斯职业学院学报,2015(6).

［11］赵燕飞. 运用TED演讲辅助英语视听说教学［J］. 教育与管理,2016(7).

［12］赵冀. 基于TED学习模式的微课程研究［J］. 创新教育,2013.

作者单位：上海市七宝中学 上海　201101

初中英语以读促写课堂教学实践探索
——基于原版文学补充阅读

肖　露

提　要：将学生对教材简版文学片段的理解和质疑作为切入点，在引导学生阅读并欣赏与教材相对应的原版文学片段基础上，鼓励学生对故事进行有逻辑的创造性续写，探索如何引导学生通过阅读了解故事情节变化发展，通过思考明晰作品主要人物个性品质，通过欣赏领略文本细节描写之生动，通过模仿体验文学创作之趣味。

关键词：原版文学补充阅读；以读促写；阅读素养；思维品质

1. 引言

大量的阅读对语言习得极有裨益。学习者必须拥有大量的、与其生活和认知相关的、富有趣味性且易于理解的阅读材料，通过大量的语言输入逐步习得第二语言（Krashen 1982）。文学阅读是所有阅读的核心，具有发展语言和思维的特殊功能，是培养阅读习惯和增强思维能力的有效途径（黄振远等 2014）。随着近年来国内学者对加强英语文学阅读教育的呼声越来越高（黄瑞贤 2015）以及对以读促写研究的逐步深入，将文学阅读及写作相结合的课堂教学尝试也越来越多。

初中《英语（牛津译林版）》已经尝试将一些有趣、易懂的外文经典儿童文学作品，如《爱丽丝梦游仙境》《格列佛游记》中的片段简写后引入教材。但与原版小说相比，其在语言的趣味性、丰富性、逻辑性等方面仍较为欠缺。对于当前很多英语基础扎实、英语能力优异的初中生们来说，如果在课堂上进行读写训练的文本都是教材里的或是简化的版本，一直接触的都是非真实的语言（Willis 1998），很难促进这部分学生在阅读素养、写作能力以及思维品质的进一步提升。

笔者选择《牛津英语七年级下册》第六单元 Task 板块简版文本以及其原版文本（《爱丽丝梦游仙境》第一章节 *Down the Rabbit Hole* 的选段）为素材，开设了一节以读促写公开课。本文从教学设计、教学实践、教学反思三方面具体阐释如何基于教材以及原版文学补充阅读，促进学生阅读素养、写作能力以及思维品质的提升与发展。

2. 教学设计

2.1　文本解读与改编

笔者之所以选择该原版文学片段进行课堂以读促写教学实践，一方面，是由于该文本类型为故事,并且文本中描绘的主要人物和情节极具趣味性,符合初一学生认知特点,加之大部分学生在小学阶段基本都阅读过《爱丽丝梦游仙境》中文版,对人物、故事并不陌生,因此,在阅读英文版时,理解难度降低了不少。另一方面,也考虑到依据教材选择文本指导学生进行读写训练的效果较好,对学生巩固教材中所学知识有较大帮助,同时也能有效促进中学生英语阅读兴趣培养和阅读能力的提升(卢国华 2017)。

选段描述的是爱丽丝在兔子洞内,用桌上找到的钥匙打开无意间发现的小门,看到美丽的花园,但却由于身体太大无法穿过门之后的故事情节。在该选段中,爱丽丝发现桌上小瓶、斟酌再三喝下瓶中水后变小、准备进入花园却发现自己忘带钥匙、想拿桌上的钥匙却够不到、伤心哭泣时无意间看到桌下蛋糕、最后吃掉了蛋糕。作者通过情节的不断发展和连续变化,紧紧地抓住读者们的心,极大地激发了读者们的阅读兴趣。另外,作者通过细节描写,细致刻画了主人公爱丽丝的所思、所说、所做,将一个勇敢、聪慧、机智、细心、充满想象力的可爱女孩栩栩如生地展现在读者眼前。

全然原汁原味的原版材料,语言地道、丰富、趣味性强,但该选段原版文本篇幅长、段落多、生词多、长难句多,整体难度偏高于大部分初一学生现有英语语言水平。对于教学材料,教师要善于结合教学实际需要,灵活地、有创造性地使用,对教材内容、教学方法等方面进行适当的取舍或调整(教育部 2003),因此在尊重原始材料、保留原文的基本框架和思想精髓、保持作者的语言风格(王轶丽 2017)的基础上,笔者依据教材难度水平以及语言表达特点,对原版文本进行了删减、注释、替换、整合、挖空等处理,控制文章长度、降低阅读难度。

2.1.1 删减

原版文本对爱丽丝心理描写极其细致,其中很多是爱丽丝天马行空的想象和猜测,生词较多,会对学生理解文本产生较大阻碍,所以笔者在不影响文本原意和文本主角个性品质塑造的前提下,对文本中的部分心理描写进行删减,如… for she had read several nice little histories about children who had got burnt, and eaten up by wild beasts and other unpleasant things, all because they WOULD not remember the simple rules their friends had taught them: such as, that a red-hot poker will burn you if you hold it too long; and that if you cut your finger VERY deeply with a knife, it usually bleeds; and she had never forgotten that, if you drink much from a bottle marked 'poison', it is almost certain to disagree with you, sooner or later.

2.1.2 注释

笔者对于原版文本中一些学生较难从上下文推断出的名词给予中文注释,如 telescopes(望远镜)、cherry-tart(樱桃馅)、custard(苹果馅)、roast turkey(烤火鸡)、toffee(太妃糖)、hot buttered toast(热黄油土司)、currants(葡萄干)等,以此减轻学生认知负担,维持学生阅读兴趣。

2.1.3 替换

针对文中一些较为生僻或者从上下文联想不出的含义表达,笔者根据简版教材难度水平以及表达特点进行了一些替换。例如,将"a book of rules"改写成"a magic book";将"decided on going into the garden"改写成"decided to enter the garden";将"her face brightened up at the thought that …"改写成"her face brightened up when she thought …"等。

2.1.4 整合

原版文本篇幅长、段落多，考虑到课堂阅读时间有限，笔者依据简写版教材所分四个段落，对原版文本段落进行重新整合。例如，把原文本几个段落：

'What a curious feeling!' said Alice; 'I must be shutting up like a telescope.'

And so it was indeed: she was now only ten inches high, and her face brightened up at the thought that she was now the right size for going through the little door into that lovely garden. First, however, she waited for a few minutes to see if she was going to shrink any further: she felt a little nervous about this; 'for it might end, you know,' said Alice to herself, 'in my going out altogether, like a candle. I wonder what I should be like then?' And she tried to fancy what the flame of a candle is like after the candle is blown out, for she could not remember ever having seen such a thing.

After a while, finding that nothing more happened, she decided on going into the garden at once ...

简化、整合后变为一段：

'What a curious feeling!' said Alice; 'I must be shutting up like a telescope.' And so it was indeed: she was now only ten inches high. Her face brightened up at the thought that she was now the right size for going through the little door into that lovely garden. First, however, she waited for a few minutes to see if she was going to shrink any further. After a while, finding that nothing more happened, she decided to enter the garden at once.

2.1.5 挖空

笔者采用挖空的方式，将分布在不同段落的几个非常形象生动的动词词组："finished it off""her face brightened up""tried her best to"以及"her eyes fell on"挖空，引导学生猜测空缺部分，并在课堂中引导学生关注、欣赏这些动词的生动用法，为学生读后续写作铺垫。

2.2 学生学情分析

所选授课班级学生来自本校初一年级，是一个整体英语基础扎实、英语成绩优秀的班级。学生想象力丰富、思辨能力强、课堂参与度较高。虽然大部分学生已经阅读过中文版，了解大体故事情节，但学生在学习完本单元 Reading 课（也就是爱丽丝遇见兔子、跟着兔子跳入兔子洞、被困兔子洞中这一选段英文简写版）后，对英文版接下来故事情节发展仍有着强烈好奇，不少同学在课堂上就已发现教材 Task 板块文本就是 Reading 板块故事的延续，有的甚至在课间自主阅读了 Task 板块文本，阅读过的同学都表示 Task 板块文本对他们来说基本没有任何理解困难。

2.3 教学目标

结合文本特点和学生学情，笔者将本课教学目标设定为：

1. 学生能够更加全面地了解故事情节变化与发展，更加明晰主人公爱丽丝的个性品质；

2. 学生能够发现并欣赏原版文本想象力之丰富、细节描绘之美妙、动词使用之到位，知晓精彩故事写作特点；

3.学生能够学习、模仿原版文本语言特点,尝试自己续写故事情节。

3. 教学实践

Step 1：Review and preview before class

教师课前布置学生回顾 Reading 板块故事情节,自主认真阅读 Task 板块文本内容并思考以下几个问题：1. What kind of person do you think Alice is? 2. After you read these two parts，is there anything strange?

[设计意图]

　　由于课堂时间有限,而原版文本阅读难度不小,所以课堂上应当尽可能把时间用于原版文本深度阅读与故事写作训练,因此让学生带着问题自主阅读简版文本,在提高学生自主阅读能力的同时也提升课堂效率。其次,通过问题"爱丽丝是个怎样的女孩?"可以调动学生在理解文本基础上进行自主发散性思考。通过问题"在阅读两部分简版选段后,有没有产生疑惑或者不解?"能引发学生针对文本内容进行自主逻辑性、批判性思考。阅读教学既要获取文本信息、也要解读文本,构建语言知识,还要培养学生自主阅读,通过设计追问式、探究式、开放性问题,引导学生质疑和帮助学生解惑,启发学生的批判性思维(Ennis 1993)。

Step 2：Warming up

上课伊始,教师在 PPT 上打出四个大大的"... but ...",引导学生根据提示回忆、复述教材 Reading 以及 Task 板块故事情节变化发展,并在此过程中将 Task 板块反映情节变化发展的重点动词词组显示在 PPT 上。

[设计意图]

　　教师以最简明扼要的形式,将学生迅速带入课堂,进入故事情境,体会故事情节变化。另外,虽然课堂阅读重点是原版文本,但教师不可全盘否定或抛弃教材,对于教材文本中的重点、要点以及简洁的语言表达,仍然应该令学生明晰。

Step 3：To be a good thinker and questioner

教师提问学生"What kind of person do you think Alice is?",让学生各抒己见,表达自己对教材中描绘的爱丽丝性格、个性、品质的理解。不少学生在阅读完教材文本后,除了觉得爱丽丝很 brave,或多或少都感觉教材中的爱丽丝很 careless,甚至她的有些行为令人感觉很 foolish。紧接着,教师追问学生，"After you read these two parts，is there anything strange?",如果学生自己并没有什么发现,教师可以给予适当引导,针对教材文本几个细节进行提问,例如："Alice saw a golden key on the table before，why didn't Alice see the little bottle at that time?" "The door was open and Alice was small enough to enter，why did Alice bring the key with her?" "Was Alice really a very careless girl?"。

[设计意图]

　　第一个问题,主要是为了引导学生关注教材中的人物描写,并且通过学生的回答,教师可以了解学生对爱丽丝的人物个性品质的理解。第二个问题,主要是为了引导学生发现,由于简版教材对原版故事情节以及细节描写进行了大规模的改写和缩略,导致在逻辑上、人物塑造上产生诸多问题,让学生对文本产生质疑,激发学生逻辑性、批判性思考,也让学生对接下来教学环节产生好奇和兴趣。

Step 4: To be a good reader and appreciator

带着教师和学生们共同提出的疑惑,开始进入原版文本的阅读。针对疑惑"Why didn't Alice see the little bottle before?",学生自主阅读原版文本第一大段并根据文本寻找答案。接着,教师引导学生关注文本对瓶子的细节描写"round the neck of the bottle was a paper label, with the words 'Drink me' beautifully printed on it in large letters",并提问学生"If you were Alice, what would you do? Will you drink the bottle quickly?",让学生与人物共情,并锻炼学生对文本进行合理想象和猜测。在整个第一段阅读教学过程中,教师在 PPT 左半部分显示教材简版文本第一段的重点动词词组,而在 PPT 右边对比显示原版文本描写,并将其中学生能够欣赏并模仿的部分加粗高亮突出显示。

带着第一段最后提出的问题,学生进入第二段阅读。在第二段阅读中,教师通过提问"Did Alice drink the bottle quickly?",引导学生关注文本对爱丽丝一系列动作"was not going to do that in a hurry"、"looked first"、"tried to taste",体会爱丽丝机智、谨慎的个性品质;通过集体朗读,引导学生关注文本对瓶中药水味道的描绘,直观感受作者描绘之生动、想象力之丰富。通过挖空、填空,引导学生体味动词词组"finished it off"带来的情境感;通过具象对比,让学生直观明晰爱丽丝喝完药水后的大小(ten inches high)。最后,教师抛出问题"If you were Alice, how would you feel when you became 10 inches high?",让学生与人物共情的同时进行合理猜测。

第三段,教师用挖空、选择的形式,让学生感受"her face brightened up"中动词词组"brightened up"的生动;用提问"After Alice became only 10 inches high, did Alice go into the garden?",让学生关注爱丽丝动作"waited for a few minutes",体会爱丽丝的小心、聪慧;最后,让学生根据自己对文本以及人物的理解,自由探讨阅读前的疑惑"The door was open, why did Alice bring the key with her?"

最后一段,教师除了用挖空填词、挖空选择的形式,引导学生关注"tried her best to"、"her eyes fell on"这些生动的动词词组;还引导个人以及集体朗读爱丽丝"could see it, but could not possibly reach it, tired her best, tired herself out"一系列动作以及"Come, there's no use in crying like that!" said Alice to herself, rather sharply;"I advise you to leave off this minute!"这些话语,全面、深刻感受爱丽丝情感变化以及其果敢的品质。

在引导学生深度阅读完原版文本后,教师提问学生:"We have already read the story in our textbook and the story on the paper, which one do you prefer and why?",让学生畅所欲言,表达自己对两个文本的看法和喜好。与此同时,教师引导学生立足文本、思考两个文本各自不同的语言特点,并在黑板上用板书记录学生发言的关键词。

[设计意图]

教师让学生带着对教材文本的质疑进行原版文本的阅读,在锻炼学生逻辑性、批判性思考能力的同时也可以充分激发学生阅读兴趣。教师通过提问、挖空、朗读、讨论等各种活动形式,在维持学生阅读兴趣和乐趣的同时,促进学生对小说情节的深入理解以及对小说主人公的全面认识;通过PPT上醒目的原版、简版对比,让学生在明晰教材简版语言表达特点的同时,学习原版语言的生动、多样、趣味、具有逻辑性、充满情境感、富有想象力,为接下来的写作环节做语言内容以及形式上的铺垫。

Step 5:To be a good story teller

教师给学生约五分钟的时间,指导学生运用阅读中所学到多样、有趣、富有想象力的人物描写,生动、充满情景感的细节描写以及多变但具有逻辑性情节描写进行小说续写。学生写完之后,邀请学生分享自己所写故事并请其他同学点评优缺点。

[设计意图]

教师引导学生深度阅读原版小说后,指导学生模仿其写作特点进行写作练习,让文学阅读与写作结合,不仅给学生的写作提供丰富的内容素材、情感素材、人文素材和语言素材;还能让学生能够在理解故事、分析人物、讨论主题、欣赏语言的基础上获得深层的阅读体验、培养多种思维品质、发展写作能力(李丹丹 2017)。同伴互评反馈活动有助于培养学生的批判性思维能力以及分析问题和解决问题的能力,同时能够丰富作者和读者的认知图式,增强其纠错能力,进而提高写作文本输出质量(白丽茹 2012)。

Step 6:Homework

每人在小组内分享自己所写作品,小组成员给予点评后,再进行自我改进。找到原版文本,将原版文本第一章节读完,与自己所写故事进行对比反思。

[设计意图]

教师通过同伴互评、自我修改、与原著对比反思,一方面促进学生写作能力提升,另一方面也可以增强学生对原著的好奇、促进学生进一步在课外自主阅读原著。

4. 教学反思

本次教学尝试亮点主要表现在:

(一)教师阅读活动设计的多样化。为了激发、保持学生对原版文学作品阅读与赏析的兴趣,教师先让学生自主阅读教材简版文本以降低阅读难度,而后在课堂教学中通过提问、挖空赏析、对比赏析、个人与集体朗读相结合、个人思考与小组讨论相结合等各种活动形式调动学生不断进行更加细致、更有深度的阅读和思考。

(二)教师对学生思维品质的培养。教师在阅读前和阅读中引发学生进行逻辑性、发散性以及批判性思考、在阅读后引导学生进行创造性思考,都是对学生高阶思维以及语言创新性思维的锻炼(Daniel 2013),可以有效提升学生思维品质。

但实际教学后,也发现了教学设计的不足之处,例如:在学生写作后,教师邀请几位学生展示作品并请其他学生点评优缺点时,并未能给出学生具体评价标准,而写作评价是英语写作教学的重要环节,对学生写作水平的提升具有导向作用,提供详尽、易操作的评价标准是有效评价的核心(罗慧之,陈丹 2017)。

5. 结语

　　阅读不仅仅是了解文本信息、学习语言知识，而更应是进行逻辑性、发散性、批判性思考的过程。写作也不只是应用语言知识，而更应是个性化思维、创造性思维碰撞的过程。学生们真正需要的，应该是以语言积累为基础，以兴趣为出发点，充满人文气息和拥有创作意愿和灵感的课堂(李丹丹 2017)。原版文学阅读，引领学生接触、学习、欣赏最为地道、最为丰富、最为生动的语言。读后写作，给予学生模仿、创作属于自己的文学作品的机会，让学生真正在课堂上感受语言之美，发现思考之美！

参考文献

[1] Daniel，S. Facilitating creativity in the classroom：Professional development for K12 Teachers[A]. In M. B. Gregerson，J. C. Kaufman & H. T. Snyder (Eds.)，*Teaching Creatively and Teaching Creativity*[C]. 2013，3－14.

[2] Ennis，R. Critical thinking assessment[J]. *Theory into Practice*，1993，32(3)：179‑186.

[3] Willis J. Concordances in the classroom without a computer：Assembling and exploiting concordances of common words[A]. In B. Tomlinson (Ed.)，*Materials development in language teaching*[C]. Cambridge：Cambridge University Press，1998：44‑66.

[4] 白丽茹. 大学英语写作中同伴互评反馈模式测量评价表的编制[J]. 现代外语，2012(2)：21‑23.

[5] 黄瑞贤. 基于学生体验的高中英语文学阅读导读[J]. 中小学外语教学(中学篇)，2015(6)：34‑37.

[6] 黄远振，兰春寿，黄睿. 为思而教：英语教育价值取向及实施策略[J]. 课程.教材.教法，2014(4)：63‑69.

[7] 教育部. 普通高中英语课程实验标准(实验)[M]. 北京：人民教育出版社，2003.

[8] 李丹丹. 基于文学阅读的以读促写教学实践——以《典范英语10》为例[J]. 中小学外语教学(中学篇)，2017(3)：31‑35.

[9] 卢国华. 中学生课外英语阅读的选择性策略探究[J]. 中小学外语教学，2017(5)：22‑25.

[10] 罗慧之，陈丹. 初中英语读写结合有效性的思考与实践[J]. 中小学外语教学(中学篇)，2017(4)：5‑9.

[11] 汪艳. 英语原版小说阅读选修课的实践与探索——以《穿条纹睡衣的男孩》为例[J]. 中小学外语教学(中学篇)，2015(8)：1‑8.

[12] 王轶丽. 例谈补充阅读在高中英语课堂教学中的应用[J]. 中小学外语教学，2017(3)：56‑61.

作者单位：南京市第一中学 江苏　210002

"旁征博引"为阅读教学锦上添花

——补充阅读材料辅助阅读教学的有效尝试

杨 艳

1. 研究背景

作为高中阶段英语教学听、说、读、写四大技能之一的读，这两年来无论是在各类英语类考试还是公开课开设中都占着举足轻重的地位。阅读课看似是一个成熟的课型，然细思之下，却不难发现很多问题。譬如，林毅超(2016)在《高中英语文学阅读教学的现状调查及对策研究》中通过问卷调查发现：高中生的英语文学阅读课内仅限于教材中为数极其有限的几篇作品或节选，在课外几乎得不到延伸和补充；在教学实践中，教师普遍重视学生语言知识的掌握和语言技能的训练，而忽略了对其进行文学素养的培养。

在高中阅读课堂上合理选取并有效使用补充阅读资料不仅有利于扩大学生的阅读面，更可以在阅读教学中强化培养学生的文学素养。如何能恰如其分的选取补充阅读资料并将其行之有效地付诸教学实践，又给我们提出了一个更高的要求——我们要在加强自我语言、文化积累的同时，不断在教学实践中敢于突破旧的教学观念和模式，根据各种文体、文本的具体特点，尝试补充阅读资料的代入和相似文化背景的相互渗透，以期在实践中提高学生英文理解和运用能力的同时，使学生在语言学习过程中形成积极的情感态度，培养良好的文学素养，进而获得终生学习的能力。

本文以高中《英语(牛津上海版)》Module 8 Unit 2 Reading *Turandot in Beijing* 第一课时的设计为例，探讨补充阅读材料在高中英语阅读课上的选取和使用。这节课在最后开设公开课之前笔者上过两次，经过两次课堂打磨及课后思考，笔者多次对补充阅读材料的内容和使用方式进行了合理的增删、调整和改进，使得最后成型的公开课结构更加紧凑，思路更为清晰，内容也更加饱满而丰富，课堂收效十分显著。

2. 案例简介

2.1 文本主题及背景

Turandot 是意大利著名作曲家 Giacomo Puccini 根据童话剧改编的三幕歌剧，是他最伟大的作品之一，也是他一生中最后一部作品。*Turandot* 为人民讲述了一个西方人想象中的中国传奇故事。*Turandot in Beijing* 这篇评论报道了该歌剧作品由张艺谋导演执导，1999 年在北京华丽上演的情况，文章的主体部分则是对该歌剧作品人物结构和故事情节的简介。

文本分析：教材中的这篇阅读文本存在两个问题：首先，这篇文本由于受教材篇幅限制，只能给出这部戏剧作品的故事梗概，无论是在人物描写还是情节发展方面都不能给学生一个全面立体的认识。其次，*Turandot in Beijing* 的体裁是戏剧，却没有让学生感受到戏剧的特点和舞台冲击力。

2.2 教学线索、目标及补充材料的选取

本节课笔者设计的教学目标是：① 以读促读；② 以读促写。教学线索是两条主线：① 四个 beauties；② 四个 triangle love。因此，针对笔者的教学目标和线索设定所选取的补充阅读材料是两篇：① *Gone with the Wind* 一书中对 Scarlett 的描写；② *Turandot* 的剧本节选。

设计说明：教学线索的设定采用了对比的方法，四个贯穿全课始终的 beauties 依次为：*Gone with the Wind* 中的 Scarlett，*Turandot in Beijing* 中的 Turandot，*Hobbit* 电影中的原创人物 Tauriel 以及埃及艳后 Cleopatra。把这四个人物串联到一起是因为她们的共同点，Scarlett 的描写一向堪称经典，可以让学生在欣赏的同时注意模仿，并通过对比和归纳将这种人物分析的方法运用于对 Turandot 人物的刻画和分析，进而将所习得的人物描写和分析技巧运用于课后写作任务——介绍 Tauriel 和 Cleopatra 的故事并刻画和分析这两个人物。

2.3 第一篇补充阅读材料

（1）引入环节：

T：Could you guess what we will talk about today?

S：*Turandot in Beijing*.

T：No，we will talk about beauties.

S：...（surprised）

T：The first beauty I'd like to introduce to you is Scarlett in *Gone with the Wind*.

S：...（curious and excited）

设计说明：首先，以 beauties 的话题去引入本节课是学生始料未及的，于是最大程度的调动了他们的好奇心；其次，*Gone with the Wind* 是多数学生都比较熟悉的文学作品，以它的节选部分作为补充阅读材料足以调动学生的求知欲和阅读的兴趣。

（2）阅读环节：

T：Fulfil two tasks after reading the supplementary reading material. Guess the underlined words while reading and underline all the expressions used to describe Scarlett.

S：...

设计说明：在阅读补充阅读材料之前下达阅读任务以明确阅读的目的性和侧重点，在监督和指导学生阅读过程的同时优化阅读效果。

（3）检测环节：

检测 1：

T：How can you guess the meanings of new words?

$\left\{\begin{array}{l}\text{hard-hearted}\\\text{high-hearted}\\\text{self-willed}\end{array}\right.$

vivacious

$\left\{\begin{array}{l}\text{blustering}\\\text{hardy}\end{array}\right.$

S：....

检测 2：

T：Collect and arrange the expressions used to describe Scarlett and complete the table.

Character	Appearance	Personality
Scarlett	...	...

S：...

T：Make an analysis on Scarlett with the help of the table.

S：...

设计说明：该环节设计在检测学生阅读效果的同时对学生的猜词能力进行了指导和强化：将 6 个生词分为三类，第一类是通过构成复合词的两个熟词去猜测复合词义；第二类是词根猜词法；第三类是通过上下文猜测词义。

（4）运用环节：

Step1：让学生带着补充阅读材料中学习到的猜词法和人物描写及分析的方法去阅读 *Turandot in Beijing*。

Step2：用 *Turandot in Beijing* 中出现的生词去检测及强化学生猜词的技巧及能力。

Step3：引导学生将补充阅读材料中习得的人物描写及分析的表达和技巧运用于对 Turandot 及文中 triangle love 的描述和分析。

设计说明：猜词技巧的及时运用在增强学生阅读自信心的同时强化了技能的掌握，在补充阅读中习得的人物描写及分析在对 Turandot 及其人物关系描述和分析的时候起到了指导和借鉴的作用，学生通过模仿、对比和归纳的方法对文本内容有了更深层次的理解和感悟。至此，"以读促读"的教学目标已经达成。

（5）延伸拓展环节：

用本节课所学到的人物及人物间关系描写和分析的相关词汇和方法指导课后写作任务——课后收集和整理相关资料，完成对另外两个 beauties 的人物及人物间关系的描写和分析。（这两个 beauties 分别是电影 *Hobbit* 中的原创人物 Tauriel 和埃及艳后 Cleopatra）

设计说明：如果说在 *Gone with the Wind* 的补充阅读材料中学习到的人物及其关系的描写和表达方法在对 *Turandot* 的解读和分析中更多训练到的是学生模仿、对比和归纳的分析技巧，那么在该项写作任务中则更多考验了他们将课堂所学加以合理运用和再创造的能力，最终达成"以读促写"的教学目标。

2.4 第二篇补充阅读材料

Students are supposed to：

Step1：read through the main part of the article，*Turandot in Beijing*；

Step2：read through the supplementary reading material，an excerpt from the opera，*Turandot*；

Step3：discuss the script and assign roles in their groups；

Step4：pracise the script；

Step5：perform the opera.

设计说明：在第一篇补充阅读材料的基础上又特别增加了 *Turandot* 的剧本节选,这是对教材阅读文本的延伸和补充,能够让学生感受到戏剧不同于其他文学表现形式的魅力。同时,学生对剧本的阅读和演绎就是对作品的欣赏和揣摩,在拓展学生阅读量和阅读面的同时加深了他们对这部戏剧作品内容和人物描写更深层次的理解和感受。更重要的是,这样的补充阅读材料能在潜移默化之中激发学生广泛阅读的兴趣,让他们感受到阅读是一件愉快的事。

2.5 对第一次试课的回顾

在第一次试课后,出于压缩时间的考虑,笔者删除了第一篇补充阅读材料中对 Scarlett 双亲的描写。第二次试课时,笔者明显地感觉到学生对 Scarlett 的人物解读不够全面而深入,究其原因,与这段人物侧面描写的缺失不无联系。侧面描写是一种表现力十分丰富的艺术手法,在特定的语境中可以取得意想不到的艺术效果,它对表现人物、揭示主题起着重要的作用(刘晓华 2004)。汉乐府著名字诗篇《陌上桑》一文中,就以老者、少年见到罗敷时忘形的模样侧面勾勒出一个容貌绝艳的农家采桑女子(赵爱兵 2014)。在这篇补充阅读材料中也有其他侧面描写 Scarlett 的佐证,比如：As for Scarlett, in her face "were too sharply blended (mixed) the delicate feature of her mother，a coast aristocrat of French descent，and the heavy ones of her florid (someone has a red face) Irish father"(Margret 2004)。Scarlett 的这两个外貌特征恰恰是分别遗传了她高雅且具有贵族气质的母亲及面色红润,健康又结实的父亲。因此,保留 Scarlett 双亲的描写除了可以让学生更全面、深入地理解 Scarlett,更能够让他们对人物侧面描写的写作手法有个直观的感受,并引导和鼓励他们把这种描写手段运用于他们的书面表达,从而促成"以读促写"的教学目标。

2.6 对第二次试课的回顾

通过第二次试课,笔者发现第一篇阅读材料的猜词环节出现了很多问题。首先,该环节花费时间过多,有喧宾夺主之嫌;其次,猜词法在平时教学训练中一直有所提及,没必要刻意为之;再次,受时间限制没有解释到位的生词依然成为学生阅读中的"拦路虎";最后,这个环节的设置易让学生产生畏难情绪,甚至会使部分学习能力较弱的学生刚上课就昏昏欲睡。

这个环节设计的失败带给笔者的体会是补充阅读材料纵然再恰当漂亮,但如果使用不当,一样会导致一节课的失败。所以,课后就如何能让学生几乎无障碍地完成补充阅读材料,并在一种相对轻松的状态下掌握和理解生词方面笔者动了很多脑筋。第三次上这节课的时候,笔者尝试了 paraphrase 的方法,即在生词后面标注出它的英文解释,或是用近义词去解释它。果然,在这节课上,笔者发现学生不仅阅读速度明显提升,甚至在课堂后续环节中能频繁使用到这些新词汇去描述 Turandot 与 Scarlett 的相似之处。通过两次课堂实验的对比,不难发现,运用 paraphrase 的方法去协助补充阅读材料的使用对学生英语学习有着积极有效的作用,它可以:① 帮助学生扫清阅读障碍,提高阅读速度;② 提高学生对文章中难点部分的理解力;③ 帮助学生较为轻松、自主地理解生词,且记忆效果好;④ 强化及训练学生用英语思维和表达的能力。

3. 研究反思

阅读课 *Turandot in Beijing* 笔者一共上了三次,每次课后笔者都会反思课堂,并结合学生的课堂反应和听课教师及部分学生的课后反馈对文本、补充阅读资料、课件及教学案进行增删和改进,前后三次修改不下几十处,这一反复修改、验证和反思的过程虽然耗时耗力,却让笔者对阅读教学又有了全新的领悟,在补充阅读资料的选取和使用方面积累了宝贵的经验,现归纳、总结如下:

3.1　补充阅读资料的选取和使用应紧扣课堂主题并有助于教学目标的实现

课堂教学目标是教师根据教学目的、内容及学生实际而制定的一种具体要求和标准,它是教学目的的具体化,是课堂的方向,是一堂课的灵魂。补充阅读资料的选取和使用一旦脱离课堂灵魂,就会让学生觉得不知所云,反倒会成为一节课的败笔。同样,脱离了课堂主题的补充阅读资料就好像无源之水、无根之木,只会暴露课程设计者在选择资料时的粗心和随意,带来的结果是材料的出现很突兀,作用很牵强,让人摸不着头脑也切不准脉,课堂环节的过渡和衔接也会变得极不自然。所以,在选取补充阅读材料之前应该先细读教材文本,提取文本主题,进而再围绕文本主题和设计者希望实现的教学目标选择贴切的补充阅读材料,才能避免野蛮、生硬地植入,从而让整节课主题突出,目标明确,行云流水。

3.2　补充阅读资料的选取应当长短适宜、难度适中

补充阅读资料的添加毕竟只是锦上添花,不能动摇教材的核心地位。所以,对这类阅读材料的选取须思忖再三。篇幅过短,则失去了阅读的意义;而篇幅过长,又会喧宾夺主,使课堂重心偏离。材料太简单,起不到训练的效果;而材料太难,不仅读起来会耽搁太多时间,还会影响学生对文章理解的深度和准确度,甚至会打击学生阅读的积极性,使他们在课堂上恹恹欲睡。因此,在挑选材料的时候我们应当结合课堂各环节的时间分配和不同阶段、层次的学生,选择长短适宜、难度适中的补充阅读材料。对过长的文本删减不重要段落;对较短的文本可考虑将相关情节、段落或相似的文本进行拼接。对难度较大的文本,如果材料的确好,可以考虑运用一些方法降低文本难度。比如笔者在这节阅读课中采用的方法:对补充阅读中出现的影响阅读的生词,用 paraphrase 的方法在适当降低文本难度的同时却提高了学生的阅读速度,且加深了学生对文章的理解,甚至对学生的词汇学习和积累也能起到积极的引导作用。

3.3　补充阅读资料的使用切忌浅尝辄止、流于形式

补充阅读资料的使用很容易出现浅尝辄止、流于形式的情况。出现这种情况有很多原因：比如，为了盲目体现课堂内容的充实性和环节的多样性，走形式、做样子；又比如，没有明确课堂侧重点，在某些无须面面俱到的环节上耽搁了过多的时间，如此一来就要压缩补充阅读时间；再比如，只是让学生去阅读了材料，既没有下达阅读任务也没有在之后检测阅读效果。所有这些都会让补充阅读资料显得单薄、苍白，成为食之无味、弃之可惜的鸡肋。所以，首先我们要从内心上真正认可补充阅读材料在阅读教学中的必要性和重要性，而不是仅仅为了赶潮流；其次，在设计一节课之前我们应该明确课堂的侧重点和各个环节的比重，从而分配好时间；再次，既然是阅读材料，就一定要在阅读之前下达恰当的阅读任务，这样学生在阅读的时候才能做到有的放矢。而阅读之后的检测环节也必不可少，对阅读的检测一方面可以监督、考查学生的阅读能力和效果，另一方面也可以为课文阅读做好提前的预热和指导。唯有做到以上这些才能体现课堂设计者对补充阅读资料的物尽其用。

王笃勤（2002）在他的《英语教学策略论》一书中指出："阅读教学的成功与否很大程度上取决于教学的策略性。"虽然阅读教学是高中英语教学中一个相对成熟的课型，但笔者通过文献检索发现，利用补充阅读材料去辅助教材阅读教学的研究目前几乎是个空白。冯静（2015）在《高中英语报刊阅读教学材料的选择》一文中曾通过问卷形式调查了解了高中生英语阅读的现状：学生和教师对现行牛津教材的满意度不高，学生英语阅读的主要问题在于阅读量少，导致词汇匮乏从而影响对阅读材料的理解。因此她提出需要针对学生的需求与实际水平，提供适量的阅读材料。但怎样的阅读的材料才是针对性强的，才能满足高中生的需求和实际水平？篇幅长短，材料多少才为适量？如何去充分调动这些补充阅读材料以更好的辅助和推进教材阅读文本，使之更丰满而立体？诸如这些实际操作问题，文章却并没有详细阐述。究其原因，主要是目前国内的相关研究偏少，可操作性强的指导性文献又严重匮乏。因此，在高中英语阅读课上尝试利用补充阅读材料去协助、丰富阅读教学首先就是一次对教学策略的思考和创新。但如何恰当选取和合理使用补充阅读资料也给教师提出了更多的挑战，首先，教师需要大量而广泛的阅读，阅读量提升的重要意义自不必多说，而阅读的广度也决定了教师的眼界和课堂设计的深度和多样性。唯有在阅读上不拘一格读好书，做到胸中有丘壑，才能积累并构建起来一个丰富的资源库，才能保证在选择补充阅读材料的时候能做到随时调取，取舍得当。另外，教师在平时阅读的时候要做个有心人，对阅读过的各类文学作品最好能依照体裁和题材进行分类整理。这样，在进行补充阅读材料选择的时候才能做到心中有数，从而使材料的选取更为精确，调用的过程也会更加方便。

参考文献

［1］Margaret Mitchell. *Gone with the Wind*［M］. 北京：世界图书出版公司，2004（08）.

［2］冯静. 高中英语报刊阅读教学材料的选择［D］. 上海：上海师范大学，2015（11）.

［3］林毅超. 高中英语文学阅读教学的现状调查及对策研究［D］. 福建：闽南师范大学，2016（02）.

［4］刘晓华. 侧面描写的魅力［J］. 中学语文园地,2004(12).

［5］王笃勤. 英语教学策略论［M］. 北京：外语教学与研究出版社,2002(05).

［6］赵爱兵. 浅谈《陌上桑》的任务描写手法［J］. 语文学刊,2014(14).

作者单位：南京市外国语学校仙林分校 江苏　210023

循序而渐进熟读而精思

——例谈初中英语阅读教学中思维品质的培养

张　珍

提　要：提升学生的思维品质是初中英语教学的重要任务。本文以一节阅读课为例，从读前激发思维激情、读中推进思维层次、读后提升综合能力三个角度，探讨了教师在阅读教学中如何研读文本、重视情境、梳理主线、建构结构化知识、关注内化提升、迁移创新，以在阅读教学中有效地培养学生的思维品质。

关键词：阅读教学；活动设计；思维品质

1. 引言

随着《中国学生发展核心素养》总体框架的发布，发展学生英语学科核心素养成为深化基础教育英语课程改革的重大举措之一（程晓堂，赵思奇 2016），其中思维品质和语言能力、文化品格和学习能力一起被列为英语学科核心素养的关键要素，这就意味着思维品质的培养将不再是特优学生的发展目标，而是对基础阶段所有学生的普适性要求（张金秀 2016）。

思维品质是思维活动中智力与能力在个体身上的表现，具有敏捷性、灵活性、创造性、批判性、深刻性等特征。作为英语学科核心素养的思维品质，包括辨析语言和文化表现的各种现象；分类、概括信息，建构新的概念；分析、推断信息的逻辑关系；正确评判各种思想观点，理性表达自己的观点；形成英语思维习惯，提高多元思维能力（鲁子问 2016）。

英语阅读因其丰富的英语教育文化内涵和语言赏读价值而展现了英语课程工具性与人文性的统一，在学生思维品质的培养上具有其他语言课型无可比拟的优势（戴军熔 2016）。学生要以语篇为载体，在理解与表达的语言实践活动中，融合知识学习和技能发展，通过感知、预测、获取、分析、概括、比较、评价、创新等思维活动，在分析问题和解决问题的过程中，发展思维品质，塑造正确的人生观和价值观，促进英语学科核心素养的形成与发展（王蕾 2015）。

然而，目前的英语阅读教学却过多强调了知识与技能的培养，而忽略了思维品质等基本素养的培养。很多教师注重培养学生的阅读技巧和语言技能，关注学生对词汇和语法的掌握，而忽略了阅读的理解层面；有些教师仅止于对文本的表层理解，缺少对文本内涵的挖掘，使学生的思维只停留在问题表面，限制了学生的思维空间，束缚了学生思维品质的发展。这就要求教师要改变以往"重知识，轻思维"的阅读教学模式，针对文本进行巧妙的教学设计，展开多维的思维活动，从而激发学生的思维激情，推进学生的思维层次，提高学生的综合能力，从而提升学生的思维品质。

2. 培养学生思维品质的阅读教学实践

　　阅读文本选自译林版《牛津初中英语七年级下册》Unit 5 Reading 版块的第一课时，是记叙性、故事型的阅读文本。两个女生 Millie 和 Amy 在公园里听到了奇怪的声音，认为是"鬼"在叫，非常害怕地跑出了公园，遇到了 Andy。Andy 了解了事情经过后，经过找寻，发现"鬼"却只是一只猫。最后大家一起把猫送到了动物中心。故事情节层层推进，Andy 在公园里帮女生们寻"鬼"的举动是文本的高潮所在，文末孩子们的举动更是将故事推向另一个高潮。叙事逻辑清晰，情感最终升华，可读性很强，能有效培养学生的思维能力。

2.1 读前激发思维激情

　　首先，教师为学生播放一个相关视频，导入 ghost 的话题。然后老师发问：Have you met a ghost before? 学生齐声大喊 yes 或 no，老师继续发问，If you see or hear a "ghost", what will you do? 学生们七嘴八舌，有的说 I will run away as quickly as I can，有的说 I will shout for help，有的说，I don't believe there is a ghost in the world! I will find out what the ghost is! 老师顺势往下说，but two girls told me that they met a ghost in Sunshine Park，let's go and see what happened!

【设计意图】

　　教师引入话题，让学生在课堂一开始就活跃起来，激发探究兴趣，自然引入话题。而教师的层层提问提问和追问，让学生们展开头脑风暴，激发学生们的思维火花，同时，阅读课的主题也已经自然引出，让学生们颇有身临其境之感。由相关视频引入本课"公园之鬼出没"，教师将情境、语境和趣味三者相融，开启了培养学生思维品质的阅读课新旅程。

2.2 读中推进思维层次

2.2.1 通读——训练概括思维

教师首先要求学生快速浏览全文，并完成配对任务。

Para 1	details of the story
Para 2 - 6	ending
Para 7	settings（场景）of the story

　　在学生完成后，教师提出问题：Do you know the four Ws in a narrative story?
　　学生按照已有的语文作文经验给出 when，where，who 和 what。教师给予肯定后，让学生填写下方表格，并让学生用一句话串联这四大要素，即概括文章大意。

The ghost in the park			
Where	**When**	**Who**	**What**
Summary：			

【设计意图】

初识文章,教师首先引导学生分析文章的结构,这样能够有效帮助学生把握故事的情节发展。借助记叙性故事型文本的 4W 要素,即 when,where,who 和 what,教师进一步提出了用一句话概括文章大意的要求,这对于学生的归纳和概括能力是一个很好的锻炼。给阅读文本写概要,不仅可以培养学生独立思考、逻辑分析语言及内容的组织和概括能录,而且可以使学生加深对文章的记忆和理解(刘伟,郭海云 2006)。

2.2.2 细读——培养逻辑思维

教师抓住文本的主线,将碎片知识结构化,设计了以下阅读任务:

Task 1：Read paragraph 2 and answer questions.

  Q1：How did the two girls feel?

  Q2：Why did they feel afraid?

  Q3：What did they do then?

老师依次提出三个问题,并在学生给出答案的同时出示思维导图(mind map)引导帮助学生构建逻辑。

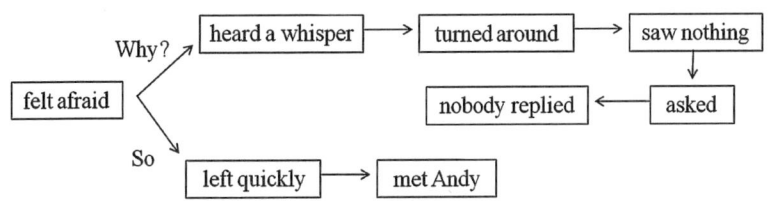

Task 2：Read paragraph 3 - 6 and make a mind map about how Andy found the ghost like the one in activity 1.

Task 3：Read the passage and make a mind map of the whole story with your partner.

【设计意图】

思维导图(mind map)是以图的形式说明思维过程的视觉化学习工具,是基于可视化学习理论对思维过程的显性化描述,具有显著的过程性、生成性、逻辑性和经验性,即可显著发展学生的思维能力,提升学生的思维品质,又可发展学生的语言理解和表达能力(鲁子问 2016)。教师利用故事的主线,层层推进,设计了三个绘制思维地图的任务,既包含了主要段落的重点解析,又有对整篇文章的系统梳理。在第一个任务中,教师利用提问的方式帮助学生搭好支架,让学生自己梳理和整合两个女孩心情变化的因果关系,同时在学

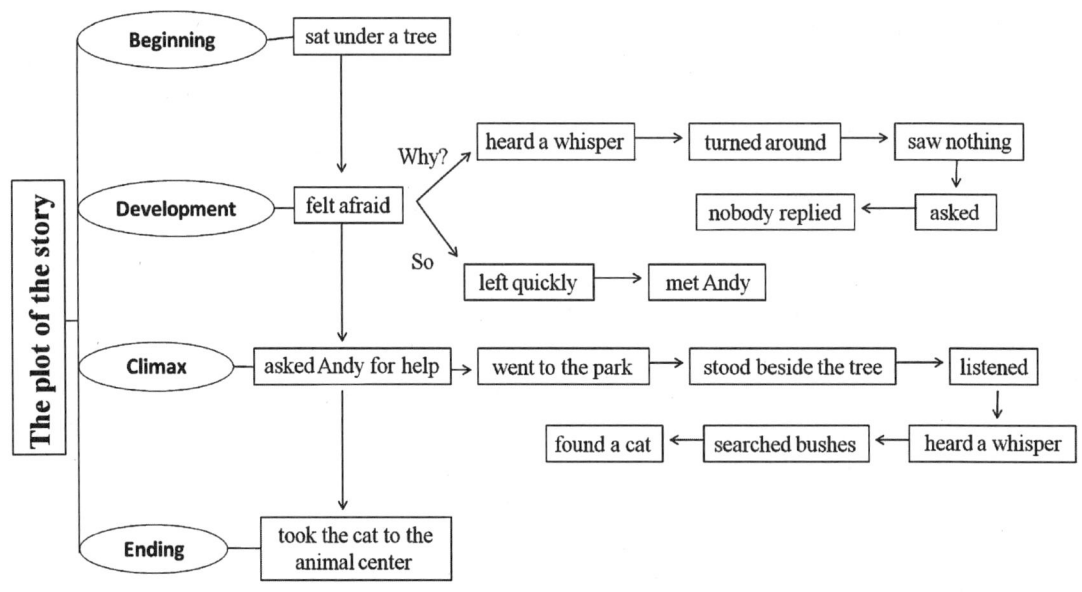

生给出答案时出示思维地图,引导学生通过思维地图的方式串联零散的信息,形成逻辑性的、系统性的理解。第二个任务是让学生针对 Andy 如何找"鬼"的过程独自绘制思维地图,有了第一个任务的铺垫,学生会有意识的梳理文章的细节,把握故事情节的内在联系,从而将语篇文字转化为思维地图。而第三个任务是和同伴合作绘制整篇文章的思维地图,有了第一个任务的引导,第二个任务的尝试,第三个合作任务难倒不学生,教师要注意对叙事类文章的结构进一步补充,即开始—发展—高潮—结局,进一步培养学生思维的逻辑性和系统性。

2.2.3　品读——挖掘个性思维

教师让学生再读文章,并思考两个问题:

Q1:Why did they take the cat to the animal center?

Q2:If you were Andy,what would you do?

【设计意图】

最后文本中的主人公将猫送到了动物中心,教师引导学生思考:为什么要将流浪猫送到动物中心呢?通过小组讨论,学生发散思维,思考动物中心的工作人员是如何照顾动物的。教师在肯定学生的个人见解后,播放世界动物保护中心的宣传片,开阔了学生思路,补充了学生对于动物保护的知识,也进一步加深了学生对于动物保护的理解。第二个问题让学生自己代入情境,大部分学生都表达会帮助 Millie 和 Amy 查明真相,但对如何帮助小猫有着各自不同的见解。在这个环节中,学生的思维不仅仅局限于 read within the lines,而是已经能够 read between the lines 甚至 read beyond the text 了,从表层理解到深层理解再到个性化理解,学生在受到心灵触动的同时,能够根据自己的观点对作者的观点和价值取向进行评价和判断,学生的思维品质得到层层推进。

2.3 读后提升综合能力

2.3.1 头脑风暴——激活发散思维

教师出示 Andy 的图片，引导大家头脑风暴，Andy 是一个怎样的人？你能够从他身上学到什么？

2.3.2 个性采访——锻炼创造思维

小组活动对文本中 Andy 进行采访。四人一组，其中一位扮演 Andy，另三位扮演记者进行提问。在采访之前，教师先播放在复旦大学采访奥巴马的视频，提示学生注意采访用语。

【设计意图】

读后环节的教学活动有助于培养学生的评价性、创造性和开放性思维。教师在设计读后活动时应紧扣阅读材料，充分挖掘教材的原生价值，创设情境，对话题进行拓展和延伸，并保持一定的深度和开放性，以引起学生的思考，激起学生表达的欲望，同时拓展他们思维的广度和深度（张树勇 2015）。

教师设计的第一个活动来自文本又高于文本，在开发学生发散思维的同时，又培养了学生的评价思维，同时又帮助学生们感悟正确的人生态度，如乐于助人、冷静处事等等。人物分析是为之后的采访活动做铺垫。但英语采访对学生来说比较陌生，因此教师选取了学生采访奥巴马的一段视频，既紧扣讨论话题，又贴近学生生活，学生在看视频的同时，就可以模仿采访的姿态与用语。角色采访活动的设计，不仅能加深学生对文本逻辑性和系统性的理解，更是让学生跳出文本，在更加真实的环境中体会语言的应用，更具创造性地使用语言，从而提升语言的综合运用能力。

2.3.3 以读促写——增强深刻思维

Homework：Write a case（例子）in which you help others solve a problem and share with each other.

【设计意图】

学习完 Andy 如何帮助他人解决困难，学生联系自己的生活，回想自己是否有帮助他人解决问题的经历，真正让学生落实到关注自己身边的人和事，做一个乐于助人、勇敢睿智的好少年。课后作业是课堂教学的延续、深化和补充。与课堂任务相关的作业，有利于培养学生的实践能力和应用能力。以读促写，引导学生将所学内容迁移于新的情境中，用语言做事，学用结合，实现思维能力与思维品质的同步提升。学生之间互评，是思维的深度挖掘和拷问的过程，学生可以提出自己的想法，交流自己的观点，弥补个体思维的狭隘，突破思维定势，由此培养学生思维的批判性和深刻性。

3. 结语

在英语阅读教学中培养学生的思维能力，要求教师引导学生在阅读中不仅要理解文本的字面意思，还要通过分析、推测和评价等思维方式挖掘文本的隐藏含义或寓意，了解文本中遣词造句和谋篇布局等方面的技巧，关注作者观点、情感态度和写作意图，从而达到对文本的深层次理解(贵丽萍等 2013)。为了更好的培养学生的思维品质,教师应摒弃陈旧的观念,不断地学习和优化教学设计。阅读教学不能仅仅停留在帮助学生理解文本的层面,还应增强学生思维的灵活性、发散性、逻辑性、创造性和深刻性,并引导学生形成积极的人生观和价值观。因此,教师在阅读教学中要研读文本、重视情境、梳理主线、建构结构化知识、关注学生内化提升、迁移创新,促进学生的思维品质的发展。

参考文献

[1] 程晓堂,赵思奇. 英语学科核心素养的实质内涵[J]. 课程·教材·教法,2016(5):79-86.

[2] 林崇德. 培养思维品质是发展智能的突破口[N]. 国家教育行政学院学报,2005(9).

[3] 刘伟,郭海云. 批判性阅读教学模式实验研究[J]. 外语界,2006(3):14-18.

[4] 鲁子问. 课堂:英语核心素养植根的沃土[N]. 中国教育报,2016-11-16(9).

[5] 鲁子问. 思维图:英语教学的有效工具[J]. 英语学习·教师版(下半月刊),2016(12):43-45.

[6] 王蔷. 从综合语言运用能力到英语学科核心素养——高中英语课程改革的新挑战[J]. 英语教师,2015(16):6-7.

[7] 张金秀. 英语学科思维品质培养面临的困境与对策[J]. 中小学外语教学(中学篇),2016(7):6-11.

[8] 张树勇. 高中英语读后活动的设计原则与策略应用[J]. 中小学外语教学(中学篇),2015(10):12-17.

作者单位:南京市红山初级中学 江苏　210014

初中英语综合复习课的建构与实施

秦晓波

提　要： 复习课不是只注重旧知识的巩固和操练，也应该对已有的知识和能力进行提升。教师要善于引导学生把知识转变为能力，使"重复"变为生动积极的"再现"。教学过程应该是从知识学习到运用的过程，是新语言的教学过程，注重教学过程的任务链和教学过程中的生成教学。同时加强课堂管理如小组学习、游戏活动、表演活动等，包括教学评价如课堂学习、课外学习的形成性评价、评价活动的选择与设计等。无论在回顾板块、练习板块、运用板块、拓展板块还是检测板块都要注重对学生听说读写能力的训练，提倡听说读写看多模态的教学方式。

关键词： 综合复习课；核心板块；建构；实施

1. 复习课的教学目的

复习课应该达到以下几个目的：一是复习课应有查漏补缺、系统整理及巩固发展的作用，把学过的知识系统化，使这些知识在学生头脑中竖成串、横成链，形成知识网络。二是鼓励学生大胆动手、动脑、动口，让他们在语言实践中能够对基础知识准确熟练地掌握，并能灵活运用。三是通过复习将知识变部分为整体，变识记为运用；使学生在系统深入掌握知识的同时，进一步培养学生的自学能力，提高思维、分析和解决问题能力。因此，无论在回顾板块、练习板块、运用板块、拓展板块还是检测板块都要注重对学生听说读写能力的训练，提倡听、说、读、写、看多模态的教学方式。

2. 复习课的核心板块

2.1　回顾板块（导入准备、温故旧知）

（1）导入准备：教师可通过 sing a song、chant、watch a video、play a game、have a competition、duty report、listening 等方式让学生快速进入课堂状态。

（2）温故旧知：一是通过听写的方式复习本话题所学单词、短语；二是通过做单词短语填空、用所给单词适当形式填空、闯关、翻译等练习题来复习旧知；三是通过小组合作讨论，采取小组展示的方式回顾旧知；四是听事先准备的材料，完成填空等练习。

2.2　练习板块（机械操练、意义操练）

（1）Pair work：机械操练：呈现（Presentation）、操练（Drill）—Loud/Low I say, you do.

（2）Group work：练习（Practice）、巩固（Consolidation）、交际运用（Production）、小组讨论（Group discussion）、角色扮演（Role playing）、小组游戏（Group games）、单词接龙（Word match）、纵横字谜（Crossword puzzle）、谜语（Riddles）、闪卡（Flash cards）、采访调查（Interview and investigation）、小组阅读（Group reading）、通过思维导图来复述文本材料。

2.3　运用板块（交际操练、语言迁移）

拟定目标，通过小组讨论、竞赛的方式，达到语言运用、输出的目的。限时处理文本材料的方式可以采取一听：猜测主题、判断正误、答题；二读：略读找主题、跳读寻找细节、精读深挖文本、结合语境猜测词义、推理判断、理清文段结构等；三说：创编对话、复述文本等。

2.4　拓展板块（资源开发、升华提高）

复习课应做到资源开发，如阅读与主题相关的文本材料开拓视野，同时达到升华提高的目的，如对本主题相关热点做一个调查报告、小组展示汇报，或就本主题热点写一段书面表达，当堂展示评价。

2.5　检测板块（评价反馈、作业布置）

评价反馈如当堂做一套包括本话题所有知识点的小测试，达到及时反馈的目的。布置如社会小调查、做小制作、看英语视频、读课外读物等开放式作业。

3. 复习课的教学策略

3.1　目标精准，备好课，有课脉

由此备好复习课应注意以下几个方面：一是内容新，将旧内容翻新引申，把有关知识点串起来。二是题型新，针对性要强，做到突出重点、解决难点，设计的练习有代表性和典型性。既要有专项操练，又要有综合操练，特别是拓展操练。三是方法新，尽量把传授知识和活动融为一体。四是感觉新，在课的设计、课件的制作上要下功夫，变静为动等。在进行教学设计时，教师要准确把握学生、教材、学习活动、游戏活动、目标与过程整合设计、教学资源的选择运用等。

将复习的知识点进行梳理、整合，确定一个课脉。把重点句型穿插起来，以 XX 为主线，有了课脉，其实就是有了情景、有了语境。正如王蔷老师（2015）所建议：就课程内容（学习内容）而言，要改变脱离语境的知识学习，将知识学习与技能发展融入主题、语境、语篇和语用之中，促进文化理解和思维品质形成，引导学生学会学习，指向核心素养培养。就教学方式（学习方式）而言，要走向整合、关联、发展的课程，实现对语言的深度学习（即语言、文化、思维的融合）。

3.2　语境创设，激活课，多模态

英语课程目标体现课程标准倡导的基本理念和培育学生核心素养的思想，突显英语课程的工具性、人文性、运用性与实践性。课堂遵循 SMART 原则：预设的教学目标具体不空泛，

具有可检测性,操作性强,是可达成的,必须与课堂内容相关,目标要在规定时间内完成。

复习课要重视课前导入,唤起学生的注意力。课中创设情景,加强学生的操练活动,化解重难点。复习课的活动应多种多样,不能在题海中渡过,也不能在讲授中流过,要把听、说、读、写、看多模态形式的训练贯穿于整个复习过程之中。使不同类型的学生在完成任务的过程中,都能有机会选择、决定学习的最有利时机、内容及学习方式。真正做到学生"主体"即学生在各个任务活动中,人人参与,教师"主导"即指导学生进行语言实践,指导学生使用学习策略等,坚持语言运用能力培养和语言学习能力培养并重的原则。

3.3 流程灵动,上好课,重提升

复习课知识密度高,不能只注重旧知识的巩固和操练,而应该在已有的知识和能力上进行提升,教师要善于引导学生把知识转变为能力,使"重复"变为生动积极的"再现"。教学过程应是从知识学习到运用的过程,应是新语言教学过程,注重作为教学过程的任务链和教学过程中的生成教学。同时加强课堂管理如小组学习、游戏活动、表演活动等,包括教学评价如课堂学习、课外学习的形成性评价、评价活动的选择与设计等。以下列举几堂复习课教学流程示例,说明流程不是固定的,而是灵动的。

(示例一)单元复习课

Step 1　复习热身

　　1.值日生报告。紧扣本单元话题,学生进行讨论;2.听音。事先准备好听力材料;
3.听写。句子或语段。

Step 2　基础回顾

　　1. Words and expressions;2. Grammar

Step 3　点击中考

　　搜集与本单元词汇、短语、语法相关中考题。

Step 4　语言运用

　　1.限时阅读;2.书面表达

Step 5　总结反馈

Step 6　作业布置

(示例二)仁爱版七年级上册语法知识复习课—名词

Step 1　引入(ABC 歌)

　　利用多媒体,播放歌曲,展示歌词,观察红色字体的词性,引入"名词"。

　　设计意图:活跃课堂气氛,引起学生对本课的兴趣,为下一步活动做铺垫。教师要做到尊重学生的观点,鼓励学生大胆开口。

Step 2　可数名词的表达

Task 1　a/an 用法,用演绎法填空,后面的 useful,umbrella,honest,是学生的难点。

　　设计意图:掌握知识点

Task 2　学生通过观察图片,归纳出名词复数的规则变化。

　　设计意图:由浅入深,让学生回忆变化规则,并能完成 5 个练习题。

Step 3　不可数名词表达

　　设计意图:用演绎法,通过讲练结合的方式掌握不可数的用法。

Step 4　名词所有格的用法

　　设计意图:掌握知识点

Step 5　重难点突破

　　通过选水果比赛的方式,既能加强小组成员的合作,又能激发他们竞争的精神。

Step 6　直击中考

　　通过练习的方式,对本节课进行巩固。

(示例三)仁爱版八年级上册 Unit 2 Keep healthy

一、教学内容:本堂课涉及中考词汇及高频词汇复习、功能句型(本单元重点句型)的复习、听力训练、任务型阅读的解题方法及技能指导。

二、教法及学法

　　1. 词汇板块。充分利用多媒体的优势,多角度、大容量地展开对词汇的复习,包括拼、读、写、用。在此过程中教师充分调动学生的积极主动性,让学生在自学的基础上独立完成本板块设置的任务后,再发挥小组集体合作检查完成任务。教师只负责精讲学生的典型错误和普遍错误。

　　2. 功能句板块。教师对以前惯式的复习方法(就是将功能句型读一读、背一背,偶尔也造一两个句子就完结)进行了改进。将本单元所有的功能句有机地结合在一起,整合成与本单元主题关联的一篇文章,然后在文章中设置多项任务加强学生对功能句的理解和运用。给学生传达三种信号:一是功能句必须要用活才能真正体现它的功能作用,比如,是很好的写作资源;二是结识“新朋友”不忘“老朋友”。也就是说本单元的一些功能句可以跟以前学的一些功能句互换的,这样做的目的就是要让学生从一个点想到一条线形成一个面,最后构建起一个体系;三是功能句的运用要随具体语境的变化作出调整。比如时态语态的变化、人称的变化等等。本板块仍然是在学生独学的前基础上开展小组活动及教师做出的及时有效的点评和方法指导。

　　3. 听力训练。为了更有效突出本单元主题,突出重点,可以自己开发教学资源,编写听力材料和听力试题,并自己录音。学生通过听录音完成句子填空。所有填空内容与健康有关,句式都属于“建议”型。

　　4. 任务型阅读。针对今年中考出现的新题型,在选材时一是与本单元主题一致:“谈健康”,二是在命题角度上完全按照中考要求设置了开放和半开放的问答题。教师在整个过程中引导学生独立完成题目,总结答题方法和技巧,再进行归纳提炼。

4. 结语

　　总之,要上好复习课,教师必须增强对教材文本的解读能力,如仁爱版教材 Section A 主要是听说能力的训练及主要词汇的呈现与练习;Section B 是与 Section A 相结合的说与写的综合训练以及重要词汇和句型的呈现与练习;Section C 是读写的训练;Section D 引导学生复习本话题所学内容,通过完成任务的方式归纳 Grammar 和 Function 内容,利用 2—3 项练习,检测本话题学习内容掌握的情况。对教材文本的深入解读,可以便于师生对未掌握的内容进行及时的补救,从而加强对学生听、说、读、写综合能力的训练。

参考文献

[1] 程晓堂. 英语学科核心素养的实质内涵[J]. 课程·教材·教法,2017.

[2] 教育部. 义务教育英语课程标准(2011 年版)[M]. 北京:北京师范大学出版社,2011.

[3] 凌慧. 由一节微型语法复习课引发的思考[J]. 中小学外语教学,2014.

[4] 任洁. 在整体中建构单元各板块有效教学[J]. 中小学英语教学与研究,2014.

[5] 王蔷. 从综合语言运用能力到英语学科核心素养[J]. 英语教师,2015.

作者单位:重庆市开州区教师进修学校 重庆　405400

高中英语个性分层阅读教学模式的实践探究

江雪珲

提　要： 越来越多的英语教师开始注重在英语教学实践中开展个性分层教学，引导学生主动参与教学环境，允许学生根据自身现行的学习能力选择学习任务，提高课堂有效性。本文结合一节学科组内的公开课例，探讨个性分层教学在高一英语阅读教学中的运用，并根据笔者对该教例的观察与反思，改进了原有的教学设计。

关键词： 个性分层；高中英语阅读教学；教学优化

1. 课例背景

　　语言教学理论方面的研究和探索指出，外语学习者之间存在个体差异，这包括年龄、语言潜能、动机、认知风格和性格等因素（束定芳，庄智象 1996）。很多英语教师基于对个性教学的了解，开始在教学实践中尝试个性分层教学。受一篇教学实例的论文（容淑贞 2016）"基于分层教学的个性化教学设计与研究"影响，笔者所在的高一英语学科组开始尝试个性分层的阅读课教学。在组内公开课展示中，笔者听了同组老师执教的一节个性分层阅读课，通过课后与学生交流，再结合自己任教班级的特点，对原有的教学设计做了调整，在实践中取得了较好的教学效果。

2. 教学分析

2.1　教学文本分析

　　本课例的教学内容是外研版《英语（新标准）》高一年级下册必修三 Module 3 The Violence of Nature，课型为阅读课。教学文本分为三个部分，分别介绍了 tornado，hurricane 以及一件因为飓风引起的事件。从文体来看，整篇文本的前两部分有说明文的文体结构和文体特征，第三部分则偏向记叙文的特征。笔者注意到本单元的标题中的核心词汇为 violence，并且文本中有两张龙卷风和飓风的图片，所以结合课文标题与图片，以 violence 为主题进行文本解读。因为从主题出发解读文本，让教学引导学生开展主题意义探究，能帮助学生整合知识学习,促进语言技能发展,体现文化感知和品格塑造(王蔷 2016)。

2.2 学生分析

授课对象为高一年级的特高部学生,大部分学生语言能力较好。文本阅读难度不大,但对个别语言能力优秀的学生来说,应将常规阅读教学与培养批判性思维能力结合起来。

2.3 教学目标

授课教师的原教学目标:

(1)语言知识目标

通过阅读,学习语篇中一至两个语言点,在语言运用的真实环境下,掌握语言点的运用。比如文本中的"pick up"、"take off"以及包含"causing""affecting"这两个-ing 形式的句式结构。

(2)文化意识及情感态度目标

通过阅读了解有关龙卷风和飓风的知识,积累课外知识。通过理解文章内容,获得情感上的感悟与体验。

笔者认为,如果该教学设计着眼于培养学生的个性阅读能力,教学目标也应该针对不同学生的学习基础和学习能力设定。基于对文章内容的解读和对学生情况的分析,笔者将教学目标做如下修改:

(1)基础性目标

学生能通过略读和查读筛选文本信息,了解关于龙卷风和飓风的基本情况。

(2)提高性目标

学生能通过对文本信息加工、处理,关注标题核心词汇 violence,领会作者的观点。

(3)创造性目标

学生能通过分析和评价文本信息,探讨标题核心词汇 violence 的价值并形成自己的观点。

3. 教学过程

Step 1　Review and Lead-in:

授课教师的原设计:

1. Review different types of natural disasters.

2. Watch the video and figure out the disasters in it to lead in the new lesson.

教师给学生播放一段长约 2 分钟的视频。该视频呈现了不同的自然灾难。但笔者发现视频内容并没有包含龙卷风和飓风的内容,与教学内容无关。

笔者调整后的教学设计:

1.展示四幅图片(分别是龙卷风、飓风、地震和洪水),引出文本标题"the violence of nature"。

2.让学生关注标题"the violence of nature",小标题"what is a tornado?""what is a hurricane?""an extraordinary event"及文本中的两幅图片,预测文本内容。

[设计意图]

文章标题往往是文章的眼睛,具有概括性、针对性和醒目性的特征(杨谢友 2012)。另一方面,文本图片与文章主题相关,通过引导学生关注标题与图片,培养预测能力,激发阅读兴趣。

Step 2 Fast-reading:

授课教师的原设计:

Match the four different parts with their contents.

Read the first two passages to decide how they are organized and do the following match work.

Part 1	a. The bad effects of the disaster
Part 2	b. The definition of the disaster
Part 3	c. The worst one(an example)
Part 4	d. The places of the disaster usually occur

How to describe a disaster?

授课教师让学生快速阅读文章,完成段落大意连线和总结文章结构的阅读练习。笔者认为,该文本前两部分是说明文,内容较简单,大意较明显,不必做段落大意的连线练习。可以从结构特征和说明方式等方面来分析说明对象以及其说明方式(张秋会,王蔷 2016)。另一方面,初读阶段,学生对文章内容不够全面、熟悉,从认知应由浅入深的角度看,不适合先总结文章的整体结构。

笔者调整后的教学设计:

Scan the first two parts of the passage quickly, find out what have been included and fill in the blank.

Are the same points included in hurricane? If yes, tick √

tornado

a rotating column of air	(definition)	(√)
wind of more than 400 km/h	( )	( )
occur in the US, from Texas to South Dakota	( )	( )
pick up cars, destroy houses, kill and injure people	( )	( )

anything else included in hurricane

[设计意图]

调整后的教学设计突出"如何进行说明的",让学生清楚龙卷风的说明切入点,并能通过比较阅读方式,分析、概括出有关飓风的说明信息。

Step 3　Intensive reading（part1 - 2）：

授课教师的原设计：

任务说明：

1. A、B、C 层的学生完成各自相应的任务，时间充足可再任选一个做。

2. 各小组按照从 C 层到 A 层的顺序依次分享答案，并做好记录。

3. 小组展示答案，各层次学生把未完成的练习记录完整。

Read the passage again.（For C level）

Put the following information into the right column.（Figure out which of them belongs to the tornado and which ones belong to the hurricane.）

| 120 | 400 | 800 | 1900 | 6 | 1925 |

The US　the Southern Atlantic Ocean　the Caribbean Sea　the Gulf of Mexico　South Dakota　Texas

---

Read the passage again.（For B level）

1. Define the two disasters by combining two sentences into one.

A tornado is

_____

Hurricanes are

_____

2. Complete the missing information.

Tornadoes，most of which _____ in the US，can _____ cars，trains and _____ . They can _____ the fur _____ the back of a cat and the _____ off a chicken. Houses _____ with the furniture still _____ . Every year，there are 800 tornadoes _____ in the US，which _____ about 80 deaths and 1,500 injuries. More than 700 people _____ and 2,700 people _____ in the 1925 tornado，which was the _____ one of all time.

Winds of hurricanes are so_____ that they can reach a speed of 120 km per hour，_____ huge waves，heavy rain and floods. The most _____ hurricane，which _____ in 1900，caused 6000 people_____ and 3,600 buildings_____ .

Read the passage again. Think about the following questions and take down your ideas.（for A level）

1. According to the description in the text，which of the two disasters in your opinion is more powerful? The tornado or the hurricane? Why?

2. Can we do something to reduce their damage? If so，how?

听课过程中,笔者发现该部分阅读设计存在以下几点疑问:

1. level 的概念是否符合授课对象的心理特征? 笔者查阅了牛津高阶英英在线词典,发现 level 意为:a particular standard or quality;a position or rank in a scale of size or importance.不难看出,level 一词将学生的能力分层完全显性化,但事实上,学生分层以学生的"自我感觉"和"自我定档"为依据,并随着学生的学习积极性、能力以及成绩的波动而有所变动(应文琴 2006)。高一学生可塑性强,发展空间大,过早给予显性分层,既会影响学生的心理成长,也违背了学生能力发展的时间性。而牛津高阶英英在线词典对于 option 的解释为:something that you can choose to have or do;the freedom to choose what you do.这一词较符合高一学生的学情特点。

2. 什么样的层次适合授课对象? 授课教师任教班级为学校特高部班级,学生英语能力较强,据笔者了解,几乎所有学生认为 level C 的练习非常容易,所以这部分练习的实用性不强。笔者尝试取消 level C 的练习,结合信息阅读和理解阅读,设计第一种练习;基于评判阅读,设计第二种练习。

3. 如何弥补学生阅读信息差? 阅读教学中的信息差,是指阅读文本中所包含的信息和学生现有信息(学生现有水平)之间的差距。信息差的存在是开展有效阅读教学的前提。在外语教学中,信息差的设置一般是人为的、有计划的、并且具有一定的目标指向(庄新红 1998)。从这一点不难看出,授课教师是想利用小组讨论分享的方式填补学生的阅读信息差,以保证学生对文章内容的整体认知。但在实际操作中,笔者发现学生的分享环节效果不太理想,完成 level B 的学生在小组合作学习后,对文章内容不太熟悉,无法进一步思考 level A 的问题。而完成 level A 的学生太多关注问题本身,而忽视了对文章内容的阅读,导致有些学生的答案脱离了文章内容,缺乏文章信息的支撑。

笔者调整后的教学设计:

---

1. 共含 2 个练习,同学们根据自己水平选择其中一个,但选择 Option 2 的同学必须先完成 Option 1。选择 Option1 的同学有时间的话,继续完成 Option 2 中的部分问题。
2. 练习结束后,组内从 Option 1 开始依次分享答案,并做好记录。
3. 小组分享答案后,以书面形式完成对应的阅读练习。

Option 1:Read the passage with the following questions.

    1. What damages could the tornado bring about?

    2. Why could the tornado cause serious damages?

    3. What damages could be caused by hurricane?

    4. Where can usually be affected by the hurricane?

    5. How is the worst hurricane of all time?

Option 2:Read the passage with the following questions.

    1. What is the author's purpose of writing the passage?

    2. How to understand the word "violent" in the title?

Practice for Option 1

A tornado is a rotating column of air from a _____ to the ground，the most _____ of which can wind up _____ _____ _____ _____ per hour. Such a violent natural disaster can _____ _____ and _____ some traffic tools. It can also take the fur _____ some animals. _____ average，there happen 800 tornadoes in the US each year，_____ _____ about 80 deaths and 1,500 injures. The worst one _____ in 1925 with _____ _____ on three US states. By the time it ended，over 700 people _____ _____ _____ and 2,700 had been injured.

Hurricanes，strong _____ storm，usually _____ in some places of America. The violent winds with a _____ of 120 kilometers per hour or more，cause _____ _____，_____ rain and floods. Some areas such as the east coast of the US from Texas to Marine are _____ usually by the Atlantic hurricane. The worst hurricane _____ Galveston，_____ 6,000 people in a population of 37,000 and _____ 3,600 buildings.

Practice for Option 2

1. The author intended to _____ by introducing two violent natural disasters.

2. My understanding of the word "violent".

_____

[设计意图]

先熟悉问题,有目的性开展阅读,能提高学生的专注度,并能养成边阅读边勾画的习惯。阅读任务均从信息阅读开始,符合学生由浅入深的认知过程,在充分了解文章内容基础上,再完成锻炼思维能力的练习。阅读任务结束后,通过小组讨论分享对文章内容的理解,最后用两种题型检验阅读效果,让学生明白读有所获。

Step 4　Intensive reading（part 3）：

授课教师的原设计：

Match the events with the right places.（for C level）

Canada	became famous
New York	died in 1899
Galveston	went to live in

Tasks for B level students：

1. Choose the best title to rename"An Extraordinary Event".

　A. Coghlan's coffin ended up in the sea.

　B. The 1900 hurricane in Galveston.

　C. The "trip" from Galveston to Canada.

D. The magic of The Gulf Stream.

2. What happened to Coghlan after the hurricane struck?

Task for A level students：

Do you think it's necessary to add this story to the whole passage? If so，what function does it serve?

从文体角度看,该部分是记叙文,时间线索明显,内容也较简单。所以笔者认为这部分阅读练习再做个性分层,意义不大。笔者对该部分做了如下调整,并根据设定的教学目标增添一个总结性教学环节。

Scan the third part of the passage，rearrange following sentences in time order and state your reasons.

(　　) Charles Coghlan died.

(　　) Charles lived in New York.

(　　) Charles moved to Galveston.

(　　) Charles lived in Canada.

(　　) A hurricane hit Galveston.

(　　) The coffin was found.

(　　) The coffin was destroyed.

Step 5　Summary

Complete the missing information in the passage.

Almost all of the tornadoes occur in the US. On average，there are 800 tornadoes in the US each year，causing about 80 deaths and 1,500 _____ (injure). The worst tornado of all time occurred in 1925，_____ (affect) three US states.

Hurricanes are strong tropical storms，_____ cause huge waves，heavy rain and floods. There are on average six Atlantic hurricanes each year and they usually affect the east coast of the US. The worst hurricane disaster _____ (occur) on the 8th September 1900 in Galveston. Winds of 200 kilometers per hour and five-meter-high waves hit the city，killing 6,000 people and _____ (destroy) 3,600 buildings. The following is a story about _____ 1900 Galveston hurricane.

Charles Coghlan was a nineteenth-century Irish actor. By the late 1890s，he had moved _____ (live) in Galveston，where he died in 1899，a year before the hurricane _____ (strike). The cemetery where he was _____ (bury) was destroyed by the hurricane and his coffin ended _____ in the sea，which was found eight years later 3,000 kilometers away in Canada.

[设计意图]

对文章内容进行概括总结,既可以加深学生对文本的整体认知,在一定程度上也可以填补阅读过程中的信息差。

　　课堂最后笔者通过一张评价表格,让学生对本节课进行自我评价。对阅读进行自我评价有助学生认识自我阅读能力,学习有效的阅读方法和策略,进一步提高英语阅读能力(吴惠珍 2013)。

附:笔者自设的阅读自我评价表格

学后自评:

1. 通过阅读能找出问题答案_____

2. 能提高自己的学习动机,灵活采用阅读策略_____

3. 能为同伴提供答案参考,语言表达准确,流畅_____

4. 其他收获_____

　　笔者很欣慰地发现,所有学生对于调整后的阅读个性分层教学给予了很高的认可,表示收获不少,体现在专注力更高,更愿意进行理解性阅读,小组讨论更有效等等。

4. 教学思考

　　成功的个性化英语教学要求教师在一堂课的有效时间内从学生、教材和教学目的出发,在一定教学策略的指导下,以一种教学方法为主,融合多种方法,形成一个多种教学活动的优化组合,并注意活动的难易梯度合理搭配,让全体学习者,包括学习困难者都能完成英语学习由浅入深、从易到难的成功过渡(邹为诚 2008)。所以教师在尝试新教法时应利用好课堂教学这块领地,开展符合学生学情的教学,切忌完全照搬课堂教学案例。

参考文献

[1] 容淑贞. 基于分层教学的个性化教学设计与研究[J]. 中小学外语教学(中学篇),2016(8):35-39.

[2] 束定芳,庄智象. 现代外语教学——理论、实践与方法[M]. 上海:上海外语教育出版社,1996.

[3] 王蔷. 促进英语教学方式转变的三个关键词:"情境""问题""活动"[J]. 基础教育课程,2016(3):45-50.

[4] 吴惠珍. 自我评价在英语阅读中的应用与启示[J]. 时代教育,2013(18):131.

[5] 应文琴. 高中英语分层教学的尝试[J]. 中小学外语教学(中学篇),2006(9):27-28.

[6] 张秋会,王蔷. 浅析文本解读的五个角度[J]. 中小学外语教学(中学篇),2016(11):11-16.

[7] 邹为诚. 外语教师职业技能发展[M]. 上海:华东师范大学出版社,2008.

[8] 庄新红. 信息差原理在外语教学中的地位和作用[J]. 山东外语教学,1998(1):77.

作者单位:四川省遂宁安居育才卓同国际学校 四川 成都 629000

对核心素养培养目标下小学英语绘本阅读教学的几点思考

——以黑布林英语阅读"Sam and the Sunflower Seeds"教学为例

汤 艳[1] 潘春红[2]

提 要： 为提升小学生英语学科素养，小学英语绘本阅读教学应以多模态的教学活动为抓手，以思维能力培养为导向，以涵养心灵与提升文化品格为目的，开展丰富而又深刻的课堂教学。

关键词： 多模态；思维能力；文化品格

1. 引言

笔者曾有幸在市教研活动中观摩了一节黑布林英语绘本教学课。此绘本"Sam and the Sunflower Seeds"是上海外语教育出版社出版的黑布林丛书中的一册，也是我们地区六年级上册指定的课外必读书目。它描写了祖孙俩在农场的快乐生活：向日葵收割了之后，萨姆伤心爷爷安慰他，及萨姆种向日葵的过程。在整堂课的教学中教师紧扣英语核心素养，以多模态的教学活动为抓手，以思维能力培养为导向，以涵养心灵，提升文化品格为目的，开展了丰富而又深刻的课堂教学。

2. 绘本阅读教学，应以多模态的教学活动为抓手

库伯等人(2003)提出：视、听、触、嗅、味五个感官，更准确地说是"五个模态"各自接受和处理来自身体内部的信息或与外部互动时进来的信息。在教学过程中，利用多种渠道、多种教学手段来调动学习者的多种感官协同运作，以达到加深印象、强化记忆的目的的教学方法，即多模态教学模式。在本节课中，教师运用多样教学手段来调动学生的多种感官进行文本的学习，以达到对文本的深度阅读。

2.1 视图进入，整体感知

片断一：课一开始，教师与学生互致问候，并通过一个 wonderful thought 游戏，引出这个故事后出示该绘本的封面。

T：Today，we will learn a picture book. The picture books always have a lot of pictures and less words. Look at this picture book. What can you see on the cover?

S1：I can see some flowers.

S2：I can see a farm house.

S3：I can see a boy.

T：What's the boy's name? How do you know?

S3：He's Sam. I can see "Sam and the sunflower seeds" here.

T：You are so careful.（教师把绘好的萨姆图片贴到黑板上）What else do you want to know?

S4：…

S5：Where are the sunflower seeds from?

T：So many good questions. If you want to know these answers，Please scan the pictures of the book quickly，and then answer the questions.

绘本的英文名称是 picture book，是一种辅以文字的具有一定情节的读物，融合了视觉与文字两种模态。在绘本中，图画不再只是点缀和陪衬，而是全书的命脉。张伊娜教授在"回归绘本阅读教学的本真"一文中曾说过："好的绘本教学应该教会学生利用上下图，理解故事的叙述。发挥想象力，发展逻辑思维能力，其意义远胜于绘本中简单语言的即时学习与记忆。"绘本的阅读不能忽略那些担负着呈现叙事背景、展现角色情感、启发读者想象、丰富和延伸故事情节与意义等功能的图片。教师在进入故事阅读之前，先让学生带着问题读图，通过对图片的阅读来完成对故事的整体了解并获取相关信息。

2.2 迷你表演，深入理解

片断二：You know，granddad gives Sam seeds.（教师把绘好的爷爷图片贴到黑板上）Do you want to know him? If you want to know，please ask questions.

S1：How old is he?

S2：Where does he live?

S3：What does he like doing?

S4：…

（教师倾听，板书这些问题。）

T：Please listen to the tape from page 6 to page 11，then find out the answers.

S1：He lives in a farm.

S2：May be he is sixty.

…

S3：He likes working on the farm.

T：Yes，he likes working. He also likes playing a game with Sam. What's the name of the game?

S4：Peepo!

T：Yeah，do you know Peepo? Do you want to play? Follow me! Take out your hands，and then cover your face，and then open your hands quickly，saying Peepo loudly!（师生共同玩 Peepo 的游戏）

T：Is it interesting? let's play this game. Who would like to be Sam and granddad? We also need some sunflowers! Let's act.

T：One day，The sunflowers are gone. Sam is very sad now.

...

T：What will granddad do to help Sam? Let's read from page 14 to page 17 with your actions and expressions.（待学生读完）

T：Let's act it. Where is Sam? Where is granddad? You can add some words you want to say. Don't forget actions and expressions. The others are the narrators.

施教者为了能让孩子更深入地理解人物的情感，借助绘本的直观性，结合学生自身经验，使其展开丰富的想象，表演"PEEPO"这个长辈用来逗引孩子的经典游戏和爷爷给萨姆向日葵籽的情景，让孩子通过具体的舞台情境，合适的背景音乐，具有带入感的道具，来体会文本想要表达的情绪和内容（读、演、体验），从而更深刻地理解绘本。这样的表演，不是为演而演，也不是我们平时 story time 版块教学中的输出与展示，而是为了更好的体验文本要传达给我们的爷爷对孙子的爱，同时也发展了学生思维的形象性。

2.3 读填玩做，体验尝试

片断三：Sam grows these seeds from granddad. But how does he grow them? Skim the story from page 19 to page 25，then finish these blanks in groups.（孩子通过小组合作，完成动词的填空。）

T：Let's check out the answers together. And I want to ask a student to come to the blackboard，and grow the seeds like Sam.

（一学生到黑板前用卡纸绘制成的工具、种子，演示萨姆种向日葵过程。）

T：Do the seeds grow?

Ss：No.

T：Why?

Ss：Because the flowers need sun.

（教师把刚刚学生种的向日葵放到之前在黑板上画好的太阳下面。再把叶子与花都贴上，师生共同合作完成板书。）

教师在这个环节中，采用游戏"say and do"，来进行文本的阅读，读一读、填一填、做一做。让孩子们自己读文本，填上种植向日葵过程中所需要的动词，然后让孩子们齐读核对答案，读的过程中安排一名学生按照其他孩子的所读，来模拟萨姆种植向日葵。通过这样的情景模拟，让孩子们能感受到种向日葵的过程，更直观有趣，更容易激发孩子阅读兴趣，同时也是对文本的反馈与深入。

3. 绘本阅读教学，应以思维能力培养为导向

《义务教育英语课程标准（2011 年版）》提出，义务教育阶段的英语课程具有工具性和人文性双重性质。就工具性而言，英语课程承担着培养学生基本英语素养和发展学生思维能力的

任务。思维品质指思维在逻辑性、批判性、创新性等方面所表现的能力和水平。英语绘本教学不仅能有效提升学生的英语语言能力、文化意识和学习能力，还为培养学生英语思维能力、发展学生思维品质提供了途径。在本堂课中，施教者采用多模态的教学活动，在带领孩子深度阅读文本的同时，引导学生进行归纳、创新，帮助学生形成自主思考并在强化逻辑的过程中理解事物的关联。

3.1　游戏激趣，培养学生思维的创造性

片断四：上课伊始，教师先和学生在暖心的英语歌曲背景中做自由交谈，而后用 PPT 呈现两张图片。

T：Let's play a game 'wonderful thought'. There are two pictures here. One is the school，the other is bell. What can you get from the pictures?（教师 PPT 呈现两张图片）

S1：After school.

S2：Playing basketball.

S3：Go home.

T：Next group. One is field，the other is about the seeds. What can you get?（教授新词，field 和 seeds）

S1：Sunflowers.

S2：Trees.

S3：Vegetables.

S4：...

T：Next group. One is Maria Cleary，the other is Lorenzo Sabbatini. What can you get? I give you some hints. They are two names. Maria Cleary is a writer. Lorenzo Sabbatini is an illustrator.

S1：It's a book.

T：Well done! Exactly，it's a picture book.

思维的创造性侧重于求新、求异，不墨守成规，敢于想象。施教者在读前环节围绕话题，设计趣味性与思维性并重的教学活动，激发学生的阅读兴趣，激活背景知识，为正式的文本阅读做好准备。在游戏 wonderful thought 中，让孩子对两种相关联的事物进行创造性思维的训练。第一组是"学校"和"铃声"，从学生的生活入手，关注学生的生活经验，把生活和英语学习进行连接，让孩子有话可说，有话想说。这体现了新课标中提倡的教学活动的内容和形式要贴近学生的生活实际，符合学生的认知水平和生活经验。第二组是"土地"和"种子"，这里的两个单词都是文本中的新词，游戏的本身又是对文本的铺垫，可谓是一石二鸟，自然巧妙。最后一组是两个人名，一个是作家名字，另一个是插画家名字。这样很自然地引出绘本，从而过渡到绘本的学习，自然天成，不着痕迹，有行云流水的美感，又趣味盎然，激发了学生学习绘本的兴趣，同时对学生进行思维创造性的训练，提升了学生的思维品质。

3.2　开放性问题的提出，培养学生的思维品质的深刻性

片断二中，教师在教学了解爷爷这个环节时，呈现爷爷的图片贴于黑板问：

Do you want to know him? If you want to know, please ask your questions.

在进入文本阅读之前,教师一般都会设置一些和故事内容相关的问题,让学生带着问题去读,但是此节课的施教者却让学生们自己质疑,其实是暗示学生自己要有读书的聚焦点,然后通过听,自己寻找答案,这是他们在阅读过程中行走的方向。如果学生在阅读过程中能享受到乐趣,那一定是基于有大量自主阅读空间的学习。苏霍姆林斯基说过:"学生心灵深处有一种根深蒂固的需要:需要自己是一个发现者、研究者、探索者。"这个教学活动,让学生打开思路,有目的地设问,启发学生主动质疑,发挥学生的自主能动性,让学生主动思考,让学习真正的发生,培养学生发现问题、提出问题的能力。这样做不仅符合外语教学"用中学"的理念,同时在对话与倾听的过程中,教师给予学生充分表达、自由表达的心理安全环境,让个体思维得到充分发展,即在发散与拓展中培养思维的深刻性。

3.3 关注细节,培养思维的缜密性

片断五:T: So much for this story. It's time for homework. First,read the story again,pay attention to the details of the pictures. For example,turn to page 18 and page 19,please find more sunflowers on these things and think why. Second,try to plant some seeds. How to grow them? This chant can help you. Let's listen to it and read it with actions. (学生一边读,一边做,在动感的鼓点声里,结束了这节课)

一节好课的标准,应该是带着思考进入课堂,然后再带着思考走出课堂,施教者在这个收尾的环节,抓住了绘本的特点,对孩子的阅读策略给予指导,让孩子关注图片,关注细节,通过图片的对比和观察,发现图片之间密切的联系,并思考为什么,通过这样的教学活动,来培养学生思维的缜密性。

4. 绘本阅读教学,以涵养心灵、提升文化品格为目的

仍在片断二中,萨姆看到向日葵不见后内心很难过时,施教者于此处追问:

T: If your family members or friends are sad, what will you do to help them?

S1: I will tell a story.

S2: I will give a present.

S3: I will tell a joke.

S4: ...

此处教师的巧停顿,让孩子思考如果自己的家人和朋友伤心了,怎么帮助他们? 此时,学生从文本跳入现实的生活,通过已知的信息,进行思维加工,结合自己的主观体验积极思考,通过解析、分析等思维方式来给予别人帮助。这是一种人文精神的引领。让孩子学会如何关爱他人,如何表达爱。在无形中,提升学生的自身修养和自我的境界。这些做法正符合了沈峰(2017)在"让学生在阅读中成长"中所提出的绘本阅读教学不仅是语言教学,更是发展学生思维能力,激发英语学习兴趣,同时树立正确的人生观和价值观,培养良好情操的理念。

片断六:在故事结尾处,师问:

T: After reading, what do you learn from the story?

T：Yeah. It's about sunflowers. Of course it's about grandad and Sam. What can you feel? Well done. We know Sunflowers need sun.

S1：We need love from parents.

S2：We need teachers.

S3：We need music.

S4：We need sadness. It can make us strong.

S5：...

T：You are so great. You have many good ideas. I am proud of you. Just now, a girl said you need books to grow. I think so. You are what you read. Let's share more picture books. You can read them after class.（PPT 呈现一些绘本）

教师通过此教学环节，让孩子们认识到人的成长需要爱，就像向日葵需要阳光一样，我们不仅要获取爱，更要给予爱，就像爷爷爱萨姆一般。爱的种子就这样悄悄地通过这个绘本故事落入了孩子们的心田。同时又通过系列绘本的推荐，引导孩子热爱阅读。龚亚夫说："语言不仅仅是一种交流工具，英语教育的价值在于促进人的心智发展，塑造健康的品格，培养思维能力。"可见，文化品格素养的培养意义重大。在本节课中，教师引导学生与绘本进行心灵的交流和情感的对话，并适时联系实际生活，调动学生已有的经验，涵养了学生的心灵，提升了学生的文化品格。

5. 结语

在小学英语绘本阅读教学中，教师可以采用多模态的教学活动，引领学生参与、体验、感悟以达到对文本的深度阅读，通过开放性问题的提出，关注细节并培养学生的思维能力。在推进的教学活动与情感交互中，涵养学生的心灵，提升他们的文化品格，让"丰富"与"深刻"真正地在小学英语绘本教学中落地生根。

参考文献

［1］沈峰. 让学生在阅读中成长［J］. 江苏教育,2017(10)：1.

［2］张海燕. 小学英语阅读教学理论与实践［M］. 南京：译林出版社,2017.

［3］张宏丽. 小学英语故事教学中学生思维品质的培养［J］. 小学英语教与学,2017(2)：16-19.

［4］张伊娜. 回归绘本阅读教学的本真［J］. 江苏教育,2017(10)：17-19.

作者单位：

1.江苏省泗洪县实验小学 宿迁　223900

2.江苏省泗洪县教师发展中心 宿迁　223900

同伴反馈评分标准的设定和执行*

吴 燕

提 要：过程写作教学法倡导外/二语写作学习者积极开展同伴反馈活动。同伴反馈在我国高中英语写作教学中既必要又可行。有效的同伴反馈活动的开展应基于适切的评分方式和明确的评分标准。该文作者结合课题研究，对于如何设定和执行通用评分标准、专用评分标准提出了基于教学实践的观点和感悟。

关键词：写作；同伴反馈；评分标准

1. 引言

外语教学研究表明：写作，是教学的目的，又是教学的手段；写作过程本身即一种有效的外语学习过程。英语写作教学涉及教学目标的确定、写作任务的设计、写作过程的指导和写作评价等方面。本文重点探讨与写作评价相关的一个视角：同伴反馈评分标准的设定和执行。

2. 同伴反馈

过程写作教学法强调在学生的写作过程中给予帮助和指导；同伴反馈是写作过程指导的重要环节之一。同伴反馈活动在高中英语写作教学中既必要又可行。

2.1 同伴反馈的概念

同伴，指个体年龄相仿、兴趣爱好和价值观相似、英语认知和写作能力及其发展水平相近且人际关系比较和谐友善的伙伴。同伴反馈，指学生在教师的指导下，依据英语写作和具体项目的标准，根据自己的主观认知，对同伴的英语习作提出评判量值、评价等级或修改建议。

同伴反馈也称同伴评改、同伴反应、同伴评估等。过程写作教学法认为，当学生像作家一样互相交流写作体会和相互评判对方作品时，他们从同伴身上学到的写作方法比从教师那儿

---

* 注：本文是江苏省"十二·五"重点自筹课题"基于'标准'的高中生英语习作同伴评改指导研究"阶段性研究成果，课题编号：B－b/2015/02/226)。

学到的还要多。他们能互相激励、互相扶持,又互相挑战,在努力改进习作质量的过程中不再孤单(傅丹灵,王志军 2012)。二语习得互动理论和合作学习理论也为同伴反馈提供了理论支持,使它成为二语写作教学中最主要的教学模态。

2.2 实施同伴反馈的必要性和可行性

目前,高中学生在英文写作中反映出来的主要问题包括读者意识淡薄、语言错误较多和修改习惯缺失。很多学生认为,教师即他们习作的唯一读者。一些学生的作文语言干瘪、想法幼稚、结构凌乱、缺乏细节信息的支持;还有的作文在语法、标点符号、大小写、单词拼写等方面存在低级错误。再者,许多学生在写作时没有养成列提纲、写草稿的习惯,一挥而就,初稿即定稿,从不修改。

实施同伴反馈在一定程度上有助于解决他们写作中出现的上述问题,因而十分必要。同伴反馈有利于学生从评价别人的作品中找到自己写作的问题。学生改自己的文章难,改同学的文章却能改得很好(徐昉 2012)。我们知道,写作是一种表现性任务,写作评价属于表现性评价;学生运用表现性准则进行学习的过程,能帮助他们提高自己的表现水平(Stiggins 2005)。

在高中阶段实施英文习作同伴反馈完全可行。现在,我国许多地区的学生早在小学三年级就开始学习英语了。高中学生一般经历了七、八年基础语言知识的学习和基本语言技能的训练,有一定的语言判断能力,能对同伴的作文做出比较客观的评价。实证研究表明,大多数学生对于同伴反馈的作用持积极肯定的态度,心理上认同并接受它。笔者对所在学校 239 名学生做过问卷调查,结果表明:86.6%的学生赞成同伴反馈。事实上,不少中学教师在这方面都做了一定的尝试,且效果较好,比如郑士强、李军华、张利琴等(郑士强 2011;李军华 2012;张利琴 2013)。在实施同伴反馈时,教师提供给学生清晰、具体的评分标准。经过一定时间的培训之后,学生基本上能依据评分标准做出比较客观的判断。

3. 评分方式和评分标准

同伴反馈离不开评分标准;评分标准与评分方式密切相关。明确写作评分方式和比较国内外写作评分标准对于同伴反馈评分标准的设定和执行具有一定的借鉴意义。

3.1 写作评分方式之类别

常见的英语写作评分方式有三种:主要特征评分(primary trait scales)、总体性评分(holistic scales)和分析性评分(analytic scales)(Weigle 2011)。主要特征评分的特点可以归纳为:一个任务,一个标准;一篇习作,一个分数。总体性评分方式的特点是:一篇习作,一个分数。即评分者参照适合不同写作任务的通用评分标准,根据自己对作文的总体印象,给习作打一个分数。分析性评分方式的特点是:一篇习作,多个分数。即评分者参照适合不同写作任务的评分标准,对习作的多个方面(如内容、组织、衔接、词汇、语法等)分别评分,而不是只给出一个总分。

3.2 写作评分方式和评分标准之比较

我国内地高考英文作文采用整体性评分方式。以江苏省为例,高考英语作文评卷要求包含评分原则、内容要点、说明、各档次给分范围和要求。其中,各档次给分范围和要求即具体评分标准。满分 25 分,分五个档次。评卷者先凭总体印象给作文划分档次,再依据标准描述给出一个具体的分数。

中国台湾地区大学入学考试英文作文从内容、组织、文法与句构、字汇与拼字、体例等五个方面评分,分特优、优、可、差、劣五个等级,采用整体性其评分方式。不过,阅卷委员在阅读完考生试卷后,要以各分项评分标准检阅是否符合此分数。

中国香港中学文凭考试(Hong Kong Diploma of Secondary Education Examination)英文写作采用分析性评分方式。评分者对考生 A、B 两篇习作均从 Content,Language,Organization 三方面各给出评分,分值区间:0 到 7 分。评分标准(Marking Guidelines)描述和计分都很详细。

澳大利亚课程评价与报告局(ACARA)于 2008 年起实施澳大利亚国家评价项目(NAPLAN:National Assessment Program-Literary and Numeracy),旨在评价澳洲三、五、七、九年级所有学生语文读写能力和基本数学能力。ACARA 编制了两份评分指南,适用于两种不同类型的文体:叙述文(narrative writing)和论述文(persuasive writing)。两种文体的满分均为 47 分。采用分析性评分方式。从十个不同维度分别对考生作文赋分。

在美国,分析性评分方式和写作评分标准普遍运用于大、中、小学的日常教学之中。有些写作评价标准甚至没有具体赋分,却非常适用于学生日常练习中的自评或互评,能促进学生不断修改初稿,提高写作质量。

3.3　思考与启示

Weigle(2011)把写作评价分成两类:限时即兴的大规模写作评价(large-scale writing assessment)和非限时即兴的写作评价(classroom writing assessment)。为通俗起见,笔者把大规模写作称为测试性写作;把非即时即兴的写作称为学习性写作。测试性写作旨在检测学生的英语写作水平;学习性写作旨在指导学生学习和运用特定的英语写作技巧。通过比较,可以看出:无论正规考试还是日常教学,教师都需要有效评价学生习作。分析性评分方式有助于了解习作者写作能力各方面的情况,有助于收集更加详细的诊断信息,已被广泛使用。评分标准(或称评判量规)是英文写作评估不可或缺的评价工具。然而,在我国中学英语写作教学中,一线教师通常采用的是缺乏评分标准的总体印象评分方式(general impression marking)。此做法不利于教师收集诊断信息,也无助于学生发现和纠治写作问题。

无论测试性写作还是学习性写作,其评价必须基于具体的、清晰的评分标准;没有评分标准的写作评价是没有意义的。促进写作的评价要求学生在写作过程展开之前就明确评分标准。理想的评分标准应能促进学生审题、谋篇、措辞和修改文稿。日常教学中的写作评价可采取阶段侧重的方式进行,重点关注评价标准的某些特定方面,如内容、衔接、词汇、语法等。适切、实用的评分标准为教师带来便利,也为学生自评或同伴评改提供了客观参照和前提条件,提高评价效率。

4. 同伴反馈评分标准

同伴反馈适用于学习性写作练习;学习性写作旨在提高学生特定的写作技巧或能力,需收集详细的诊断信息,宜采用分析性评分方式(徐冠兴 2014)。教师可借鉴、吸收各地评分标准的优点,主要从内容、语言、结构三维度评价学生习作,自行设定出切合实际的通用评分标准。通用评分标准为同伴反馈的有效实施带来了便利。在执行通用评分标准的实践中,笔者又发现:主要特征评分和分析性评分合为一用是同伴反馈最理想的评分方式。教师可根据实际需要修改通用评分标准,使其成为专用评分标准,使之更加切合特定的写作任务,从而使反馈效果更加明显。

4.1　通用评分标准

　　为了实施基于"标准"的同伴互改,笔者设计了以下同伴反馈评分标准。该表用于学习性写作教学,故采用分析性评分方式。从内容、语言、结构三维度评价学生习作,每一维度分 4 小点,分别赋分。为了帮助学生养成良好的书写习惯,字迹不清、书写马虎者扣去卷面分。为了方便使用,评分标准只给出最高档(五档)的标准描述,旨在引导学生朝优秀作文的规格去努力。此外,还要求点评同学从总体印象、习作亮点、修改建议三方面写出简要的评语,学习同伴的写作优势,提出合理性修改建议。

同伴反馈通用评分标准(满分 100 分)

	标　准　描　述	五档($8'-7'$)	四档($6'-5'$)	三档($4'-3'$)	二档($2'-1'$)	一档($0'$)
内容 32 分	1. 要点齐全,满足题目要求。					
	2. 聚焦主题且有翔实的支撑性材料/细节。					
	3. 能根据阅读对象确定写作特色或风格。					
	4. 达成了写作目标。					
语言 32 分	1. 用词和句型变化多样且生动有效。					
	2. 语法结构正确,只有少数小错误。					
	3. 运用了恰当的衔接手段,行文流畅。					
	4. 很少有拼写、标点和大小写错误。					
结构 32 分	1. 有恰当的开头、中间和结尾。					
	2. 分段合理且有清晰的主题句和过渡句。					
	3. 段落之间和段落内部整体、连贯,符合逻辑。					
	4. 体现文体(如记叙文、论述文、书信等)特征。					
卷面	加 4 分　　　　　　不加分		总分:＿＿＿＿＿＿			
总体 印象						
习作 亮点						
修改 建议						

明确的评分标准不仅有助于学生开展对于同伴习作的评价，还有助于他们自己在动笔写作前的审题和思考。例如，针对以下写作任务：

【任务】

请阅读下面的短文，并按照要求用英语写一篇 150 词左右的文章。

According to UNESCO's Convention for the Safeguarding of Intangible（非物质的）Cultural Heritage（2003），all forms of social customs and habits, folklore, performing arts, rituals, oral traditions, festivals, traditional crafts and various knowledge and practices about nature and universe can be classified as intangible cultural heritages. Like tangible cultural heritages such as the Great Wall and the Forbidden City, intangible cultural heritages are equally crucial. We should make our utmost efforts to preserve them because, without their physical form of existence, they are in greater risk of extinction.

As a country consisting of a great diversity of ethnic groups and with time-honored history and civilization, China is abundant in intangible cultural heritages. Intangible cultural heritages connect modern people with the historical past, allowing them to acquire a cultural and historical identity. Without cultural heritages, we would become rootless and we would find it hard to cope with challenges at present and in the future.

However, the modernization process poses mounting threats to intangible heritages. Many people have a blind faith in the latest electronic devices. It is also pathetic to see elderly people in possession of such legacies pass away without transmitting them to the younger generation. Faced with those challenges, we should both preserve and renovate our ancestral heritages so that we can help contribute to the cultural diversity of the world and return to our spiritual homeland in this age of impersonal science and technology.

【内容】

1）用约 30 词写出以上短文的概要；

2）用约 120 词发表你的观点，内容包括：

（1）你认为最重要的一种非物质文化遗产是什么？请说明理由。

（2）我们应如何保护和传承非物质文化遗产？（至少两点）

【要求】

1）写作过程中不能直接引用原文语句；

2）不必写标题。

教师可以引导学生依据通用评分标准，在动笔写作时，思考下面问题：

1）What text type should my writing be of?

2）Who are the potential readers of my writing?

3）What should my writing focus on?

4）What main points should be included?

5）What supporting details should be given?

6）How should I start and end my writing?

7）How many paragraphs should be included?

8) How should I write the topic sentence of each paragraph?

9) What word choices and sentence patterns should I use?

10) How can I make my writing logic，graceful and cohesive?

当学生在写作前和写作过程中不断思考以上问题时，他们的意识聚焦于作文的审题、构思、选词和造句，不知不觉中优化了写作过程。

4.2 专用评分标准

为了满足不同的写作任务，教师可根据通用评分标准开发和设定专用评分标准，引导学生对内容、语言、结构等做进一步的分析："要点"是什么？"题目要求"有哪些？作文的"写作对象"(target audience)是什么人等等？

专用评分标准的针对性更强，更有利于学生开展同伴反馈；同时，事先提供给学生的专用评分标准对学生审题、谋篇和布局的帮助更大。

例如：根据以下写作任务、写作内容和写作要求，可以设定出"本次写作任务同伴反馈专用评分标准"。

【任务】

请阅读下面文字及图表，并按照要求用英语写一篇 150 词左右的文章。

1. The other day, a netizen (网民) shared a photo on Sina Weibo. It was about an old lady standing in front of a car that was on a bicycle lane, and insisting that it leave the track. The photo drew about 7,000 comments on the social media platform. Despite the thumbs-up (点赞) given to the old lady, some argued that attention should be paid to our heavy road traffic.

2. Some riders of e-bikes and bicycles come and go in all directions, ignoring traffic lights and other vehicles. Such rude riding contributes to the disorder of traffic. Thus the avoidable road accidents become unavoidable.

3. From 2005 to 2014, the total number of private cars in China rose sharply from 32 million to 154 million. Currently, China had 15% of the world's total vehicles.

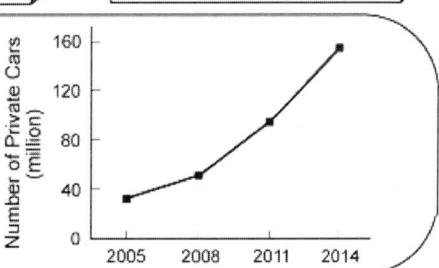

【内容】

1) 用约 30 个单词概述上述信息的主要内容；

2) 结合上述信息，简要分析导致交通问题的主要原因；

3) 根据你的分析，从社会规范(rules and regulations)和个人行为两方面谈谈你得到的启示(不少于两点)。

【要求】

1) 写作过程中不能直接引用原文语句；

2）作文中不能出现真实姓名和学校名称；

3）不必写标题。

本次写作任务同伴反馈专用评分标准（满分 25 分）

评判者_____   习作作者_____   习作总分_____

项目	具　体　标　准	各项得分
形式	1. 书写整洁美观（满分 2 分）；	2 1
	2. 标点、格式、大小写规范（满分 3 分）；	3 2 1
	3. 人称、时态、单词拼写、句子结构正确（满分 3 分）；	3 2 1
内容与文采	4. 要点/段落齐全，具备完整性和连贯性（满分 6 分）；	6 5 4 3
	a. What important points should be included in the summary? *Point 1: An online photo caused an argument.* *Point 2: Rude riding of bikes contributes to traffic disorder.* *Point 3: The number of private cars has risen sharply in the past decade.* （Example：*An online argument about a photo has attracted people's attention to the phenomenon that many traffic accidents are caused due to an increasing number of private cars and some rude riding of bikes.*） b. Are all the three parts included? （*summary，reasons for traffic disorder，your insight into it*）	
	5. 聚焦主题且有翔实的支撑性材料/细节（满分 6 分）；	6 5 4 3
	c. What are the main reasons for traffic disorder? （*too many vehicles on road；some people ignoring traffic regulations*） d. What is your insight into the phenomenon? （*from the level of rules & regulations；from the level of individual behavior*）	
	6. 用词准确、得体，句式随内容需要而丰富多变（满分 5 分）；	5 4 3 2
	e. Are transitional words properly used? What are they? f. Is the word choice good? g. What sentences in the writing do you appreciate most? Why?	
习作亮点		
修改建议		

4.3　实践和感悟

在高中英语写作教学中，笔者指导学生运用通用评分标准或专用评分标准，在课内或课外尝试实施同伴反馈，经历了挫折和困惑，也体验了收获和喜悦，感悟如下：

1. 部分英语写作水平较低的学生会因害羞、自卑等心理因素被动参与同伴反馈。教师应及时做好思想工作,帮助他们逐步克服心理障碍,引导他们主动参与,积极进步。

2.学生需遵从一定的程序和掌握一定的技巧才能有效实施同伴反馈。因而,在开展互评活动的初期,教师应对学生进行专门的培训,精心示范,耐心指导。经过一段时间的培训后,学生才能逐渐提高评判能力。

3.同伴反馈活动耗时较多。为提高课堂互评效率,教师可以通过组建互评活动小组的方式,在课外先进行小规模的教学尝试。待获得一定经验后,在课内和班级逐步推广。

4.同伴评改能促进学生增强读者意识,加强英文写作的基本规范,逐步克服常见的语言错误,并养成多稿写作的习惯,但必须与教师反馈结合实施。

5.教师应丰富写作教学的形式,适当减少"命题作文",大力提倡"自由作文"。命题作文大多指向考试,容易使学生感到枯燥、乏味。自由作文发自内心,表达自我,习作者渴望得到同伴的评阅、评判和欣赏,同伴反馈的效果会更好。

5. 结语

社会文化理论认为,学习是从边缘参与逐渐过渡到中心参与的过程。在这个过程中,作为参与者的学生,受到经验更为丰富的教师或同伴的帮助,在自己的最近发展区内,不断地拓展知识、发展技能(兰良平,韩刚 2014)。本质上,高中英语写作同伴反馈评分标准的设定和执行是一种技术手段,旨在促进和帮助学生更主动、更积极地参与英文写作,规范和优化写作过程,改进写作习惯,获得写作技巧。我们教师既不能忽视也不应夸大同伴反馈对写作能力的促进作用。总之,针对具体学情和具体写作任务,恰当实施同伴反馈,并有效结合教师反馈,对学生写作水平的逐步提高定有裨益。

参考文献

[1] MiddleWeb. *A MiddleWeb Classic: Exploring Rubrics*[EB/OL]. https：//www.middleweb. com/6904/mwclassic-exploring-rubrics.2013.

[2] National Assessment Program-Literacy and Numeracy[EB/OL]. http：//www.nap.edu.au/_ resources/2010_Marking_Guide.pdf.2010.

[3] Richard J. Stiggins. 促进学习的学生参与式课堂评价[M]. 国家基础教育课程改革"促进教师发展与学生成长的评价研究"项目组译.北京：中国轻工业出版社,2005.

[4] Sara Cushing Weigle. Assessing Writing[M]. 北京：外语教学与研究出版社,2011.

[5] 崔允漷,王少非,夏雪梅. 基于标准的学生学业成就评价[M]. 上海：华东师范大学出版社,2008.

[6] 傅丹灵,王志军. 如何教写作[M]. 上海：华东师大出版社,2014.

[7] 兰良平,韩刚. 英语写作教学：课堂互动性交流视角[M]. 北京：外语教学与研究出版社,2014.

[8] 李军华等. 在高中英语写作课堂中使用同伴评价提高学生识错能力的行动研究[J]. 中小学

外语教学,2012(6):23-29.

[9] 徐昉. 英语写作教学与研究[M]. 北京:外语教学与研究出版社,2012.

[10] 徐冠兴. 改进写作项目评分方法 完善外语成就测试的诊断功能[J]. 中小学英语教学与研究,2014(1):52-55.

[11] 张利琴. 提高过程写作教学中同伴反馈有效性的思考[J]. 中小学外语教学,2013(8):7-12.

[12] 郑士强. 同伴互改英语作文的指导策略与实践[J]. 中小学英语教学与研究,2011(8):16-20.

作者单位:江苏省锡山高级中学 江苏 214174

运用过程性评价促进小学英语
课堂教学实践的研究

董海运

提　要： 英语课程承担着培养学生英语素养、发展思维能力的任务，通过课程的实施为学生获得终身学习能力打下基石。而长久以来，纸笔测试在评价学生方面存在着一定的局限性，通过过程性评价的实践与研究，从教学目标与学习目标的一致性、教学活动与检测内容的统一性、学习方式与检测方法的选取等各方面积极探索，以评价促进课堂的教学，呈现给学生的英语课堂将改变学生的学习观、教师的教学观，对一线教师的教学有实际的操作和实践的意义。

关键词： 过程性评价；表现性评价；课堂教学；自主学习；全面发展

1. 问题的提出

　　长期以来单一维度的纸笔考试成绩是社会衡量学校办学水平的尺度，是学校评价教师工作的标尺，是教师评价学生成才的标准，这种评价目的观在大力推进新课程改革和素质教育实施的今天虽有所成效，但缺乏对社会的发展变化的敏感度，对学生适应现代化社会的其他素质关心较少，难以适应教育教学改革的要求。纸笔测验虽然能测量学生认知领域的学习结果，但在技能、情意领域有其先天限制。教师在教学中必须兼顾认知、技能、情意的学习结果。课堂教学评价是课程的重要组成部分，通过课堂教学评价能兼顾学生"知识"与"能力"的维度。通过科学有效的评价，能使学生不断体验进步与成功，促进学生综合运用能力的全面发展；使教师及时获取教学上的信息，对自己的教学行为进行反思和调整，促进教师不断提高教育教学水平。

2. 过程性评价评价在小学英语教学中的意义和作用

　　过程性评价是当前课程教学研究领域的热点话题，也是我国新课程推进过程中的重大难题。虹口区小学英语教师在市教研室提出的《基于课程标准的教学与评价》理念指引下，近几年来探索课堂教学的评价作用和意义，通过课堂教学的过程性评价改进与促进教师的教与学生的学。教师从课堂教学直接入手，探索有效评价方式，改善学生的学习和教师的教学行为，推动学科对学生综合素养的培养和育人意识。

2.1　通过评价机制，促进课堂的有效教学

　　评价是教学过程不可缺少的组成部分，是教学质量保障体系中一个重要的环节，教学与评

价之间的关系是相互作用相互促进的。教师在备课时需要评价学生的起点和需求,使教学更具针对性;在课堂教学中实施对于学生的即时评价,能及时掌握学生学习过程中的进展,发现优势和不足,教师可以及时调整教学进度,调整教学内容和教学手段等;教学对学生课后作业的评价,一方面让学生了解自己的学习状况,另一方面也能为教师提供学生现阶段的学习状况,为以后教学目标的制定、内容的整合、活动方式的选择提供了可参考意见,有一定的指导作用。

2.1.1 过程性评价促教学目标的合理制定

教师在制定评价细目表时应紧紧围绕着教学目标出发,从学生的语言知识、语言技能、情感态度三个方面进行考虑,同时也要兼顾到学生的思维能力和学习策略。因此,教师从单元整体出发制定单元目标、单课目标时,要结合《小学英语学科教学基本要求》一书,全面考虑对课堂教学目标的准确描述和合理制定。结合《低、中、高年段英语学科基于课程标准的教学与评价指南》,在设计学习习惯、学习兴趣和学业成果评价维度时,不仅要考虑学生语言知识的获得,同时也要关注学生各方面能力的评价,为促进学生综合能力的发展和核心素养的培养全面考虑,所以评价对教学有积极的导向作用,只有这样教师才知道教什么以及怎么教,学生也才知道学什么以及怎么学。因此,教师在制定教学三维目标时所用的描述语要精准,要有针对性,要能反映学生所需要达成的学习水平要求。

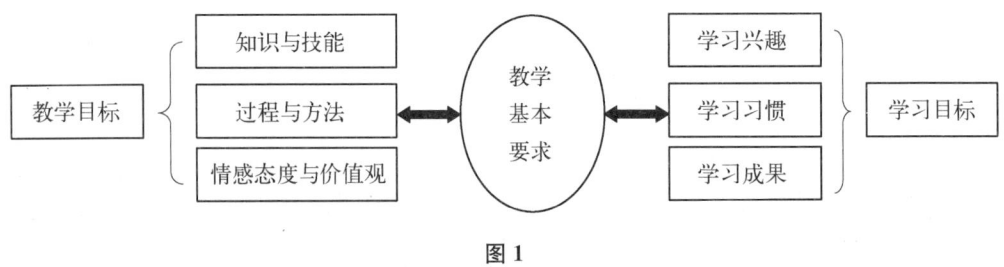

图 1

2.1.2 过程性评价促教学活动的有效开展

课堂教学评价是一种优化教与学的评估实践。教师在教学前分析课程标准,分析英语教材,分析学情,明确学生的学习需要,确立教学目标。课堂上采用静态评价与动态评价、知识评价与能力评价相结合评价方式,对学生的学习兴趣、学习态度、学业成果进行评价。通过对学生的学习活动的全程关注和实施多维评价,实现评价促进教与学的作用,同时使课堂教学活动更有针对性,课堂教学实施更具有效性。

2.1.3 过程性评价促教学过程的有效实施

学生的学习存在个人差异,教师的教学能力也存在着差异,通过有效评价及时了解学生目标的达成度,教师才能及时调整教学流程,反思在课堂教学实施时,单元目标的制定是否契合学生的实际水平、单课话题制定是否符合学生的认知水平和生活实际,创设的活动是否有利于学生对于语言的运用,是否有利于学生的交流表达等等。只有符合学生能接受的教学节奏才是最适合学生学习的教学,所以评价提供了一种反馈到改进的调整机制,有助于优化教学,以适应每一个个体和群体的语言学习和发展的需要。

2.2 通过过程性评价机制，促进学生的有效学习

2.2.1 有效评价能调动学生的学习兴趣，激发其学习的内驱力

学生是学习的主体，要重视学生在评价过程中的主体地位，实现评价主体的多元化。有效评价能激发学生学习的内驱力。根据上海市颁布的《小学英语学科教学基本要求》一书中的描述，针对一二年级学生的语言运用水平、学习策略和语言文化的要求是：能运用英语进行简单的问答，通过课堂教学活动学习单词和句子，初步感知了解中英文表达方式的差异。对于学习水平的要求一般是 A 级：感知记忆学习内容的形态和含义以及两者之间的对应关系，能识别、再现、复述学习内容，对所学内容的初步认识。低年段的英语学习最主要的是培养学生的学习兴趣、培养学生良好的学习习惯。教师从标准出发设计有利于对学生学习的评价，在一定程度上能激发学生的学习兴趣，能把学生厌倦的内容变为对学生愿意接受的挑战，这对形成学生对于学习的积极态度有促进作用。

2.2.2 有效评价能促进学生主动学习，建构有意义的课堂学习模式

传统考试评价，就英语学科来说一般只对语言智能进行评价，传统考试评价不能对情景智能和实践智能进行评价，所以单纯靠传统考试评价不能全面客观地评价一个学生综合能力，对发展学生综合能力的培养有一定的局限性，不利于学生去主动的进行语言知识学习和语言运用的意义建构。在课堂教学中教师尝试运用过程性评价，通过创设情境，鼓励学生运用所学的知识进行重组再输出，能鼓励学生对语言知识的主动的意义建构。只有主动意义建构的内容才是学生内化的知识，也就是转换成了自己的知识，只有内化成自己的知识以后，学生才能获得知识、发展技能。教师的评价方式在一定程度上改变了学生的学习方式，针对英语学科来说，对促进学生的语言交际和运用表达有积极的推动作用。

2.2.3 有效评价能全面反馈学生的学习状况，为培养综合型人才做准备

有效的评价机制能提供学生对自己进步、不足进行全面分析，学生可以利用评价反馈了解自己的进步、评判自己的成绩和监控自己的发展，为终身学习和发展提供持续的保障。教师在设计或制定评价维度时一定要考虑评价的目标是否与教学目标保持一致，评价的方法是否结合教学内容进行了有效整合，评价的方案是否对学习过程和学习结构进行了有效的测查，有效评价的关键在于学习任务和预期学习结果之间的吻合度。同时评价时效是持续性的，对于学生的发展轨迹，教师要有清晰的认识和了解；评价内容是多维度的，要关注学生多元智能的发展；评价形式是多样化的，是评语加等第制的形式。

3. 运用过程性评价，促进小学英语课堂教学的实践

3.1 关注表现性评价，促进学生的多元智能发展

表现性评价就是基于表现的评价、操作评价或实作评价。表现性评价的任务与课堂实践联系紧密，任务的设计全部与学习过程中有意义、有价值的重要经历有关系。表现性评价应当满足多种教育需求，并能将不同类型的知识和技能运用到相关的任务中去。因为当学生能够通过一种有意义的方式展示他们的知识时，他们并不是简单地记住了课本上的知识点，而是对

其掌握得更加深刻。例如,教师在执教 Oxford English 1B Module2 U2 Food I Like,话题为 A greedy cat 时,教师为学生创设的整个情境围绕着一只贪吃猫展开,通过场景的不同变化落实语言点知识点: I like _____ . It's yummy.的教学。同时在每个教学环节中,教师设计基于情境的问题,引导学生小组讨论、思考,通过观察每个学生在讨论中的表现来评判其口语交际能力。为了做到客观公正,评价系统一定要有明确统一可操作化的评分准则,一定要保证评价的信度和效度。教师设计的评价量表如下:

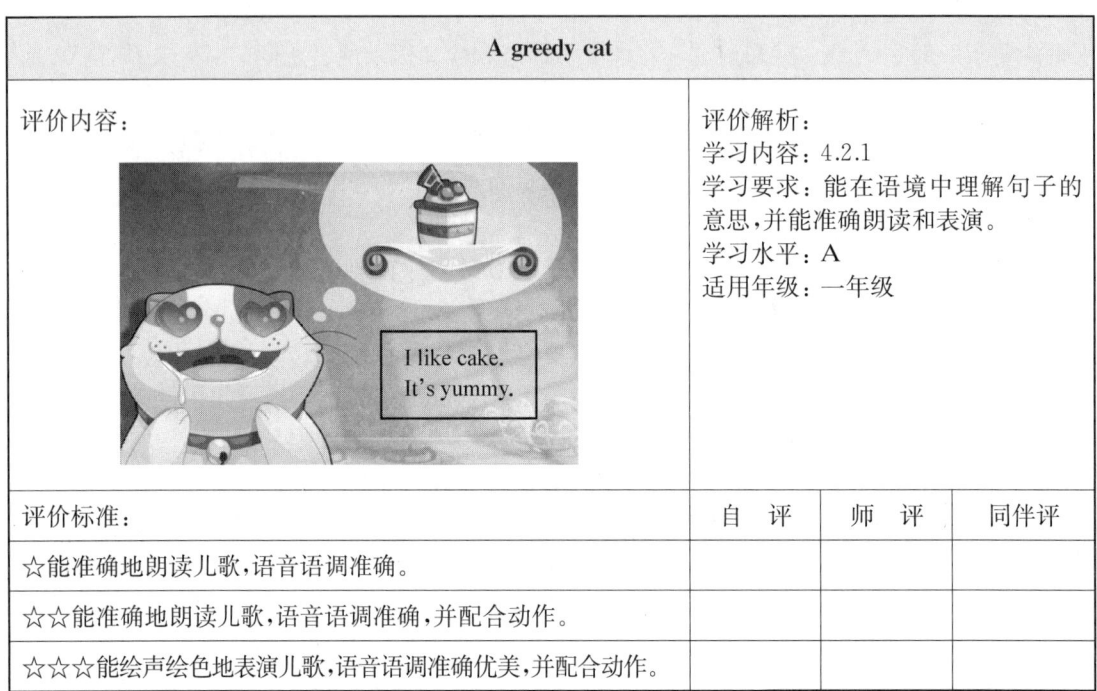

A greedy cat			
评价内容: I like cake. It's yummy.	评价解析: 学习内容:4.2.1 学习要求:能在语境中理解句子的意思,并能准确朗读和表演。 学习水平:A 适用年级:一年级		
评价标准:	自 评	师 评	同伴评
☆能准确地朗读儿歌,语音语调准确。			
☆☆能准确地朗读儿歌,语音语调准确,并配合动作。			
☆☆☆能绘声绘色地表演儿歌,语音语调准确优美,并配合动作。			

表1

3.2 关注发展性评价,促进学生的全面发展

教师面对的授课群体存在着个性差异,为了促进学生的全面发展、差异发展和主体发展,需要授课教师建立发展性的评价机制。发展性评价的关键是教师要立足学生个体性,以发展的眼光来看待学生,针对不同的学生提出不同的要求。这种评价方式不是为了评价而评价,更多体现的是一种全新的评价理念,其理想的情况是,教学和评价融为一体。例如,教师在执教 Oxford English 3A Module4 Unit1 Insects,话题为 Insects I like 时,教师可以结合教学目标和文本内容,设计有层次的语篇,让学生自主选择语篇进行表达交流,其目的是鼓励更多的学生参与语言的表达和交流,让不同学习程度的学生都有所发展和提升,让学生喜爱英语,敢于表达。

发展性评价的特征是阶段性评价和形成性评价并重,关注学生语言学习的思考和发展过程,评价主体有多方参与,评价的目的是为了更好地促进学生的发展,评价有利于不同层面发展的需要,满足不同程度学生的能力要求,评价的目的是更好地促进学生的发展。教师可尝试设计以下的评价量表:

Insects I like		
评价内容： Look at the insect. It's a bee. It has a big head，two feelers，two pairs of wings and six legs. It can fly. I like the bee very much. More Insects：Try to say Look at the insect. It's a _____ . It has a _____ , two _____ , two pairs of _____ and six _____ . It can _____ . I like the _____ very much.	评价解析 学习内容：5.1.1 学习要求：通过阅读语篇，找到昆虫的特征，以及能根据范文尝试介绍自己所熟识的另一种昆虫。 学习水平：B 适用年级：三年级	
评价标准：	等　第	自　评
能准确流利地朗读文本，语音语调优美。	☆	
能介绍其中的一种昆虫，填写准确率不低于 5 格。	☆☆	
能绘声绘色的介绍其中一种昆虫，填写准确率不低于 7 格。	☆☆☆	

表 2

3.3 关注延展性评价，促进学生自主学习能力的发展和提升

评价需关注执教教师对课程实施意义上的学生学习动机、学习过程和学习效果的三位一体的评价。英语新课程标准中明确指出：英语教学的目的是培养具有终身自我学习和发展能力的复合型人才。过程性评价将成为促进人的终身学习和可持续发展的过程有效评价手段之一，学会评价将成为学会学习的一部分，发展评价能力会成为人生必备的要求。过程性评价不仅是对学生学习效果与成绩的确认，是诊断和改进学习的途径，还成为学校教育的一项目标。例如，教师在执教 5B Module4 Unit1 Western Holidays，话题为 Western Holidays I know 时，教师可以设计课前、课中、课后评价量表，从学生的学习兴趣、学习态度和学业成果三个维度，监控学生的发展情况。教师可设计以下量表：

Western Holidays I know（课前评价表）：	
评价维度：	学习兴趣
评价内容：	自主搜索相关资源，介绍你所熟知的中国或西方国家的节日。
学习水平：	B
评价对象：	五年级学生
评价建议：	评价主体可以是教师或家长或同伴，评价方式建议采用口头描述的方式。

续　表

	Western Holidays I know（课前评价表）：
案例示范：	Chinese New Year is a traditional Chinese festival. On that day, people visit their relatives. Children get red envelopes. People usually have a family dinner together. What an important festival in China!
评价分析	课前的自主作业以"节日"为话题,学习项目以唤起学生对以往学习内容的感知和记忆,为接下去的课堂教学作铺垫。通过各种形式的节日介绍,可以复习梳理有关话题的关键信息,建构句与句之间的逻辑关系,能辅助学生在学习新的西方节日时,能按顺序有条理地描述。课前自主作业一方面能激发学生的学习兴趣,另一方面能发展学生的学习能力,同时为过程性评价提供相关参考依据。

表 3

	Western Holidays I know（课中评价表）：
评价维度：	学习成果
评价内容：	能根据关键信息,描述西方的一种节日
学习水平：	B
评价对象：	五年级学生
评价建议：	评价主体可以是教师或家长或同伴,评价方式建议采用口头描述的方式。
案例示范：	● On a Sunday in March or April　● Go on Easter egg hunts　● Eat chocolate eggs　　When's _____ ? _____ What do people/children do on this holiday?
评价分析	课中的评价表是检测学生对于新授内容的掌握情况,语言学习项目是：_____ is on the _____. People usually _____ on this holiday. 语言功能是"介绍"自己所熟识的中西方节日。通过对话问答或文本称述的方式,关注学生的交际能力和表达能力。同时也要关注建构句与句之间的逻辑关系,按顺序有条理地描述。学生的能力水平与先前有无区别,为教师的教学效果提供及时的反馈信息,教师可调整教学流程,为接下去的教学做准备。

表 4

Western Holidays I know（课后评价表）：	
评价维度：	学习态度
评价内容：	制作一张有关节日的小报
学习水平：	B
评价对象：	五年级学生
评价建议：	评价主体可以是教师或家长或同伴，评价方式建议采用口头描述的方式。
案例示范：	
评价分析	课后作业是课堂教学的延伸，是对教学内容的巩固，小报制作能激发学生的学习兴趣，同时有助于学生对不同节日的信息收集和处理，有利于培养学生的自主学习能力。小报制作在于对节日的介绍，包括文化的介绍，让学生在课内外尽可能多的接触英语，模拟真实的文化实践活动，在参加各种主题活动中，学生运用语言知识，汲取更多的文化知识，提高跨文化交际能力。

表 5

这种关注课前、课中、课后的评价是在课程实施的过程中对学生的学习进行评价，一般采取目标与过程并重的价值取向，对学习的过程、效果以及对与学生的学习密切相关的非智力因素进行全面的分析和评价。这种评价方式主张内外结合，主张评价过程与教学过程的交叉和融合，评价主体与客体的互动和整合。过程性评价关注学生对自己学习过程的思考，鼓励学生更好地把握学习方式方法，理解和掌握评价的方法，为培养学生终身学习能力和实现终身的可持续发展服务。

4. 结语

随着课程改革的不断深入，"立足过程，促进发展"的课程评价以及重视评价的激励与改进功能受到教师的普遍关注。努力发挥课堂评价促进学生发展的功能，引导学生不但求"知"，更要求"法"，不但"好学"，而且"会学"和"学会"，更要"学得有兴趣"。评价不仅要关注结果，更要关注过程；不仅要关注共性，更要关注个性；不仅要关注学生成就，更要关注学生在学习过程中情感、态度和价值观的形成；不仅要带动学生认识自我，更要帮助学生建立自信。教师想要真正发挥课堂教学的主导作用，需要设计有意义积极的评价方式，促使小学阶段的学生形成良好的学习习惯、学习兴趣，促进学生养成良好的学习品质。教师想要提升课堂效率、真正实现学生是学习的主体，需要教师在教育教学的过程中把握好对学生们的评价，以充分调动学生的积极性和提高学生的自信心为前提,充分挖掘和展现学生们的个性潜能,给予每一位学生正确的和积极的评价。关注评价学生多元智能的发展、学生语言素养的提升、学生语言运用能力的提高。探索有效的评价方式,促进更好的教与学,为促进学生的终身发展和获得自我学习的能力而不断实践和探索。

参考文献

［1］ Arter J. & McTigher J. 课程教学评分规则——用表现性评价准则提高学生成绩［M］. 国家基础教育课程改革"促进教师发展与学生成长的评价研究"项目组译. 北京：中国轻工业出版社,2005.

［2］ Popham W. J. 促进教学的课堂评价［M］. 国家基础教育课程改革"促进教师发展与学生成长的评价研究"项目组译. 北京：中国轻工业出版社,2003.

［3］ 布鲁姆等.教育评价. 秋渊等译［M］. 上海：华东师范大学出版社,1981.

［4］ 李坤崇. 学业评价多种评价工具的设计及应用［M］. 上海：华东师范大学出版社,2016.

［5］ 萨克斯. 教育和心理的测量与评价原理［M］. 南京：江苏教育出版社,2002.

［6］ 徐芬,赵德成. 国家基础教育课程改革"促进教师发展和学生成长的评价研究"项目组组织. 成长记录袋的基本原理与应用［M］. 西安：陕西师范大学出版社,2002.

［7］ 赵德成. 促进教学的测验与评价［M］. 上海：上海华东师范大学出版社,2016.

作者单位：虹口区教师进修学院 上海　200083

英语词语运用和补全对话试题分析与研究

——以 2017 年河南省普通高中招生考试为例

陶如意

提 要：为明晰对中考英语命题趋势的研判，满足初中英语教师教学工作的需求，通过对 2017 年河南省中招英语试题中的"词语运用"和"补全对话"两个题型的分析和研究，总结历年河南省中招英语命题的特点，并针对学生在这两个知识领域存在的问题提出了可行的教学建议，要加大阅读理解能力训练，广积词汇，注重"意""形"统一，正确使用书面语言和口头语言等。未来的英语教师要真正转变角色，跳出单维课程设计，做有情感、有思维的英语教育。

关键词：中招英语；试题分析；词语运用；补全对话

1. 引言

　　2017 年河南省中招英语试卷依据《课程标准》中的五级目标命题，考查范围包括听力、阅读、语法、写作等各个方面，着重考查学生英语语言使用能力。一方面兼顾全省大面积考生，注重双基的考查；另一方面具有明显的选拔功能，呈现一定的梯度。试卷共有七大题，八十一小题，试题内容上紧跟时代步伐，散发出浓浓的生活气息，体现了开放性和创造性，试题引导学生从课堂走向生活，走向社会，从学生的生活实际创设问题情境，引导学生观察自然、社会生产、生活实际，将所学的知识、技能和方法用来解释说明自然和社会现象、解决一些简单的实际问题。试题回归语言的本质，引导学生加强原汁原味的英语阅读和英语感悟。现以词语运用和补全对话题型进行详细分析与研究。

2. 词语运用题型分析与研究

2.1　命题特点

　　河南省从 2008 年开始考查词语运用到 2017 年已经 10 年了。词语运用主要是对词汇、语法、篇章结构和行文逻辑等方面的考查，既考查学生的阅读理解能力，又考查学生在语境中对词汇的灵活运用能力，综合性很强，难度较高。它不仅要求学生掌握一定的词汇、语法知识，还要求学生具有一定的阅读、分析和逻辑推理能力。

　　词语运用的总词数在 220 个单词左右。体裁为记叙文或说明文。2016 年体裁是说明文，235 个单词，话题是智能手机给生活带来影响。2015 年说明文，235 个单词，话题是心形手势的来历和演变。2014 年记叙文,200 个单词,话题是一些中学生在机场开咖啡馆赚钱、赚学分等。2013 年记叙文,208 个单词,话题是一个关于鸭子汤的幽默故事。考查的词性以实词为主,虚词为辅。高频考查点:四大实词(名词、动词、形容词、副词)。其中又以名词和动词为主体,动词的词形变化比例比较大,通常由上下文推出词后要进行相应形式变化。

2.2　内容分析

2017 年的词语运用为记叙文,介绍的是个幽默故事,讲述了年仅 9 岁的吉姆为撰写家族史而采访了祖母。当他问祖母自己是怎么来的时,祖母说是"鹳鸟带来的"。当他问妈妈和祖母是怎么来的时,祖母做了同样的回答,于是有趣的事发生了。全篇共 227 字。

12 个备选答案中动词有 know,understand,look 三个;名词 Jimmy,answer 两个;形容词 nervous,happy,much 三个;代词一个;连词两个 so 和 but;介词一个;干扰选项 but,happy。正确答案中共有六个需要变形的单词。

2.3　答题情况

表 1　郑州市学生中考词语运用答题情况统计

题　号	考 查 项 目	得分率	考 查 要 点
66	动词 understand	0.19	考查动词不定式,动词不需要变形
67	名词 answers	0.42	考查名词复数;some ＋可数名词复数
68	动词 knew	0.07	考查动词,一般过去时,定语从句的谓语
69	形容词 nervous	0.49	考查形容词,根据句意和下文
70	介词 with	0.68	考查短语 talk with
71	连词 so	0.61	在考查语境中连词
72	形容词 more	0.29	考查形容词比较级,形容词代词化
73	代词 me	0.55	考查人称代词,需将主格 I 变为宾格 me
74	名词 Jimmy's	0.31	考查名词所有格
75	动词 looking	0.43	考查现在分词和动词短语 look at

从表 1 来看,学生在词语运用部分得分率不高,只有 70、71 和 73 小题得分率过半,66、68、72 和 74 题得分率非常低,特别是 68 题,得分率仅为 0.07,41 784 名学生做错,只有 3 157 名学生答对,是整个试卷中得分率最低的。

原文呈现:

Nine-year-old Jimmy was given a task in school to write a story on "My family's ancestors(祖先)". The purpose was for the kids to ___66___ their family history.

In search of some ___67___ for his task, Jimmy interviewed his grandmother who of course ___68___ nothing about the reason why Jimmy asked such questions.

When she was asked，"Granny，where did I come from?" his grandma was quite ___69___ . Why didn't he ask his parents? She had to be quite careful when talking ___70___ a kid about such a subject. She wanted to buy some time，___71___ she replied，"Well，sweetie，the stork（鹳鸟）brought you." She said no ___72___ , hoping that the subject would be dropped until Jimmy's parents came back.

"So，where did Mom come from?"

"The stork brought her also."

"Well，then where did you come from?"

"The stork brought ___73___ too，sweetie."

"All right，thanks，Granny."

___74___ grandmother did not think anything more about his questions. Three days later，when she was tidying up and ___75___ at Jimmy's desk，she read the first sentence of his paper，"For three generations there have been no natural births in our family."

2.4 存在问题

从答题情况可知,学生在词语运用方面存在的问题:

1）阅读理解能力不强,特别是长句子的理解有问题;

2）具体语境中灵活运用词汇的能力弱;

3）基础知识掌握不扎实,答题时用对词,但单词变形不对;

4）忽略了语法在语篇和语境中的意义;

5）句法词法基本功不扎实,缺乏利用语法筛选词汇的能力。

2.5 教学建议

1）加大阅读理解能力的训练。教学中加强对学生精细阅读理解能力的培养,要善于运用单元话题,构建学生乐于参与、敢于探究的课堂,建构更具语篇性、趣味性、灵活性的课堂。只有不断更新方法,激发学生的学习兴趣,才能有效增强词语运用的解题能力;

2）熟练掌握课本要求掌握的 1 600 个左右的单词,熟知它们同根词的相关的变形。开展词类的转化与运用训练,加快对词性判断的反应速度;

3）要求学生平时注重积累一意多词,并且也要学会用词性分析的方法来判断所填单词;

4）注重"意""形"统一,指导提炼每类词的考点。平时教学中要指导学生学会提炼每类词的考点。例如,一旦判断出该空应填名词,就应立即考虑名词的单复数或加词缀词性转化。若为动词,就要考虑非谓语动词、时态、语态。若为形容词或副词,既要注意形容词/副词互换还要注意比较等级变化等。

3. 补全对话题型分析与研究

3.1 命题特点

考查学生的对话理解能力和句子表达能力。要求学生根据对话情景和上下文意思写出正确恰当的句子,近五年补全对话的话题主要涉及旅行、计划等方面。

表2 河南省中考补全对话具体考查内容和形式统计表

年份	对话概要	词:回合	Question	Answer	Response	备 注
2017	交友	7	2	2	1	有标点符号
2016	周末计划	5.5	2	2	1	有标点符号
2015	旅行	6	3	3	0	有标点符号
2014	旅行	5	2	2	1	有标点符号

原文呈现:

根据下面的对话情景,在每个空白处填上一个适当的句子,使对话的意思连贯、完整。

A：Hey，how's it going?

B：Oh，all right. I'm trying to make friends.

A：Oh，that's great! Everyone needs friends.

B：76. _____?

A：Yes. I think you should talk more often with the people who you want as friends.

B：Okay，thanks for your advice. I have one more question though.

A：Go ahead，please. 77. _____.

B：Should I try to get their phone numbers?

A：78. _____. Friends need to communicate with each other.

B：Then I won't be shy to ask for their phone numbers. 79. _____?

A：You can make friends with any kind of person. I became a friend to an old man and to a young kid.

B：Wow，that's amazing. I didn't know making friends would be easy. 80. _____.

A：Good luck on that. Goodbye.

B：Goodbye.

从表2可知2017年河南省考查的话题是交友。共七个回合的交谈。78和80题较容易,能根据上下文能明显给出答案。

3.2 学生答题情况

表3 郑州市学生补全对话得分统计

题号	功能考查	考 查 要 点	平均分	得分率
76	询问建议	(But)Can/Could/will/would you (please) give me some advice /suggestions (about/on making friends)? Would you like to give me some advice? Can/Could/Would/Will you（please）give me some advice? Shall/May/Can/Could I ask you for some advice?	0.98	0.49

题号	功能考查	考　查　要　点	平均分	得分率
77	提供帮助	It's my pleasure to help you. I will go out of my way to help you. I'm happy /glad/pleased to help you. I will try my best to help you.	1.05	0.53
78	肯定回应	Yes，you can/ of course. Of course you can. Yes./OK/Sure/Certainly/ All right. Yes，you can try it.	1.47	0.74
79	询问交友的类型	What/Which kind of friends should/shall I make? Who/Whom should/shall I make friends with? What kind of people/person should/shall/can I make friends（a friend）with?	0.5	0.25
80	感谢用语	I'll follow your advice（and try it）. Thanks/Thank you/Thanks a lot（for your help/helping me）.	1.48	0.74

3.3　存在的问题

表 4　郑州市学生补全对话答题答案统计

问题类型	76	77	78	79	80
语言基本功不扎实	Did you have some advice? Could you give me some advice with/of making friends? Could you please tell me what should I do? Do you give me advise?	I can give your advice. I am pleasure to help you. I'm pleased with helping you. I wonder what is it.	Yes，you did.	What kind of person should I make friend with?	But I belived myself. Thank for your advice.
英文思维方式欠缺	Can you give me some make friends advice? Do you have some ideas give me?	Talk me. Ask me. Say your question.	I think you can.	Can I make friends with who? What kind of person to make friends?	Thanks to your answer.

续　表

问题类型	76	77	78	79	80
画蛇添足	May you give me some Advice, can help me to make friends?	Don't hold your question. I will answer you as long as I can.	All right. Thanks, Granny.	What's kind of person can I make friends with?	Thanks a lot, body.
语境感知能力薄弱	How to try to make friends? Can I help you, friends? Are you good at making friends?	You should know their numbers. And you can try to get their phone numbers.	Sounds great! That's for sure.	How can I make a lot of friends?	Good luck (to me). I think there are helpful for you.

3.4　教学建议

1）引导学生正确运用书面语言和口头语言。补全对话考察学生的口语表达能力，语言比较简单。要写常用和地道的句子，多以简单句为主，长句和从句尽量避免，不要一味地写从句。书面语言注重文章结构，用词准确，要求句式丰富，形式多样。长短句结合，恰当使用宾语、定语和状语从句、名人名言、优美句子，要求能反映出学生的语言表达和写作水平。

2）熟读背诵课本中典型对话片段。在课本复习时教师帮学生梳理出英语教材中出现过的日常交际用语典型对话片段，要求学生熟读背诵，只有这样，做题时才能得心应手。

3）掌握各交际项目的习惯用法。让学生平时牢固掌握初中英语教材中出现的交流项目的习惯表达方式和惯用句型，答题时就能迅速地回忆起与对话内容有关的日常交际用语及习惯表达法，并且灵活地运用。

4）认真处理听力原文材料。把原文材料作为口语训练、情景交际训练的素材，要求学生精读或背诵，并利用这些素材进行知识点巩固。

5）训练学生掌握解题技巧。通读全篇对话，了解对话大意，在掌握了对话主题与大意的基础上着手做题较为快捷准确；把握情景语境；抓好关键词，进行推断，前后照应，关注上下文之间的密切关系；先易后难，一时难以确定不要勉强先做，否则易造成连锁错误；重读全篇对话，确定补全后的对话是否通顺连贯、语法是否正确。

4. 试卷对英语教学的启示

新课程的推进需要我们教师共同努力。在外语教育中，我们要跳出单维、单一、单选的教学和课程设计，形成目标多元（多元智能、多层心灵）、方式多形（文化性、跨学科、信息化、新平台）以及内容多样（有意义、有意思、有思维）的教学模式，做有意义、有情感、有思维的英语教育。

作为英语教师,我们要用英语的语言魅力来吸引学生,把扩充词汇量及阅读能力放在英语学习的首位,渗透文化品格,体现学科素养,注重语境中词语的运用。英语教学的主要目的是提升学生的学科素养和语言综合运用能力,今后要适度增大学生的英语阅读量。因为从语言学习的规律看,英语应用能力的提高一定是建立在广泛阅读的基础之上,现在大部分学生的阅读内容来源于教材和试卷,这是远远不够的,应该从多方位、多角度来学英语,鼓励学生经常读英文报刊、听英文广播、看英文电影、参加英语讲座、读英文原版书,多用英语和别人交流,有了一定量的积累,才会形成语感,提升语言的综合运用能力。

作为英语教师,我们一定要真正转变角色,努力提高自身的业务水平和文化素养,努力提高自身语言素养,从自我做起,多讲英语,多用英语解释和表述,使自己的英语水平和教学能力达到娴熟的地步,从而带动学生使用英语,学好英语。教师应潜心钻研教材,认真学习语言教学理论与规律,领会和借鉴先进的教学理念,不断学习实践新的教学理论和探索新的教学方法,潜心研究学生的学情,营造有利于英语语言学习的最佳环境,让学生真正成为语言的使用者,而非仅仅学习者。同时还要关注英语教学与测试改革的新动向,以更加有效地指导教学与复习,从而能够大幅度提高英语教学质量。

参考文献

[1] 思允. 英语中考与英语教学的关系的研究[EB/OL]. http://blog.sina.com.cn/s/blog_4e2f17e80102v3wl.html.2014-10.

[2] 张连仲. 英语改革大趋势:走向语用[EB/OL]. https://www.sohu.com/a/207301643_497799.2017-11.

作者单位:郑州市惠济区教学研究室 河南 郑州   450000

新课标背景下的高中英语
报刊阅读教学策略探究
——基于七宝中学教学实践的实证研究

沈　威

提　要：《普通高中英语课程标准(2017年版)》提出有必要将英语报刊等优质资源纳入英语教学资源。本文以具体课例结合评价手段的方式，定量分析特定报刊教学方式的采用对于高中学生阅读能力的促进作用，探讨可落实到实践层面的教学策略，具有较高的推广借鉴价值。

关键词：高中英语；报刊阅读；教学策略

1. 引言

　　《普通高中英语课程标准(2017年版)》指出：改善教学条件，开发多种形式的英语教学资源，将各种优质的英语学习软件和网站、英文报刊等与教学有关的信息和资料都融入英语课程资源体系中，并进行必要的梳理和归类，建立课程资源库。同时，学校还要鼓励教师开发和利用广播、电视、英语报刊和图书馆等多种资源，营造良好的英语学习氛围。汤青(2019)指出教师在资源利用时依据教学目标、教学内容以及学生的学习水平和学习差异，考虑教学资源的选择、重组与改编，鼓励教师创建个人资源库，使用、反思和整理教学资源，提高教学资源利用水平，如七宝中学开设的英语报刊阅读课，注重拓展阅读时空，探究阅读学习策略。从评价角度来看，七宝中学在平时的考试中，报刊从最初占期中、期末考试的20%逐步过渡到了占一半的比重(施国华2018)。鉴于七宝中学已经形成的报刊阅读特色的教学体系，本文旨在以实证研究的方式研究七宝中学特色报刊阅读教学策略，探索对高中英语阅读教学策略的推广借鉴价值。

2. 文献综述

　　目前报刊英语教学已经成了英语教学中的热点话题，在高校领域，以全国高校英语报刊教学研讨会的学术年会会议集(汪淳波2010)为例，诸多学者在此领域做了有意义的探索。傅铮(2010)探讨了图式理论在英美报刊阅读教学中的应用，以丰富学生的背景知识为途径，促进学生理解力同时提高阅读水平。赫惠珍(2010)研究了英语教学改革和外刊阅读教学的关系，从教学内容、模式、评价体系三个角度论证了外刊教学改革有利于提高学生的自主学习能力，责任感和自信心。李飞武(2010)从人才培养意义为目标，指出提高语言分析、表达能力，拓宽学科视野和增强认识异域文化，达成听、说、译技能整体提升的教学思路。梅琼(2010)从建构主义视角探索了报刊教学，从学生中心、情境、写作、环境、信息资源和意义建构六个方面培养学生发现、分析和解决问题的能力。学者唐明(2010)研究报刊教学和文化意识的关系。王亚明(2010)探索了报刊教学课程发展史和现状，从课程群为母单位，梳理了单一报刊阅读衍生出的"经济新闻阅读"，"科技新闻阅读"和"文化类阅读"等二级子课程群，对于报刊教学在整体教学体系的地位和作用进行了回溯分析。

在中小学领域，近年来关于此领域的研究也逐步涌现，黄岳辉(2017)以 PISA 阅读测评素养为指导框架，基于某区 60 位教师和 300 名学生问卷的数据分析结果，采用定性和定量的混合研究手法，从阅读兴趣、阅读习惯和阅读方法三个维度揭露了阅读教学存在的问题现状，并指出了教师的策略缺失，建设性地提出了指向阅读能力三层教学策略，引入外刊、小班口语结合教材的教学建议来诠释教学策略的落地方式。张瑶(2017)采用了定性研究，调研学生的阅读兴趣、习惯、认同度和阅读策略，得出了学生需要教师介入才能完成报刊阅读的任务的结论，提出了常见的教师在报刊教学中的地位、作用和教学手法，包括听读结合、问题导向和摘录评论，该文的创新点在于提出了评价体系：书面互评、小组互评和剪贴本结合，构建成档案袋式样的过程评价法突破了传统的纸笔测试，更全面的评估学习效果。

然而，上述研究大多数处于宏观层面，目前基于课例为研究的实证分析在该领域相对较少。七宝中学的英语教学课程基本构架(见右图)把"英语报刊阅读"融入正式教学环节近二十年，已经形成具有鲜明特色的、比较成熟的教学实证思路与方法。笔者以七宝中学教学实践为例，尝试以课例结合评价手段的方式弥补实证研究文献不足的现状。

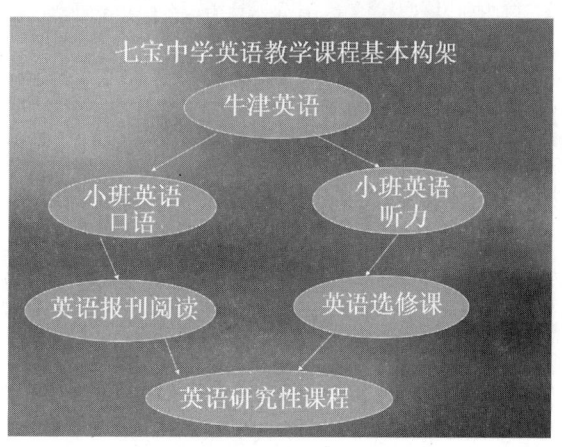

英语教学课程基本构架图

3. 授课案例及评析

笔者选取了一节典型的七宝中学报刊阅读教学公开课为实证分析案例，并在目前的教学体系下尝试解读如何把教学理念落实到具体的课程。

Truth behind smiley & Cooking for change

— From 21st Teens Issue 726

教材分析：

Truth behind smiley 和 Cooking for change 选自高二版 21 世纪英文报总第 726 期。教师将带领学生泛读第一篇、精读第二篇。Truth behind smiley 讲述了笑脸表情的由来和发展，激励人们用微笑面对人生的困难和挫折。Cooking for change 描述作者如何用烹饪这一方式，在繁重的生活压力下调整心态，从而改变自己对周遭世界的态度。生活中难免有种种变数，两篇文章主旨贴近，都给予学生一些直面变化、走出困境的方法和启示。

学情分析：

教研组为学生编撰了一个 wordlist，课前要求学生阅读 wordlist 并简单预读文本。希望学生通过报刊阅读，学会品味语言，思考人生。

教学重点：

英语报刊阅读的重点是理解文本内容，本课由文章标题中的"change"串联，教师通过创设这一情境，开展多种课堂活动，帮助学生结合日常生活中的"change"，理解和分析文本内容。

教学难点：

所选两篇文章的内容都和"困难"有关，和学生的生活息息相关。文章中不乏一些富有哲理的语言，教师如何引导学生理解文本和表达自己的看法是教学中的难点。

Teaching aims：

By the end of the lesson，the students are expected to：

① comprehend the structure and the content of each text

② get the meaning between the lines and have in-depth thinking

③ take the positive attitude towards unexpected changes in daily life

Teaching procedure：

Teaching steps	Activities	Purposes
1. Truth behind smiley **Pre-reading**	1. Before the class，ask students to read the articles，finish pre-reading exercises and get familiar with the vocabulary with the help of the wordlist. 2. At the beginning of the class，ask students to recall one of the unexpected **changes** in their life and share.	To start elaborating the topic **"change"** from their daily life to arouse their interest and help them better understand it.
While-reading	1. Ask students to skim paragraphs 1 – 5，find the **change** of the company and summarize the action taken by Harvey Ball to tackle the problem. 2. Ask students to skim paragraphs 6 – 7 and find the **"change"** i.e. development of the smiley face itself. 3. Ask students to think about possible reasons behind the development of the smiley face.	To help students get the details of the article，know story of the invention of the smiley face. To help students get the details of the passage，know how the smiley face evolved. To help students get the details of the passage，know why the smiley face evolved.
Post-reading	Ask students to read paragraphs 7 – 8 and briefly share in groups how they comprehend the following sentence in paragraph 7 and their own ways when dealing with unexpected **changes**： "Happiness and smiling go both ways."	To link the topic with their daily life and help them think about their own practices when dealing with unexpected **changes** and regaining joy.

Teaching steps	Activities	Purposes
2. Cooking for change **Pre-reading**	Ask several students to share with the whole class the ways of providing comfort to them when they deal with unexpected **changes** in life.	To introduce and move on to the topic of the second article.
While-reading	1. Ask students to skim the whole passage and finish Exercise A in the worksheet. 2. Ask students to scan paragraphs 5 – 10 and finish Exercise B in the worksheet. 3. Meanwhile，help students learn vocabulary and structures from Exercise B. 4. Ask students to read the whole passage again and summarize the **changes** which cooking can bring to the author's world by doing Exercise C in the worksheet.	To help students fetch important information from the story and comprehend the article.
Post-reading	Ask students to further illustrate how their own ways mentioned **change** their world by using the words and structures they just learned.	To encourage students to practice using new words and phrases, connect with their life and cultivate positive attitude.
Homework	Revise their illustration and write a 100-word article：_____ for change.	To review their language acquisition and deepen their thoughts from this class.

　　针对本节课的教学情况，笔者采用了中小学优质课评价标准观察量表(汤青，2011)，共五个板块总分200，得分评定如下：

【课堂教学观察】

学校	上海市七宝中学		教师	某教师	时间	2018.11
课题	Truth behind smiley & Cooking for change		学科	英语	年级	高二

Ⅰ. 教师教学清晰(分值＝总分35/赋分条目数＝33分)

观察点/程度 0：未见；1→5：程度由低到高			举例/说明
熟知学科内容	1. 准确解释、表达学科基本概念和核心内容	5	课程内容结合学生的学习情况，教学目标包括语言能力目标、文化意识目标、思维能力目标和学习能力目标。
	2. 将抽象的教学内容转换为有助于理解概念、解决问题的学习活动	5	分发微笑徽章，呈现 Smiley face 等图片，帮助学生理解。

观察点/程度 0：未见；1→5：程度由低到高			举例/说明
建立教学结构	3. 有系统和条理、由简到繁地呈现教学内容	5	从语篇大意到处理各段落细节，层层递进，条理清晰。
	4. 将新、旧知识相联系	4	教师带领学生泛读第一篇、精读第二篇。Truth behind smiley 讲述了笑脸表情的由来和发展，激励人们用微笑面对人生的困难和挫折。Cooking for change 描述作者如何用烹饪这一方式，在繁重的生活压力下调整心态，从而改变自己对周遭世界的态度。第一篇为第二篇做铺垫，主旨互为联系。
	5. 围绕核心内容，提供丰富的实例和证据	5	阅读任务的展开都是为最后一个读后活动服务。
	6. 设计有意义的课堂反馈训练或练习	4	使用课堂中重点讲解的短语，如 reflect on、tap into、engage with 等，结合生活实际，谈谈自己如何通过"改变"而更好地生活。
	7. 适时概括学习要点，并能简明扼要、突出重点	5	通过提问，引导学生理解第二篇文章作者的心路历程，并通过填空完成基于此文的概要写作，凸显出了读写结合的重点。

Ⅱ. 引导学生学习（分值＝总分 50／赋分条目数＝45 分）

观察点/程度 0：未见；1→5：程度由低到高			举例/说明
维持学习动机	1. 创设贴近生活、激发兴趣的情景	5	读前活动的图片，自然引出课堂的话题。
	2. 给予大多数学生成功的体验	4	学生回答之后及时反馈与表扬，"I agree with you"，"excellent"，"good job"。
采用多元方式	3. 运用除讲授以外的多种教学方法	5	提问、头脑风暴等。
	4. 提供大多数学生参与学习活动的机会	4	几乎所有的学生都积极参与课堂活动。
	5. 组织和促进学生的互动与合作	4	小组讨论活动。
	6. 选用合适的媒体资源	5	PPT 课件。
善用发问技巧	7. 问题明显呈示，表达清楚，指向明确	5	When the smiley face is used today, does it still have its original meaning? How did it change?
	8. 提出与学生认知水平相吻合的开放式问题	5	What does the sentence "happiness and smiling go both ways" mean?
	9. 留出适当的待答时间	4	等待学生回答的时间至少有 30 秒。
	10. 对学生的答问不是笼统地给出评语，而是有区别的回答	4	针对学生回答中的生词或者关键词，重新解释，使用 make the best use of something 来确认学生对词组 tap into 的理解等。

Ⅲ. 师生有效沟通(分值=总分 35/赋分条目数=34 分)

观察点/程度 0：未见；1→5：程度由低到高			举例/说明
恰当运用表达	1.音量足够,吐字清晰,抑扬顿挫	5	发音准确,吐字清晰,语速控制得宜,语调起伏轻重恰当。
	2.用学生能够理解的语言文字,解释核心内容	5	遣词得当,易于学生理解。
	3.无论以何种方式呈现教学内容,全班学生都能看清、听到	5	板书条理清晰,字迹工整,重点突出,音量适度。
	4.以适当的眼神、表情、手势、走动等促进与学生的沟通	5	在整体讲解课文时始终面向全体学生,表情自然、亲切。在学生作答时始终给予鼓励的眼神。在小组讨论时,巡视各小组活动情况,及时给予指导,或参与小组讨论。
积极促进对话	5.倾听学生表达,不随便打断	5	当学生未能抓到回答问题的关键时,能够在学生说完再点拨。
	6.鼓励和引发学生提问或质疑	4	要求学生在小组活动中互相提问,但是在整节课中多以老师提问为主。
	7.对学生的反应有建设性的反馈	5	充分肯定每个学生在活动中的表现,"You are very imaginative." "Oh, Great! You really have a good understanding of the significance of change."

Ⅳ. 课堂环境管理(分值=总分 25/赋分条目数=23 分)

观察点/程度 0：未见；1→5：程度由低到高			举例/说明
营造和谐气氛	1.以和善的表情和亲切的口吻与学生互动	5	丰富的表情和肢体语言、与学生互动。
	2.以幽默、机智带动轻松愉快气氛	5	参与学生讨论,气氛融洽。
	3.激发小组或团队的荣誉感	4	评选对"happiness and smiling go both ways"的理解的小组活动中最有深度的小组。
创设良好环境	4.教学场所的选择和座位的安排符合教学活动的需要	4	座位为传统的直列式。
	5.利用图片、图表、标本、模型或学生作品等布置教室环境	5	课前给每个学生发一个微笑徽章。

Ⅴ.**教学目标达成(分值＝总分 50/ 赋分条目数＝46 分)**

观察点/程度 0：未见;1→5：程度由低到高			举例/说明
完成 教学 准备	1.课时目标基于课程标准,符合学生水平	5	徽章和图片引入启发学生的兴趣,激发学生想象和思考,针对性的提问帮助学生把握大意与细节。讨论微笑表情的演变与意义有助于学生培养文化意识与提升思维品质。概要写作、使用本课堂所学词汇结合个人生活实际小演讲旨在培养学文化品质、思维能力、语言运用能力和学习能力。
	2.依据教学目标设计课堂教学活动和课后练习	5	课堂活动围绕"改变"这一主题,巧妙地把同一期报纸中的两篇文章相串联,两篇文章的详略得当,侧重不同。课后作业"用本课所学短语描述你怎么改变"也是进一步体现"改变"的意义。
掌控 教学 时间	3.巧妙连接教学活动,维持流畅的教学节奏	5	各段落梳理完毕自然引出结论和读后活动,引起学生的共鸣。
	4.利用走动察看等方式督促学生集中精力	5	在布置小组讨论时,明确时间限制,并在教室内走动察看,确保学生集中心向,并注意把控时间。
	5.导课不拖沓,下课不拖堂	5	导入部分简洁,直接切入主题。准时下课。
关注 反馈 指导	6.运用多种方式获取教学目标达成状况的信息	4	读前利用实物徽章、图片,让同学认识"微笑表情"的背景,预测它的变化过程。读中将课文分成段落,引导学生分析文章脉络,解决文章的长难句,探索"改变"的意义。读后让学生自己结合所学语言知识阐述如何"改变"而成为更优秀的自己。
	7.给予有特殊需要的学生及时的帮助	4	循循善诱,例如"Yes. You can reduce your pressure, that is to say, to make yourself happier by playing computer games. But when you turn off the computer, will your pressure come back to you quite soon?"
达成 预期 效果	8.大多数学生用心学习,专注于学习活动	5	全班同学,专心听讲,对改话题感兴趣,参与度很高。
	9.大多数学生能理解并运用所学的概念和技能	4	各项阅读任务能顺利完成。
	10.学生能感受学习内容和学习活动的价值	4	学生热烈讨论,并积极参与小组活动。
本课的特色和创意表现 (如果有体现)		5	很好地完成了既定目标,学生参与度高。

各领域 "未见"条目数	Ⅰ	Ⅱ	Ⅲ	Ⅳ	Ⅴ	合计
	33	45	34	23	46	181/200

4. 学习测试效果

笔者选定了两个高一第一学期的班级,实验周期为一个学期,在日常教学过程中,报刊阅读作为对英语教材的补充。教材是主线,但是报刊阅读的辅助使阅读材料更为丰满。七宝中学的报刊教学使用 21 世纪学生英文报,这份报纸具备不同的专栏,如"our world","campus life","discovery","hot topics","inspirational speech","science study","star stories"等,与人与自我、人与社会、人与自然的三大主题基本吻合,教师选择阅读篇目时也可以参考当时正在讲到的教材课文的话题,选择话题近似的篇目,构建更丰富的话题语境。

从教学方式来看,对于实验班:教师特意挑选与教材话题有关的文章,且选择紧扣时事的文章＋运用设计好的阅读任务训练学生＋教师刻意指明新闻报道的写作风格;对于对照班:教师随机选择文章＋运用报纸附带的阅读题训练学生＋教师不指明新闻报道的写作风格。

初态测试显示两个班的阅读能力基本相同,初态测试,期中测试和期末测试的阅读部分总分相等均为 20 分,三次考试的难度相仿,基本可以认为平行测试,经过测试后结果如下表所示:

		平均数	标准差	p 值
初态阅读分析	外刊实验班	12.050	2.839	
	对照班	10.931	2.419	
	双样本 t 检验			0.108 4
外刊实验班期中与期末阅读分析	外刊实验班期中	11.967	3.264	
	外刊实验班期末	14.667	3.346	
	双样本 t 检验			0.002
普通班期中与期末阅读分析	对照班期中	11.379	2.833	
	对照班期末	12.655	3.948	
	双样本 t 检验			0.163 6

5. 分析和讨论

5.1 定量分析结果

定量分析从三个角度来对研究数据进行分析和讨论,即:

(1) 初态阅读分析

对于初态阅读来说,外刊实验班的阅读平均数为 12.050,对照班的阅读平均数为 10.931。做了双样本 t 检验得出 p 值为 0.1084,大于 0.05,因此表明两个班级的平均分没有显著差距。

(2) 外刊实验班期中与期末阅读分析

外刊实验班的期中阅读平均数为 14.667,期末的阅读平均数为 11.967。双样本 t 检验得出 p

值为 0.002,小于 0.05,因此表明了外刊实验班在用了外刊后,期末阅读成绩有了显著的提升。

(3) 对照班期中与期末阅读分析

对照班的期中阅读平均数为 12.655,期末的阅读平均数为 11.379。双样板 t 检验得出 p 值为 0.1636,大于 0.05,因此表明了普通班的期中与期末阅读成绩没有显著的差异。

5.2 高中英语报刊教学对于阅读教学的启示

从教学实践中得到的成果,笔者认为报刊英语教学对于高中学段一线英语阅读教学带来的启示主要有三个方面,即:

(1) 既然教材是主线,那么在报刊阅读时应该多选择相关的话题篇目,充分构建语境;选择的材料、文本类型、话题多样性、词汇的处理方式、阅读策略的教授与学生成绩之间存在正相关。

(2) 既然报纸的文章多有时效性,不妨让学生小组学习、共同撰写"社论",获得学习成就感,同时附带习得词汇;

(3) 教师有意识地利用新闻文体的特征进行阅读教学,有助于训练学生主旨概括能力、主次信息筛选能力。

6. 结语

本研究基于七宝中学报刊教学的体系,对报刊英语阅读教学进行了实证分析和定量研究,验证了报刊教学确实有利于高中生英语阅读能力的提高。然而,本研究的局限性在于样本容量较小、周期相对较短,未来还可以做进一步的长期(如跨度为三年)的动态跟踪研究。本文旨在探索相对具有可推广性的高中英语报刊教学体系供同行参考和借鉴,希望抛砖引玉,引发在这个领域进一步的思维碰撞,切实提升高中英语教师的教学获得感以及提升高中学生对英语书面材料的阅读能力。

参考文献

[1] 教育部. 普通高中英语课程标准(2017 年版)[M]. 北京:人民教育出版社,2018.

[2] 黄岳辉. 指向阅读能力的英语报刊教学策略探究[J]. 教育参考,2017(1):103-105.

[3] 束定芳,宋亚楠. 基础英语教学现状、目标与途径——上海市英语特级教师访谈录[M]. 上海:上海外语教育出版社,2018:69-83.

[4] 汤青. 中小学英语教师的十五项修炼[M]. 上海:上海教育出版社,2011.

[5] 汤青,赵尚华. 时态——上海市中小学英语学科课改 30 年[M]. 上海:华东师范大学出版社,2019.

[6] 汪淳波. 英语报刊教学研究文集[M]. 天津:天津科学技术出版社,2010.

[7] 张瑶. 英语报刊阅读的教师指导策略研究[J]. 上海课程教学研究,2017(11):38-43.

作者单位:上海市七宝中学 上海 201101

基于等第制的小学高年级英语写作教学的评价设计与探索

——以话题"_____'s dream job"为例

陈　苧

提　要：以小学《英语（牛津上海版）》五年级第一学期 Module1 Unit3 My future 一课中的话题"_____'s dream job"为例，针对现行写作评价体系中评价主体、方式及内容单一的问题，进行大胆创新与改革，在基于课程标准的前提下，建立教师、学生及家长三位一体的多元评价主体；创建包括等第标准、同伴建议及家长评语在内的多样评价方式；拓展知识积累、语言运用、能力展示等多维的评价内容，让评价真正起到导向和激励的作用，进而提高英语写作教学的有效性。

关键词：等第制评价；小学高年级；英语写作教学；评价设计与探索

1. 引言

　　在听、说、读、写四项基本技能中，写作既是考查学生综合运用英语能力的一个重要形式，同时也是小学高年级英语教学中的一个重点和难点。经过了几年的英语学习，大部分学生到了小学高年级段已经有了一定语言素材的积累，具备了相应的思考和表达能力，可一旦落实到写作，不少学生都有着畏难的情绪，所写的文章机械重复的成分过多，自创的内容几乎没有。这样一来，写作就无法成为学生表达思想、沟通情感的方式。究其原因，很大程度上还是与我们写作教学的评价体系息息相关，现行的小学高年级英语写作评价呈现出三大问题，评价主体单一、评价方式单一和评价内容单一。随着教育综合改革的深入和对学生综合素养问题的关注提高，基于课程标准的"等第制"评价应运而生，并在小学阶段全面推广。笔者在研读了市教委下发的《小学中高年段英语学科基于课程标准评价指南》后，尝试将这种发展性的评价模式运用到高年级的英语写作教学中去，试图对提升写作教学的有效性进行探索和研究。

2. 等第制评价的解读

　　基于课程标准的"等第制评价"作为基础教育评价改革的一个突破口，上海市教委自 2013 年起便在小学一、二年级率先推行，目前已经小学阶段全面普及。

　　从形式上来说，等第制取代百分制，颠覆了传统的应试教育观，是推动素质教育发展的一次大胆尝试。它不仅在一定程度上可以减轻分数给学生所带来的心理压力，同时也使分数不再成为教师评价学生的唯一标准。

从内容上来说,"等第制"并非百分制的简单转换,而是一种从"重分数"转向"重素养"的多元化评价。对各学科不同知识模块的"等第制"评价均从"学习兴趣""学习习惯"和"学业成果"三个维度展开,并相应地将它们细分为多个评价内容,再通过多角度观察点的设定,多元化方式的运用对学生的学业进行科学全面的评价。

从方式上来说,不同于传统的百分制评价在教学后进行书面测评,等第制则更强调寓评价于教学过程中,注重"学评一体"。它不仅仅是对学生的学业情况进行总结,更是对学生的学习过程进行评价,而评价的目的是对教学进行反馈,使教学能更促进学生的发展。

3. 评价设计的思路

作为小学《英语(牛津上海版)》教材五年级第一学期 Module1 Unit3 My future 的一项学业成果评价,话题"＿＿＿＿'s dream job"的写作要求学生能熟练运用本单元的核心词汇及句型描述他人的理想职业,并对他人的职业选择及今后的职业规划提出些许建议。虽然牛津教材中有相关的课文内容供学生参考,但英语写作其实是一个复杂的、创造性地运用思维的过程,而并非死记硬背,生搬硬套。因此写作教学的顺利开展应该建立在培养学生思维能力的基础上,尝试从课文的主题情境入手,并结合自身感受,将已有的细碎烦琐的单词、句型和语法知识整合到写作的语篇中去。

4. 评价实施过程

4.1 诊断性评价,激发写作动机,培养思维能力

诊断性评价是指在教学之前对学生知识、能力和情感状况进行调查,了解学生的认知基础,以及对学习内容的感受与体验,诊断性评价的结果,实际上是重要的课程资源,可为教学的有效展开提供重要参照。

英语写作是一种复杂的、创造性地运用思维的过程,因此,写作教学的顺利展开应该建立在培养学生思维能力的基础上。在写作教学之前或是平时的课堂中,我们可以通过诊断性评价让学生从课文的主题情境入手,结合自身感受,将已有的细碎繁琐的单词、句型和语法知识整合到未来的写作中去。在写作前可以设计这样一张个人信息表(见图1),学生根据自身情

图1

况用英语填写相关信息内容,包括姓名、年龄、兴趣爱好、性格特点、理想职业等,并附上一幅自创的具有职业特点的绘画。教师根据表格的完成情况,对学生在语言知识的运用及对未来职业的情感态度方面有大致的了解;而学生通过这一教学评价活动,不仅在思维能力上得到提高,同时在写作上也得到了实实在在的内容支持,大大激发了他们的写作动机。

4.2 形成性评价,激活写作语言,优化语言输出

形成性评价是教学过程中所进行的评价。它有利于发现学生的潜质,改进和发展学生的学习能力;同时重视学生在学习过程中的体验,强调人与人之间的合作。

在英语写作教学评价中,如果教师只是给学生评定一个等级或是一个分数,而没有帮助学生了解并认识到自己在写作上的优点和不足之处,那么他们的写作水平就很难得到提高。在学生们完成自己的信息表之后,教师统一收齐,再随机分发给班上的同学,但要保证每位学生拿到的一定是别人的信息内容。然后,请学生根据教师提供的评价标准(见表1),从词义理解、单词拼写、书写态度、绘画美观等方面对该信息表进行客观的评价。然后以小组为单位,就各自拿到的信息内容进行口语的表达训练,小组成员可以从语言表达的准确性,完整性及流畅度等方面进行互相评价。这个环节涉及了两个形成性评价,评价的主体都是学生,一方面在互评的过程中取长补短,互相学习;另一方面学生也在纠正他人的错误中,巩固和运用头脑中的语言知识储备,并在口语表达的过程中潜移默化地感知抽象的句法知识,激活写作语言,形成规范的语言表达习惯,优化语言的输出。

表1

评价维度	评价内容	观察点	评 价 标 准	评价主体
学业成果	语言知识	信息表的完成情况	♪ 能在同学或老师的帮助下完成信息表,3处以下拼写错误,字迹清晰,绘图完整	学生互评
			♪♪ 能独立完成信息表,2处以下拼写错误,字迹清晰,绘图完整	
			♪♪♪ 能独立完成消息表,1处拼写错误,字迹端正,绘图美观	
			♪♪♪♪ 能独立完成信息表,拼写准确无误,字迹端正,绘图精致	

4.3 总结性评价,展示写作成果,促进个性发展

总结性评价,是指在一个教学活动结束后对学生学习结果的评价,以预先设定的教育目标为基准,用来确定教学目标或学习目标达成的程度。

在英语写作教学中,通过评价学生的写作成品来判断学生是否掌握了应该掌握的语言知识,是否能够应用所学的知识和技能进行有效的语用输出。学生最终的写作成品内容大致分为两部分,首先要对人物的信息尤其是其未来的理想职业进行简单的描述,从词到句,从语言知识到语言运用,这既是对之前信息内容的整合,也是对本单元重点句型的巩固。而第二部分

(见图 2)则要求学生根据信息表中提供的内容和平时同学间的了解,对写作人物未来的职业选择和规划发表自己的看法和建议,并简单说明原因。在这一段的写作中,学生可以畅所欲言,各抒己见,在正确运用语言知识的同时,大胆地表述自己的观点,使语言和思维能力都得到了大大的提升。写作完成后,学生自行将这张信息表交还给同学。在拿到自己的信息表后,学生带回家与父母一起阅读,并对短文内容进行评价。学生根据评价标准(见表 2)从语句数量、语言运用、观点阐述等角度,通过标注爱心数的形式对短文进行评价。而父母则可以从成人的角度,对短文中所提出的有关职业规划的建议给出自己的评价。

图 2

表 2

评价维度	评价内容	观察点	评　价　标　准	评价主体
学业成果	语言运用	短文写作情况	♡ 写作内容不完整,有较多的语法和词汇错误,观点未能清楚表达	学生互评家长评价
			♡♡ 写作内容较完整,语法结构简单,词汇有限,能简单表明观点	
			♡♡♡ 写作内容符合题意,语法和词汇错误较少,能清楚地表明观点	
			♡♡♡♡ 写作内容完全符合题意,无语法和词汇错误,行文连贯,可读性强	

5. 结语

在小学阶段要求学生用英语的思维方式写出一篇合乎英语语法规范的文章的确是一件不容易的事。因此,在设计写作教学评价时候要建立教师、学生、家长三位一体的多元评价主体,在评价标准的指引下,尽可能地让学生自己去感受、思考和领悟,同时家长的参与评价,也使家校间的互动变得更加紧密;创建包括等第标准、同伴建议及家长评语在内的多样评价方式,不再用统一的标准去衡量所有学生的习作,使评价更具导向性,让每个学生都学有所获,学有所用;拓展知识积累、语言运用、能力展示等多维的评价内容,从多方面挖掘学生习作中的闪光点,不断激发他们的学习积极性和自信心。

参考文献

[1] 曹艳敬. 小学英语教学评价方式的运用研究[D]. 天津:天津师范大学,2013.

[2] 顾晓燕. 运用形成性评价,提升小学英语教学实效[J]. 学生之友(小学版),2013(12).

[3] 李玉霞. 浅析小学英语多元化评价体系构建方式[J]. 快乐阅读(上旬刊),2013(12).

[4] 林秀梅. 小学英语教学评价方式[J]. 师道·教研,2011(4).

[5] 裴立群. 评价方式在小学英语教学的应用[J]. 新校园·中旬刊,2011(11).

[6] 上海市教委. 小学中高年段英语学科基于课程标准评价指南[M]. 上海:上海市教委,2013.

[7] 王儒红. 形成性评价方法在小学英语教学中实施情况和调查研究[D]. 长春:东北师范大学,2011.

[8] 王英杰. 小学英语课堂教学评价体系研究[D]. 长春:东北师范大学,2011.

[9] 熊国琪. 小学英语课堂教学评价方式[J]. 中小学教育教学,2005(8).

[10] 姚永昌. 有效评价方式在小学英语课堂管理中的应用[J]. 知识力量·教育理论与教学研究,2012(9).

作者单位:上海市第一师范附属小学 上海 200042